Günter Grass

Steine wälzen

Günter Grass

Steine wälzen

Essays und Reden
1997–2007

Mit einem Nachwort von Oskar Negt

Steidl

1. Auflage 2007

Satz, Druck, Bindung:
Steidl, Düstere Str. 4, 37073 Göttingen
www.steidl.de
Printed in Germany
ISBN 978-3-86521-567-3

Wie ich zum Stifter wurde

Rede zur Gründung der Stiftung zugunsten des Romavolkes

Wer in Lübeck der Öffentlichkeit eine Stiftung bekanntmacht, knüpft an eine dieser Stadt zugewachsene Tradition an, an etwas, das ihr vom Füchtingshof bis zur Possehl-Stiftung eigen ist, an ein bürgerliches Verhalten besonderer Art. Diese Haltung setzt in kleinem wie in größerem Umfang Wohlstand voraus, aber auch den Willen, Kultur zu fördern oder gegen soziale Mißstände widerständig Akzente zu setzen. Bürgerliches Selbstbewußtsein hat seit jeher auf diesem Feld seinen Ausdruck gesucht, christlich geprägt oder von den Zielen der Aufklärung bestimmt. Doch auch dem Künstler öffnet sich – so er zu einigem Vermögen gekommen ist – die Möglichkeit, als Bürger gesellschaftlich zu handeln. Er, dem die Rolle des Außenseiters als Pflichtfach zugeschrieben zu sein scheint, legt die selbsterrichteten oder ihm verordneten Barrieren nieder und handelt nicht etwa notorisch ichbezogen, sondern mit Blick auf sein Umfeld.

So wurde auch ich zum Stifter. Von des Lesers Lust auf erzählte Geschichte seit Jahrzehnten begleitet, war es mir mehrmals möglich, gestützt auf den Erfolg des einen oder anderen Romans, einen Teil meines Vermögens den ohnehin begünstigten Erben zu entziehen, sie also vor Leichtsinn zu bewahren und mit einer nicht gerade spektakulären, aber doch handfesten Summe den Grundstein für eine Stiftung zu legen.

1978 machte »Der Butt« es möglich. Ich konnte einem Schriftsteller, der mir mit seiner Erzählhaltung und einer Vielzahl wegweisender Romane Lehrer gewesen ist, meinen Dank erweisen und zugleich jungen Autoren, die mitten im Manuskript steckten, behilflich werden: Die Stiftung des Alfred-Döblin-Preises ist, wenn man die Reihe der Preisträger von Gerold Späth über Libuše Moníková bis zu den jüngst gekürten, Michael Wildenhain und Ingomar von Kieseritzky, als Leser zur Kenntnis nimmt, der deutschsprachigen Literatur förderlich geworden. Und wenn es zudem gelungen ist, den aus Deutschland ins Exil vertriebenen Döblin uns wieder näher und ins Bewußtsein zu bringen, ist überdies dem Zweck dieser Stiftung ein wenig Genüge getan.

Denn einen Zweck muß jede Stiftung haben. Das verlangt mit strenger Aufsicht das zuständige Prüfungsamt. Und so verhielt es sich auch mit meinem zweiten Vorhaben, das 1992 realisiert werden konnte. Nachdem die Berliner Akademie der Künste meinen sogenannten »Vorlaß«, das heißt gestapelte und in Blindbände geschriebene Manuskripte, jahrzehntelang lagernden Briefwechsel, Zeichnungen und sonstige Absonderungen meiner Werkstatt erworben hatte, konnte ich aus mir überschüssigen Mitteln den Daniel-Chodowiecki-Preis als Stiftung ausstatten. Dieser vorzügliche Graphiker und Frühaufklärer polnischer Herkunft war als Reformator der Königlich Preußischen Akademie der Künste tätig und zudem ein frühentlaufenes Kind meiner Heimatstadt Danzig; Anlaß genug, die Arbeit polnischer Zeichner, Radierer und Lithographen zu fördern. Als im Prozeß der deutschen Einheit, als Vorbedingung, endlich die Westgrenze Polens auch von der Bundesrepublik Deutschland völkerrechtlich anerkannt werden mußte, war die Zeit reif für eine grenzüberschreitende, die Deutschen und Polen einander näherbringende Stiftung. Die Graphiken des Preisträgers und all jener, die nach Sicht der Jury in die engere Auswahl kamen, wurden in polnischen Städten, aber auch in Berlin und jüngst in Düsseldorf ausgestellt. Die Preissumme ergibt sich – wie beim Döblin-Preis – aus den Zinsen des Stiftungskapitals, ist also, wie alles Kapitalabhängige auf dieser von Börsenlaunen und sonstigen Spekulationen beunruhigten Welt, Schwankungen unterworfen, beträgt aber dennoch, weil fürsorglich angelegt, zwischen 15 000,– und 20 000,– DM.

Soweit – und nüchtern bilanziert – mein Vorleben als Stifter. Wenn es mir bislang darauf angekommen ist, im Umkreis meiner beiden künstlerischen Disziplinen tätig zu werden, möchte ich nun dem, was oft Anstoß erregt und Ärgernis bereitet hat, Vorschub leisten: dem Anspruch des Schriftstellers, als Bürger politisch ein Wort mitzureden, mehr noch, nach Überzeugung zu handeln. Eine Stiftung zugunsten des Volkes der Roma wird heute, verbunden mit dem Otto-Pankok-Preis, bekanntgemacht.

Es stellen sich Fragen. Warum das Volk der Roma, dem immer noch ungehemmt die überliefert amtliche Klassifizierung Zigeuner anhängt? Warum nicht ein anderes der vielen bedrohten Völker? Weil die Roma, zu denen auch die in Deutschland lebenden Sinti gehören, wie kein anderes Volk, außer dem der Juden, anhaltender Verfolgung, Benachteiligung und in Deutschland der planmäßigen Vernichtung ausgesetzt gewesen sind. Dieses Unrecht hält bis heute an. Selbst als Opfer der verbrecherischen Rassenpolitik während der Zeit des Nationalsozialismus werden die Roma und mit ihnen die Sinti nur zögerlich anerkannt; während der Völkermord an den Juden, wenn auch gegen Widerstände, sich unserem Bewußtsein eingeprägt hat, wird die Vernichtung von mehreren hunderttausend, was heißt, ungezählten »nichtlebenswerten Zigeunern« in den Vernichtungslagern Auschwitz-Birkenau, Sobibor, Treblinka und an vielen anderen Orten des Schreckens allenfalls beiläufig erwähnt. Schlimmer noch: Als es vor einigen Jahren in Berlin darum ging, ein Denkmal für die Opfer des Rassenwahns zu errichten, sollte ausschließlich der ermordeten Juden gedacht werden. Verlegen und mit hinhaltenden Ausreden wurden die ermordeten Zigeuner sozusagen auf Warteliste gesetzt. Bei allem guten Willen, den ich den um das Denkmal bemühten Gremien und Initiativen nicht absprechen will, blieb es bisher bei dieser empörenden Ausgrenzung, als stünde das Volk der Roma und ihre Opfer noch immer unter dem Verdikt, einer minderwertigen Rasse anzugehören.

Ähnlich verhält es sich in vielen anderen Bereichen. So ängstlich abgrenzend die Innenpolitik unseres Landes allen Ausländern gegenüber Praxis ist, besondere Härte widerfährt dem Volk der Roma. Selbst als deutsche Staatsbürger erleben sich die hier seit Generationen ansässigen Sinti als mißachtet und isoliert. Mag sein, daß andere Ausländer – ob mittlerweile durch Bleiberecht geschützt oder noch immer von Abschiebung bedroht – besser organisiert sind, mehr Fürsprecher auf ihrer Seite wissen oder sich als Juden auf den Staat Israel berufen dürfen; das Volk der Roma jedoch existiert jenseits aller fürsorglichen Obhut, erfährt nur selten Fürsprache und weiß keinen Staat zu nennen, der ihm unüberhörbar Stimme geben könnte. Um ein

Beispiel zu nennen: Verdienstvollerweise fördert der Berliner Senat eine Reihe ausländischer Vereine und deren Projekte. Die mir vorliegende Liste nennt das Deutsch-Türkische Gemeinschaftshaus e.V., das Kurdische Zentrum e.V., die Vereinigung der Polen in Berlin e.V., den Arabischen Frauenverein AL-DAR e.V., die Liga zur Verteidigung der Menschenrechte im Iran e.V., den Verein Koreanischer Krankenschwestern und -pfleger e.V. und viele andere Gruppen mehr. Die Zuwendungen an Fördermitteln schwanken zwischen 80 000,– und 12 000,– DM. An keiner Stelle jedoch sind die in Berlin lebenden Roma ausgewiesen, etwa sechzehntausend an der Zahl. Von ihnen gestellte Projektanträge wurden Jahr für Jahr abgelehnt. Diese Mißachtung grenzt an Diskriminierung. Und es stellt sich die Frage, warum wir in unserer Gesellschaft, die sich doch vielerorts für Ausländer und von Abschiebung Bedrohte einsetzt – oft im Gegensatz zur offiziellen Politik –, so wenig Bereitschaft finden, den ortsansässigen Sinti und den aus anderen Ländern vertriebenen Roma behilflich zu werden.

Gewiß, uns ist seit Zeiten der Romantik aus fast allen Kunstbereichen ein Mitgefühl für das sogenannte »Zigeunerleben« überliefert. Die schönsten Lenaugedichte, vielgesungene Brahmslieder gehören zu unserem Bildungsgut. In einer unverwüstlichen Operette ist der »Zigeunerbaron« unsterblich. Doch sobald die Angehörigen dieses Volkes, das immerhin seit über sechshundert Jahren in Europa, wenn schon nicht Heimat, dann doch vorübergehende Bleibe sucht, in unserer Nachbarschaft zur Ruhe kommen wollen, ist uns, dem liedseligen Volk, das »Zigeunerleben« nicht mehr »lustig«. Dann soll »das fahrende Volk« sehen, wo es bleibt. Notfalls beruft man sich auf andere, gerade noch geduldete Ausländer, die ihrerseits unduldsam werden, sobald Zigeuner in Sicht sind.

Was ist dagegen zu tun? Ich habe kein schlüssiges Konzept zur Hand. Stellvertretend für eine Reihe von Bemühungen kann ich eine beispielhafte Initiative nennen, die auf die Notlage des Volkes der Roma konzentriert ist: die »Gesellschaft für bedrohte Völker«, die sich der Roma in Rumänien annimmt, und zwar mit auf Arbeit bezogenen Projekten in der Landwirtschaft und im traditionellen Bereich der Metallbearbeitung. Unterstützt wird diese Initiative zur Selbsthilfe, die zur Zeit an vier Orten tätig ist, vom Diakonischen Werk der Evangelischen Kirche in Deutschland, vom Europarat und von der Freudenberg-Stiftung. Die Schwierigkeiten vor Ort, das heißt in Rumänien, sind besonders und tagtäglich spürbar, weil ohne ausreichendes Eigenkapital nur schwerlich Märkte für die Produkte aus dem Gemüseanbau, der Ziegelei, der Korbflechterei, der Metallverarbeitung erschlossen werden können. Doch nur so, durch die Förderung von Eigeninitiative, wird zu helfen sein. Deshalb wird die heute bekanntgemachte Stiftung alle ein bis zwei Jahre einen Preis vergeben, der unter anderem die hier nur skizzierten Bemühungen würdigt. Auch sollen kulturelle Leistungen bedacht werden, desgleichen hervorragende journalistische und wissenschaftliche Berichte und Analysen, die die soziale und gesellschaftliche Lage des Volkes der Roma in Europa zum Thema haben.

Sie, die Roma, in ihrem permanenten Zustand der Zerstreuung, sind – genau gesehen – Europäer in jenem Sinn, den wir, gefangen in nationaler Enge, vor Augen haben sollten, wenn sich das vereinte Europa nicht zu einem bürokratisierten Verwaltungs- und übermächtigen Wirtschaftskoloß entwickeln soll. Zumindest dieses eine, ihre grenzüberschreitende Mobilität, haben uns die sogenannten Zigeuner voraus. Sie sollten sich zuallererst durch einen Europapaß ausweisen dürfen, der ihnen von Rumänien bis Portugal das Bleiberecht garantiert.

Doch von solcher Einsicht sind wir weit entfernt. Auch mich hat erst ein Lehrer mit der produktiven Unruhe der allerorts geschmähten Zigeuner bekanntmachen müssen. Der Zeichner und Meister des Holzschnitts Otto Pankok verstand es, mich und andere Schüler zu lehren, mit ihnen umzugehen und – fern aller romantischen Verklärung – die jeglicher Verfolgung trotzende Schönheit ihrer Existenz zu begreifen. Der Ort dieser für mich grundlegenden Lektion war die Kunstakademie Düsseldorf. Ende der vierziger, Anfang der fünfziger Jahre gingen im Atelier Otto Pankoks und im Atelier seiner Schüler junge und alte Zigeuner ein und aus. Sie belebten unsere Zeichenblöcke. Wir versagten vor ihrer Anmut. Doch in Pankoks Holzschnitten und großformatigen Kohlezeichnungen begegneten sie uns; und selbst in dem von ihm geschaffenen christlichen Passionsweg begriffen wir die Passion der Zigeuner. Otto Pankok hat mit ihnen gelebt. Er war ihnen sozial verpflichtet. Mir wurde er als Lehrer beispielhaft. Und deshalb soll der von der Stiftung zugunsten des Romavolkes vergebene Preis »Otto-Pankok-Preis« heißen.

Dem Vorstand der Stiftung gehören, außer meiner Frau Ute und mir, Herr Rajko Djuric Djurić, der Präsident der Internationalen Romani Union und Generalsekretär des Romani P.E.N., Herr Matthäus Weiß als Vorsitzender der deutschen Sinti und Roma, Landesverband Schleswig-Holstein, Frau Ada Kadelbach, die Leiterin des Amtes für Kultur der Hansestadt Lübeck und als ständiger Berater Herr Mehrens von der Sparkasse zu Lübeck an. Der Vorstand beruft die Jury für die Vergabe des Otto-Pankok-Preises. Sitz der Stiftung ist die Stadt Lübeck, deren gute Tradition im Fortleben ihrer Stiftungen zu finden ist.

Ich danke den Lesern meiner Bücher, die es mir möglich gemacht haben, meinen beruflichen Disziplinen und meinem gesellschaftlichen Engagement folgend, wiederholt zum Stifter zu werden.

Ich danke dem Bürgermeister und dem Stadtpräsidenten der Hansestadt Lübeck, daß die Stiftung zugunsten des Romavolkes im Bürgerschaftssaal des Lübecker Rathauses der Öffentlichkeit vorgestellt werden darf.

Laudatio auf Yaşar Kemal

An historischem Ort, dessen Geist in Reden oft beschworen wird, findet feierlich, wie es sich gehört, die Vergabe eines Preises statt. Hier, in der Paulskirche, wurden lange und vergeblich demokratische Grundrechte eingeklagt. Von 1848/49 an suchte in der hier tagenden Nationalversammlung die Revolution bis hin zu ihrem Scheitern beredten Ausdruck. Der politischen Wirklichkeit enthoben, wurde parlamentarische Redekunst wie auf einer Versuchsbühne geprobt. Schier endlos stand die Einheit Deutschlands zur Debatte. Zu den Versammelten gehörten auch Schriftsteller, unter ihnen Ludwig Uhland. Und für das Scheitern dieser frühen Bemühungen sorgte ein Junker, Otto von Bismarck, der als preußischer Bundestagsgesandter eine ganz andere Einheit im Sinn hatte, die er schließlich, mit Hilfe dreier Kriege, erzwungen hat. Nicht die Mühsal der Paulskirchenversammlung, wie sie der Maler Johannes Grützke aus melancholisch-ironischer Sicht ins umlaufende Bild bringt, sondern Bismarcks Machtwille wurde für Deutschlands Zukunft bestimmend. Vom Reich jenes Kanzlers, dessen Härte gern als »eisern« bestätigt wird, ist so gut wie nichts geblieben, doch immerhin so viel: Auf seine beim Berliner Kongreß von 1878 die imperialen Interessen makelnde Politik, die die Krise am Bosporus zu nutzen verstand, ist wohl jenes besondere Verhältnis zwischen dem Deutschen und dem Osmanischen Reich zurückzuführen, das sich im Ersten Weltkrieg als sogenannte deutsch-türkische Waffenbrüderschaft bis zur gemeinsamen Niederlage hin zu beweisen hatte; eine auf Blut und Eisen gründende Kumpanei.

Nein, die Paulskirche taugte für derlei Bündnisse nicht. Sie ist das traurige Relikt deutscher Vergeblichkeiten. Sie und ihr oft berufener Geist zogen immer wieder den kürzeren. Denn als es 1949 darum ging, dem aus drei Besatzungszonen frischgebackenen westdeutschen Staat eine Hauptstadt zu erfinden, erhielt nicht Frankfurt am Main den Zuschlag, vielmehr setzte sich der rheinländische Separatist Konrad Adenauer durch. Ein Loch blieb zurück, umsäumt von verhaltenen Seufzern. Dem Börsenverein des Deutschen Buchhandels ist es zu verdanken, daß dieses Vakuum im vollgestopften Museum unserer Geschichte von Jahr zu Jahr mit einer gewichtigen Feierstunde aufgefüllt wird.

Nach kurzem Ausflug in historisches Gelände begrüße ich den diesjährigen Träger des Friedenspreises, Yaşar Kemal!

Und nun hat ein Schriftsteller vor, von sich abzusehen, indem er das Werk eines anderen Schriftstellers lobt. Lieber Yaşar Kemal, Sie werden Gründe gewußt haben, mich als Redner für diesen Anlaß vorzuschlagen. Gerne folgte ich Ihrem Wunsch und ließ mich anstiften, vom Mittelmeer aus die flachen Lehmäcker der Küste, dann die von Brombeergestrüpp, Wildreben und Schilf bedeckte Çukurova, weiter landeinwärts Sümpfe, abermals fettes Ackerland, myrtenduftende Hügel, Hochebenen, deren eine Dikenlidüzü heißt und fünf Dörfer zählt, zu überfliegen, nun schon mit Blick auf das Taurusgebirge und seine Schneegipfel.

Sonst vielgereist, bin ich nie in Anatolien gewesen, und dennoch habe ich mir als Leser von Buch zu Buch Ihr Land angeeignet. Was fremd war, ist mit allen Gerüchen vertraut und bis in die Nöte der landlosen Bauern einsichtig geworden. Wörter können das. Die Literatur hebt Entfernungen auf. Literarische Landnahme bringt uns Menschen nah, die nur auf Papier stehen. Sie macht unwegsame Einöden und schroff ragende Adlerfelsen begehbar. Sie ruft uns, angesichts der Not unterdrückter Bauern, die einst das eigene Land knechtende Leibeigenschaft in Erinnerung. Sie hebt auf Landkarten gezogene, aber auch unser Bewußtsein schneidende Grenzen auf. Die Literatur schlägt die Brücke zum anderen, zum fremdgegangenen Ich. Sie verkuppelt uns. Sie macht uns zu Mittätern. Die Literatur zieht uns in Mitleidenschaft.

Auf diese Weise, also nicht direkt, eher um drei Ecken, sind wir, lieber Yaşar Kemal, miteinander verwandt. Nicht nur, weil Sie als Kurde leidgeprüft der Türkei angehören, wie ich, mütterlicherseits Kaschube, dennoch mit beschwertem Gedächtnis Deutschland verschrieben bin, sondern wohl auch in unserer Neigung, der jeweils erlittenen Verluste mit Wörtern habhaft zu werden. Diese Obsession treibt uns an, der Zeit gegenläufig zu schreiben und jene Geschichten zu erzählen, die nicht als Staatsakte geadelt worden sind, weil sie von Menschen handeln, die nie erhöht saßen und herrschten, denen aber allzeit Herrschaft widerfuhr.

Hinzu kommt, daß unsere Länder zwar, geographisch gesehen, weit voneinander entfernt liegen, sich aber dennoch nahe gerückt befinden, weil von bleibender Schuld belastet und weil sich in ihren Gesellschaften weiterhin die Mehrheit hartgesotten im Umgang mit Minderheiten beträgt. Als dieses nun bald zur Neige gehende Jahrhundert noch jung war, wurden in der Türkei Hunderttausende Armenier dem systematischen Völkermord ausgeliefert; die deutschen Verbrechen, verübt in unermeßlicher Zahl an Juden und Zigeunern, sind, gleich einem Menetekel, mit dem Ort Auschwitz bezeichnet. Unfähig, mit uns selbst einig zu werden, gingen von unseren Ländern Kriege aus, die unsere Nachbarn in anhaltenden Schrecken versetzen. Wir Deutschen wurden wiederholt geschlagen, schließlich geteilt, worauf wir uns vierzig Jahre lang bewaffnet und wie unbelehrbar gegenüberstanden; in der Türkei ist das Volk der Kurden bis in diese Tage hinein staatlicher Willkür und militärischen Aktionen ausgesetzt, deren Opfer zumeist Frauen und Kinder sind. Rassenwahn und von Überheblichkeit verdeckter Mangel an Toleranz, Kriege und Kriegsfolgen markieren die Geschichte unserer Länder.

Vor diesem Hintergrund, den keine Feierlichkeit zu schönen vermag, wird heute Yaşar Kemal der Friedenspreis des Deutschen Buchhandels zugesprochen. In der Begründung für die Preisvergabe wird, außer dem literarischen Werk, der Autor als »Anwalt der Menschenrechte« gewürdigt. Doch diese Verdienste stehen nicht unvermittelt nebeneinander. Vielmehr ergibt sich das eine aus dem anderen. Nur wer als Leser in das erzählerische Werk Kemals abgetaucht ist, kann begreifen, wie verwurzelt dessen politischer Einspruch in den Nöten, Träumen und Hoffnungen des einfachen Volkes ist. Schon in seiner ersten Erzählung, »Anatolischer Reis«, wagt sich der Autor in politisch begrenztes Gelände: Thema ist die Abhängigkeit der Bauern vom Großgrundbesitzer, der rücksichtslos alles Land und auch die Dörfer unter Wasser setzt, um mit ungehemmtem Reisanbau Gewinn zu machen. Wir kennen diese sich unablässig wiederholende Geschichte. Sie lebt in vielen Literaturen auf. Und jedesmal steht Ohnmacht der Herrschaft gegenüber. Und jedesmal bangen die Leser um den Ausgang des ungleichen Kampfes, obgleich sie das bedrückende Ende ahnen.

In dieser kurz und bündig gefaßten Erzählung sind es eine Kleinbäuerin und ein junger Kurde, die die Bewohner des überschwemmten Dorfes bei einem Protestmarsch anführen und die einem jungen Staatsbeamten, der naiv und unerfahren ein schwieriges Amt übernommen hat, die Augen öffnen, auf daß ihm das Elend in den Dörfern und das Gespinst lang eingeübter Korruption deutlich werden. Jede erzählte Episode – der Auszug der lehmverkrusteten Kleinbauern –, jede wie nebenbei notierte Einzelheit – die Amtsstube des jungen Beamten – ist von Erfahrung und Anschauung gesättigt, denn die gepeinigte Region ist jene heißfeuchte Çukurova, die dem Autor seit seiner Kindheit anhängt, die ihn geprägt und empfindlich für Recht und Unrecht gemacht hat, der er, anfangs als Straßenschreiber, dann als Journalist und bald mit dieser ersten Erzählung Stimme gegeben hat.

Yaşar Kemal gehört zu jenen Schriftstellern, denen der durch Geburt zugefallene Flecken Erde Welt genug ist. Wie bei Faulkner, Aitmatow oder auch Joyce kreist alles Geschehen um den Ort früher Verletzung. Landschaften werden beschworen – es können auch Stadtlandschaften sein – und in ihnen Menschen, die, so verloren sie am Rande liegen und existieren mögen, jeweils den Mittelpunkt der Welt fixieren und bewohnen.

Auch mir ist diese Besessenheit vertraut. Dieses Nichtloskommen von längst verlorenen Provinzen. Denn jede Satzperiode, die ich zu Papier brachte, wurzelte – sie mochte am Ende sonstwo hinführen – zwischen der Weichselniederung und den Hügeln der Kaschubei, in der Stadt Danzig und deren Vorort Langfuhr, an den Stränden der Ostsee. Dort liegen meine amerikanischen Südstaaten, dort habe ich mein Dublin verloren und weitet sich meine kirgisische Steppe, und dort liegt meine Çukurova.

Schon Mitte der fünfziger Jahre beweist sich Yaşar Kemals auf das nächstliegende Unrecht versessene Sicht als Weitblick, der die Erdkrümmung überwindet: In über dreißig Sprachen wird der Roman »Memed mein Falke« übersetzt, nicht nur, weil hier die unverwüstliche Robin-Hood-Geschichte aufs neue und wie eine taufrische Begebenheit erzählt wird, sondern wohl auch, weil es dem Erzähler gelingt, den Leser – gleich, ob er in Südamerika, Rußland oder in beiden Deutschländern das Buch aufschlägt – in eine Region zu entführen, deren Nöte, so aufgeblättert, ihm erinnerlich, bald vertraut, seine ureigensten sind. Denn ohne in Thesen zu erstarren oder dem sozial anklagenden Pathos Raum zu geben, wird aus dem Gefälle herrschaftlicher Willkür erzählend Nachweis geführt, weshalb ein schmächtiger Hirtenjunge, dann Ackerknecht, der mit Schlägen entlohnt, gedemütigt, schließlich um seine Liebste, die ihm seit Kindertagen anhängt, gebracht werden soll, zur Waffe greift, in die Berge flüchtet, gefürchteter Bandit und als Rächer der armen, um ihren letzten Acker geprellten Bauern zur Legende wird.

Doch diese Heldenfigur ist kein Abziehbild aus dem Album trivialer Räuberromantik. Kein »positiver Held« belehrt uns. Dieser weder muskelstarke noch schießwütige Bursche, der geduldig den kleinen Acker seiner Mutter bestellt, den wir durch endlose Graudistelfelder laufen sehen, den die Angst jagt, wird, sobald er sein Recht eigenhändig sucht, wie zwangsläufig schuldig. Er schließt sich einer Bande von Straßenräubern an, duldet, daß Nomaden, die ihn einst gastfreundlich aufgenommen hatten, ausgeplündert werden, wird schließlich, als er glaubt, den Peiniger und Mörder seiner Mutter, den gnadenlosen Herrscher über fünf geknechtete Dörfer, gefunden zu haben, zum Brandstifter, der gleichfalls geknechtete Bauern ins Unglück stürzt, indem er, wenn auch ungewollt, deren Hütten und Ställe niederbrennt. Eine zwiespältige Gestalt, die die Armen hoffen läßt und dennoch Schrecken verbreitet. Ein Held wider den Terror des immerfort nachwachsenden Unrechts, in dem sich – so archaisch er anmutet – die Ursachen und die Wirkung des gegenwärtig mörderischen Terrorismus spiegeln.

Selbst die Nebenfiguren dieses Romans sind als zwiespältig Handelnde gezeichnet. Etwa Ali der Hinkende, der den Großgrundbesitzer haßt und mit wiederholten Freundschaftsbeweisen auf seiten des fliehenden Memed ist. Aber weil einzig zum Spurenlesen begabt, mehr noch, weil jeglicher Spur mit Leidenschaft hinterdrein, bleibt er anfällig für Verrat und wird deshalb von der Polizei auf die Spur des Flüchtenden angesetzt. Zwar versucht Iras, die an der Seite von Memeds Freundin zu den Flüchtenden gehört, diese Gefahr hinwegzureden: »Solch eine Schurkerei begeht Ali der Hinkende nicht…«, doch Memed weiß zu genau: »Aber wenn er eine Spur sieht, kann er nicht widerstehen. Ich hätte Ali den Hinkenden noch am ersten Tag erschießen müssen.«

So hin und her gerissen, plötzlich und unvermittelt nach bewiesener Treue zum beweiskräftigen Verrat bereit, in ein Wechselbad aus Liebe und Haß getaucht, aus übergroßer Hoffnung in schicksalergebene Verzweiflung abstürzend, begegnet das Personal dieses Romans dem Leser, der gleichfalls alle Höhen und Tiefen des ihm erzählten Geschehens wie ureigne Schwankungen erlebt. Also greift er nach dem zweiten Band des Memed-Zyklus, »Die Disteln brennen«, und süchtig wird er nach dem dritten Buch Memed, »Das Reich der vierzig Augen«, verlangen.

Yaşar Kemals Romane lassen den Leser nicht los; sie nehmen ihn gleichsam gefangen. Ausgesetzt in fiebrig sumpfiges Gelände, umgeben von mannshohem Schilf, über brennende Distelfelder gehetzt, in Wälder vertrieben, die keinen Weg kennen, auf Berge geflüchtet, die vor und hinter Bergen liegen, in jeweils extremer Lage erlebt er sich vereinsamt, dem Widerstreit der Gefühle ausgesetzt, nur noch ums Überleben besorgt und verläßt schließlich verändert, als ein anderer das Buch.

Nicht, daß er überredet worden wäre, Partei zu ergreifen. Yaşar Kemals Bücher agitieren nicht. Er, der Sozialist aus Erfahrung, weiß, daß das Unrecht zwar unübersehbar ist, auch wenn es trickreich immer neue Gestalt annimmt, doch zugleich unausrottbar zu sein scheint, weil selbst der Kampf gegen das Unrecht wiederum Rechtlosigkeit in die Welt setzt. Dennoch schreibt er gegen dieses fatale Gefälle an. Seine Helden und Antihelden sind in Tretmühlen tätig. Ihre wie greifbare Tatsächlichkeit wird so gut wie nie mittels intellektueller Reflexionen relativiert; vielmehr sind es Legenden oder besser, ist es der in die Erzählung eingebundene Prozeß der Legendenbildung, der sie übergroß, schier unsterblich macht. Gerüchte, halblaut Weitergesagtes, Hoffnungen, die sich von Halbsätzen nähren, befördern diesen

Prozeß. In immerfort wechselnder Besetzung wird ein Kollektiv, gebildet aus Stimmen, tätig.

Mehr noch als in dem frühen Roman »Memed mein Falke« begegnen uns diese gedoppelten, gar vervielfältigten Helden in einem 1978 erschienenen epischen Werk, das übersetzt unter dem Titel »Zorn des Meeres« vorliegt und nicht mehr in der anatolischen Çukurova und im Taurusgebirge seine Schauplätze sucht, sondern ins Chaos der Großstadt, nach Istanbul führt.

Wieder sind es Einzelgänger, die das schlingernde Gefälle der Handlung bestimmen. Der eine, Selim der Fischer, ist kaukasisch-tscherkessischer Herkunft und erleidet das aus bloßer Profitgier organisierte Abschlachten der Delphine im Marmarameer wie den Beginn des Weltuntergangs; der andere, Zeynel, ist Lase – seine Vorfahren stammen von der Schwarzmeerküste – und eröffnet den Roman wie einen klassischen Krimi mit einem Mord; fortan ist er ein von der Polizei und den eigenen Ängsten Gehetzter, der den Leser in die finstersten Zufluchten der Großstadt versetzt.

Doch kaum ist der Mord geschehen, und kaum hat Selim der Fischer dem Mörder Zeynel ins Gesicht gespuckt, schwindet alles eindeutig Tatsächliche und verwischt das auf- und abschwellende Stimmengewirr des Tatortes Kaffeehaus die feste Kontur der soeben noch Handelnden. Dieses schon im ersten Roman erprobte Stilmittel – die kommentarlose Reihung von Einzelstimmen, ein über Buchseiten gesteigertes Geschwätz – fächert jedes linear erzählte Ereignis, sei es das Massaker, verübt an den Delphinen, seien es die Polizeiaktionen auf der Spur des flüchtigen Mörders, in aller Breite auf, entzündet sich zu legendenstiftenden Übertreibungen, gebiert, nährt und vertilgt Gerüchte und wächst sich anschwellend zum antiken Chor aus, der dem Verlauf der Tragödie Zäsuren setzt.

In einer der seltenen, den Mörder Zeynel kommentierenden Stellen heißt es: »Zeynel war zum Spiegel ihrer Sünden geworden. In ihren Köpfen eine Mischung aus allem. Er war Schmuggler, Heiliger, wütiger Gangster, war gut, böse, großzügig, grausam, geizig, beherzt, feige.«

Hinzu kommt, daß ein Heer von Journalisten die Zeitungen mit Sensationsberichten füttert, in denen der vereinzelt flüchtende, doch instinktsicher immer wieder die Polizei narrende Zeynel, der eigentlich ein schmächtiger, eher ängstlicher Bursche ist, als breitschultriger Bandenführer Untat nach Untat begeht und Istanbul in Schrecken versetzt. Sogar Fotos sind von dem Monstrum im Umlauf: ein schöner Mann, dessen Abbild alle, so auch Zeynel, erschauernd und doch mit Bewunderung sehen.

Die Großstadt am Bosporus ist der Schauplatz dieses Verwirrspiels, und das davor gelagerte Meer. Das Zentrum und die Vororte, Fischer- und Schmugglerquartiere, Friedhöfe, Moscheen, Hafenanlagen und Märkte gehen ineinander über. Yaşar Kemal gelingt es, mit Bildern, die sich hetzen, übersteigern und löschen, um abermals als bebilderter Vorhof der Hölle zu entstehen, Istanbul als Drehscheibe aller Schrecknisse und zugleich als Freistatt der Literatur zu beschwören: »Mit Istanbul erwachte auch das verdreckte, schreckliche Goldene Horn, dieser unter Abfällen und dem Gewicht der Kadaver von Katzen, Hunden, Ratten und Möwen erstarrte Fluß, der keine Welle schlägt, in dessen Schlamm sich fahl das Licht der Sonne, der Neonröhren und Scheinwerfer spiegelt, auf dem sich Astwerk, Obstschalen und am Gemüsemarkt eingekippte Unmengen vergammelter Tomaten, Auberginen, Apfelsinen, Melonen, vermischt mit Industrieabwässern und Fetten, zu einer zähen, stinkenden Schicht verklebt haben, einer Schicht über einem Sumpf, so übelriechend wie kein zweiter auf dieser Welt.«

Dieses Zitat mag für viele andere stehen. Immer wieder steigt das Panorama der Stadt aus Dunst und Sonnenglast. Vom Zentrum treibt es den Flüchtenden in die Vororte. Hier findet er Unterschlupf, dort wird ihm Zuflucht verweigert. Und allgegenwärtig ist die Polizei. Sei es unsichtbar als Masse mit Trillerpfeifen bestückt, sei es in Gestalt dreier Polizisten, die am Tatort, im Kaffeehaus, auf die Rückkehr des Mörders warten. Deutlich wie an keiner anderen Stelle des Romans bildet Yaşar Kemal sie als Vertreter der Gegenmacht ab: »... sie warteten auf Zeynel, obwohl sie fest damit rechneten, daß er nicht zurückkommen würde. Alle drei waren vom Lande. Alle drei seien reinen Bluts und edler Rasse, hatte man ihnen weisgemacht und sie eben wegen dieser Eigenschaften in die Polizei übernommen. Und nachdem sie schließlich selbst an ihre ganz besondere Eigenheit glaubten, erklärten sie jeden, der nicht so geartet war wie sie, ob Tscherkesse, Kurde, Lase, gar Jude, Grieche oder Armenier, zum Feind. Und so wetzten sie für Zeynel auch schon die Messer, denn Zeynel war Lase ... Bekämen sie ihn nur erst in die Finger, würden sie diesem Lasen schon die Haut abziehen und das Maul mit Blei vollpumpen! Sie sprachen auch nicht mit den Fischern in der Gaststube, betrachteten sie von oben herab, hockten in einer Ecke und tuschelten, wie sie eines Tages die Sozialisten abschlachten und das edle Blut der Türkei reinigen würden. Sie seien schließlich sehr stark. Allein bei der Polizei gebe es zwanzigtausend reinblütige, edelrassige Feinde der Kurden, Lasen, Tscherkessen, Nomaden und Juden, zwanzigtausend jagende Adler. Die minderrassigen Nomaden, Kurden, Tscherkessen, Juden und Einwanderer aus Griechenland seien der Ruin dieses Landes. Der Führer brauche nur den Befehl zu geben ... Sie hätten säuberlich Buch geführt, die Führer: Die Grauen Wölfe würden drei Millionen töten, fünf Millionen verbannen und aus Mittelasien die echten Türken, besonders die reinblütigen Kirgisen, unsere Väter, ins Land holen, und die Türkei wäre mit einem Schlag gerettet.«

Mit diesem Zitat kommt der Rassenwahn, der am polizeilichen Stammtisch verkündete Völkermord zu Wort. Wie sonst nirgendwo im Roman »Zorn des Meeres« räumt Yaşar Kemal hier, im Kaffeehaus, dem großsprecherischen Haß Redefreiheit ein. Zwar ist von reinrassigen Türken und minderwertigen Kurden, Lasen, Juden, Tscherkessen die Rede, doch kommt es dem Leser vor, als spreche sich ein international besetzter, also auch deutschsprachiger Stammtisch so hemmungslos aus. Nicht nur Polizisten reden derart faschistisch freiweg; war es nicht ein deutscher Politiker von Rang, der vor einiger Zeit vor der »Durchrassung des deutschen Volkes« gewarnt hat? Spricht nicht der in Deutschland latente Fremdenhaß, bürokratisch verklausuliert, aus der Abschiebepraxis des gegenwärtigen Innenministers, dessen Härte bei rechtsradikalen Schlägerkolonnen ihr Echo findet? Über viertausend Flüchtlinge, aus der Türkei, Algerien, Nigeria, denen nichts Kriminelles nachgewiesen werden kann, sitzen in Abschiebelagern hinter Schloß und Riegel, Schüblinge werden sie auf neudeutsch genannt. – Es ist wohl so, daß wir alle untätige Zeugen einer abermaligen, diesmal demokratisch abgesicherten Barbarei sind.

In Yaşar Kemals Büchern – und ich kann im Rahmen einer Laudatio nur wenige beispielhaft anführen – ist die Darstellung des Rassenwahns als Fremdenhaß zwar in unablässig wuchernde Erzählung verwoben, aber dennoch als Ausdruck offizieller Regierungspolitik kenntlich. Deshalb ist der Autor den Herrschenden lästig. Deshalb zerren sie ihn immer wieder vor Gericht. Deshalb mußte er Gefängnis und Folter erleiden. Deshalb – und um rechtsradikalen Anschlägen zu entgehen – suchte er im Ausland einige Jahre lang Zuflucht. Doch er kehrte nach Istanbul zurück und wird dort, wo er in seine Sprache und deren Legenden gebettet ist, weiterhin der herrschenden Regierung lästig bleiben.

Ein Schriftsteller jenseits der hierzulande üblichen und von Saison zu Saison auflebenden Beschwörung des Elfenbeinturms. Jemand, der sich nicht als seiner Gesellschaft enthoben begreift. Deshalb wird er belangt. Deshalb ein Leben lang in Opposition. Schon früh lernt er, verurteilt als marxistischer Sozialist, türkische Gefängnisse kennen. Später nennt er sie die Schule der türkischen Literatur. Der Lyriker Nâzim Hikmet konnte, verurteilt als Kommunist, das Gefängnis nur mit dem Exil tauschen. Der Satiriker Aziz Nesin war in seinem politischen Engagement freundschaftlich Yaşar Kemal verbunden. Diese drei Namen bürgen für die andere Türkei, für ein Land, in dem die Völker gleichberechtigt miteinander leben, für ein Land, in dem das Verlangen nach Frieden den Wunsch nach sozial gerechtem Ausgleich einschließt. Alle drei genannten Autoren haben die Literatur türkischer Sprache der Welt bekannt gemacht. Unbeirrt von den im Westen und insbesondere in Deutschland so beliebten Polemiken gegen eine die sozialen Wirklichkeiten entschleiernde Literatur, also dem Zeitgeist und seinen Moden zuwider, hat Yaşar Kemal Buch nach Buch geschrieben, hat mit »Der Wind aus der Ebene«, dem »Unsterblichkeitskraut«, hat mit »Eisenerde, Kupferhimmel« und dem »Lied der Tausend Stiere« das Gewebe seiner anatolischen Saga verdichtet und uns sein Land bis in entlegenste Regionen hinein erschlossen. Was dumpfe und zwanghaft ängstliche Politik, das Fremde brutal ausgrenzend, zu verhindern versucht, ist dem Schriftsteller gelungen: Erzählend, dem Mythos die Realität und der Realität das mythische Unterfutter nachweisend, hat er den Leser über Grenzen geführt, ihm die Fremde zugänglich gemacht.

Nun, nach langer Lesereise zurück, liegt es an uns, dem Autor zu danken, das heißt, die Zwänge der ab- und ausgrenzenden Politik zu überwinden, ohne herbeigeredete Ängste mit unseren türkischen Nachbarn zu leben, mehr noch, eine Politik zu fordern, die den Millionen Türken und Kurden in unserem Land endlich staatsbürgerliche Rechte gewährt.

Ob jahrzehntelang in Berlin oder neuerdings in Lübeck, wo immer ich lebte und also schrieb, gehörten Türken zum Straßenbild, waren und sind türkische Kinder Mitschüler meiner Kinder und Enkelkinder. Und immer war mir gewiß, daß diese täglichen Berührungen mit einer anderen Lebensart nur fruchtbar sein können, denn keine Kultur kann auf Dauer von eigener Substanz leben. Als im siebzehnten und achtzehnten Jahrhundert in großer Zahl französische Flüchtlinge, die von der katholischen Kirche und dem absolut herrschenden Staat verfolgten Hugenotten, nach Deutschland und mit Vorzug in Brandenburg einwanderten, belebten diese Emigranten zusehends die Wirtschaft, den Handel und nicht zuletzt die deutschsprachige Literatur; wie dürftig wäre uns das neunzehnte Jahrhundert überliefert, gäbe es nicht Theodor Fontanes Romane. Ähnliches läßt sich schon heute vom bereichernden Einfluß der über sechs Millionen Ausländer sagen, wenngleich ihnen, im Gegensatz zu den Hugenotten, denen ein Toleranzedikt bürgerliche Rechte zusprach, nach wie vor ausgrenzende, in der Tendenz fremdenfeindliche Politik hinderlich bleibt; der Ruf »Ausländer raus!« steht nicht nur auf Wände geschmiert.

Doch vielleicht kann der vom Börsenverein des Deutschen Buchhandels heute vergebene Friedenspreis einen Anstoß, nein, mehrere Anstöße geben. Das wäre im Sinn des Preisträgers Yaşar Kemal, dessen Kritik sich ja nicht nur an den inneren Zuständen seines Landes reibt. In einem vor wenigen Jahren im »Spiegel« veröffentlichten Artikel hat er die Verfolgung der Kurden in seinem Land beklagt und zugleich die westlichen Demokratien an ihre Mitverantwortung erinnert. Er schrieb: »An der

Schwelle zum einundzwanzigsten Jahrhundert kann man keinem Volk, keiner ethnischen Volksgruppe die Menschenrechte verwehren. Dazu fehlt jedem Staat die Macht. Schließlich war es die Kraft der Menschen, welche die Amerikaner aus Vietnam, die Sowjets aus Afghanistan verjagte und das Wunder von Südafrika vollbrachte. Die Türkische Republik darf durch die Fortsetzung dieses Kriegs nicht als fluchbeladenes Land ins einundzwanzigste Jahrhundert eintreten. Das Gewissen der Menschheit wird den Völkern der Türkei helfen, diesen unmenschlichen Krieg zu beenden. Besonders die Völker der Länder, die dem türkischen Staat Waffen verkaufen, müssen dazu beitragen ...«

Dieser Appell, meine Damen und Herren, ist auch und aus besonderem Grund an die deutsche Adresse gerichtet. Wer immer hier, versammelt in der Paulskirche, die Interessen der Regierung Kohl/Kinkel vertritt, weiß, daß die Bundesrepublik Deutschland seit Jahren Waffenlieferungen an die gegen ihr eigenes Volk einen Vernichtungskrieg führende Türkische Republik duldet. Nach 1990, als uns die Gunst der Stunde die Möglichkeiten einer deutschen Einigung eröffnete, sind sogar Panzer und gepanzerte Fahrzeuge aus den Beständen der ehemaligen Volksarmee der DDR in dieses kriegführende Land geliefert worden. Wir wurden und sind Mittäter. Wir duldeten ein so schnelles wie schmutziges Geschäft. Ich schäme mich meines zum bloßen Wirtschaftsstandort verkommenen Landes, dessen Regierung todbringenden Handel zuläßt und zudem den verfolgten Kurden das Recht auf Asyl verweigert.

Ein Friedenspreis wird vergeben. Wenn diese einen Schriftsteller von Rang ehrende Auszeichnung einen solchen Namen zu Recht trägt, wenn der Ort dieser Feier, die Paulskirche, nicht bloß Kulisse sein soll, wenn Literatur, wie die von mir gepriesene, noch einen Anstoß geben kann, dann sind alle hier heute versammelten Autoren, Verleger, Buchhändler, ein jeder, der sich politischer Verantwortung bewußt ist, ermahnt und aufgerufen, Yaşar Kemals Appell zu folgen, ihn weiterzutragen und mit ihm dafür zu sorgen, daß in seinem Land endlich die Menschenrechte geachtet werden, keine Waffengewalt mehr wütet, sondern bis in die letzten Dörfer Frieden einkehrt.

Rotgrüne Rede

Wenn ich heute meine politischen Überlegungen vortrage, spricht zu Ihnen nicht ein ganz und gar Fremder; schon einmal, 1988, war ich in Halle und fand mich in einem Raum mit besonderer Akustik, mir ungewohnt, doch der Situation entsprechend: nämlich in einer Kirche. Die Einladung ging von der Evangelischen Akademie in Magdeburg aus und hatte ihre zeittypische Vorgeschichte. Bereits früher hatte der Pfarrer Hans-Jochen Tschiche zu einer literarischen Rundreise eingeladen. Anträge mußten gestellt, merkwürdige Fragen beantwortet, sprachlose Wochen abgewartet werden. Endlich entschlossen sich die Behörden der Deutschen Demokratischen Republik, zwar meiner Frau die befristete Einreise zu bewilligen, ich blieb jedoch, weil nicht nur nach eigenem Befinden als demokratischer Sozialist eingestuft, im Arbeiter- und Bauern-Staat unerwünscht. Da meine Frau sich weigerte, an meiner Stelle aus dem Roman »Die Rättin« vorzulesen – was sie als meine strengste Lektorin durchaus gekonnt hätte –, versuchte es Pfarrer Tschiche mit einem zweiten Anlauf. Diesmal zeigte die Aufsichtsbehörde Ermüdungserscheinungen. Wir reisten an und machten in Magdeburg, Erfurt, Jena und Halle Station. Ich gewann als Gast und neugieriger Heide Einblick in evangelische Pfarrhäuser und lernte, jeweils nach den Lesungen, den dringlichen Fragen des Publikums standzuhalten.

Die Veranstaltung in Halle verlief auf besondere Weise. Der vorgesehene Gemeindesaal war überfüllt. Vor dem Haus warteten einige hundert Bürger und begehrten Einlaß. Da machten in beispielhaft ökumenischer Eintracht die Priester der katholischen Moritzkirche das Angebot, in ihren mit einer Lautsprecheranlage ausgestatteten Kirchenraum umzuziehen; und so erlebten die Beobachter der aufsichtsführenden Staatsbehörde etwas ihnen Unheimliches: den spontanen Umzug einiger ziviler Hundertschaften durch die Stadt, frei nach der christlichen Devise: Die Letzten werden die Ersten sein.

1988. Fast ein Jahrzehnt ist es her. Aber noch immer höre ich die Fragen aus dem Publikum: »Was sollen wir tun? Hierbleiben? Den Ausreiseantrag stellen? Alles und auch die Freunde verlassen? Was hält uns hier noch? Wie sehen Sie das?« Fragen, die mich verlegen machten. Meine Antworten konnten nur vage sein und sich an die bequem relativierende Formel »Einerseits – andererseits« klammern. »Einerseits«, sagte ich, »ist mir verständlich, daß jemand dem alltäglichen Druck ausweichen, den Wohnort frei bestimmen will; doch andererseits verliert das Land seine oppositionelle Substanz zum wiederholten Mal. Lähmende Stille könnte einkehren. Den Inhabern der Macht wird das recht sein.«

Nun, ein Jahr später fegte dennoch die verbliebene Opposition die Machtinhaber hinweg. Der deutsche Arbeiter- und Bauern-Staat ging an sich selbst zugrunde. Und es stellte sich die Frage: Wird es dieser Opposition, kraft ihrer Devise »Wir sind das Volk«, gelingen, den alsbald beginnenden, dann hastig vollzogenen Prozeß der deutschen Einheit auf demokratische Weise mitzugestalten? Wird der Beitritt der fünf neuen Bundesländer ein selbstbewußter Beitritt oder ein nahezu bedingungsloser Anschluß an die Bundesrepublik Deutschland sein?

Der Wille, die Einheit mitzugestalten, war groß. An unzähligen »runden Tischen« sprach sich ein durch leidvolle Erfahrung gewitztes Demokratieverständnis aus, eine nahezu unbändige Lust, sich basisdemokratisch zu verhalten; doch etwas Entscheidendes fehlte: die Erfahrung im Umgang mit einer auf Geld gegründeten Macht. Kaum war der Westen mit erster Vorhut präsent, kaum hatte er mit dem sogenannten »Begrüßungsgeld« seine Visitenkarte vorgewiesen, gab er mit harter Währung auch schon den Ton an. Billige Versprechungen, faustdicke Kanzlerlügen, die Verheißung »blühender Landschaft« und das Glitzerangebot »Westmark« reichten aus, das Vertrauen in die eigenwüchsige Opposition, die, so meinte man, ihre Schuldigkeit getan habe, zu untergraben. Die Wahlen vom März 1990 und die schon gesamtdeutschen Bundestagswahlen vom Dezember des gleichen Jahres sicherten der einstigen Blockpartei CDU einen erschreckenden Vorsprung; und die Nachfolgepartei der einst vorherrschenden SED, die sich, ohne eine Neugründung zu wagen, anmaßend PDS nannte, schaffte den Etikettenwechsel. Die oppositionellen Gruppierungen jedoch, zusammengefaßt im »Bündnis 90«, und die neugegründete SPD gehörten zu den Verlierern.

Nun könnte ich es mir leichtmachen und ein oft zitiertes Gorbatschow-Wort abwandeln – »Wer wiederholt falsch wählt, den bestraft ...«, na, Sie wissen schon, wer –, doch hier kann es heute nicht darum gehen, alte Wunden aufzureißen und selbstverschuldete Niederlagen zu bejammern. Aus eigener Erfahrung weiß ich, daß meine kritischen Einschätzungen der mißglückten deutschen Einheit zwar von der Realität bestätigt und, was die soziale Deklassierung betrifft, übertroffen worden sind, aber mir ist auch bitter bewußt, daß Kassandra noch nie eine Wahl gewonnen hat.

Wo also ansetzen, wenn gegenwärtig abermals die schöne Möglichkeit offensteht, in Bonn oder demnächst Berlin auf demokratische Weise einen Machtwechsel zu bewirken? Oder, um am Ort, in Halle und damit im Bundesland Sachsen-Anhalt zu bleiben: Was spricht dafür, hier das Regierungsbündnis von Sozialdemokraten und Bündnis 90/Die Grünen zu stärken?

Einfach, doch gewiß nicht überzeugend genug, wäre meine umstandslose Sympathieerklärung für Reinhard Höppner und Hans-Jochen Tschiche. Sie gehörten der Opposition seit Beginn der achtziger Jahre an. Sie waren und sind weder Wendehälse noch Mitläufer. Sie haben der westdeutschen Dominanz getrotzt und ihrem Land Stimme gegeben. Sie hatten den Mut und das politische Geschick, als Minderheitsregierung dennoch Profil zu zeigen. An ihrer Regierungspraxis ist das Lieblingswerkzeug eines anderen Pfarrers, die »Rote-Socken-Kampagne«, stumpf geworden – es gibt nun mal sone und solche Pfarrer –, und Reinhard Höppner und Hans-Jochen Tschiche haben bewiesen, daß Rot und Grün mehr als nur Komplementärfarben sind, indem sie die soziale und die ökologische Verantwortung als gleichrangig werten.

Und schon macht sich bei mir eine berufsnotorische Hemmung bemerkbar: Es fällt mir schwer, eine von kritischen Nebentönen freie, nur lobpreisende Rede anzustimmen. Als Schriftsteller sehe ich mich Wirklichkeiten gegenüber, die nie eindeutig sind. Ich habe nicht mit Schwarz oder Weiß, sondern mit Grauwerten zu tun. Und wenn es darum geht, abseits meiner literarischen, das heißt fiktionalen Welt meinen politischen Ort zu ermitteln, sehe ich mich zwar als demokratischer Sozialist, weiß aber auch, daß diese Einsicht nicht auf Begeisterung fußt. Von keiner absoluten Idee geritten, sind mir ideologische Dogmen fremd, kein sozialistisches Heil, kein Endziel ist zu beschwören. Auch habe ich keine Utopien im Hut.

Das war schon so, als ich mich vor mehr als dreißig Jahren für den damaligen Regierenden Bürgermeister von Berlin, für Willy Brandt und seine heftig befehdete Deutschlandpolitik, engagierte. Ähnlich wie heute gab es Gründe, meine windstille Werkstatt, meine Vorräte an Papier, mein Schreibpult zu verlassen und landauf, landab von Flensburg bis Passau zugunsten der SPD Wahlkampf zu betreiben. Das war so lehrreich wie anstrengend und bewegte die konservativen Gemüter. Wie kann sich ein Dichter, so hieß es, in die Niederungen der Politik herablassen? Die Politik ist nun mal ein schmutziges Geschäft. Aber es gab auch viele, die begriffen, daß der Schriftsteller zugleich Bürger seines Landes ist und daß er, so poetologisch verstiegen sein literarischer Anspruch sein muß, dennoch nicht hohepriesterlich über der Gesellschaft schwebt, sondern ihr verantwortlich zugehört. Es galt, eine Lehre aus den Versäumnissen der Weimarer Republik zu ziehen, es ging darum, die meiner Generation erteilte Lektion zu begreifen.

Damals reichte meine Kraft aus, mit Freunden gemeinsam über achtzig sozialdemokratische Wählerinitiativen aufzubauen, und ich bin immer noch stolz, zum Sieg der Sozialdemokraten beigetragen zu haben; heute muß ich mit mir schonender umgehen und mich in Sachsen-Anhalt mit dieser einen Veranstaltung begnügen. Vielleicht wird sich sogar der eine oder andere fragen: Warum gibt der alte Mann keine Ruhe? Hat er noch immer nicht die Nase voll? Sammelt er etwa Niederlagen und Enttäuschungen, wie andere Briefmarken oder Schmetterlinge sammeln?

Ich halte diese Fragen nicht nur für zeitgemäß, sie haben auch eine gewisse Berechtigung; ich stelle sie mir selber, ohne ausreichende Antwort zu finden. Gewiß, Ermüdung macht sich bemerkbar. Oft empfinde ich nur noch Ekel, wenn über die Köpfe von fünf Millionen Arbeitslosen hinweggeredet wird. Und gewiß, ich hatte und habe meinen Ärger mit der SPD. Aber dieser Ärger macht mich nicht stumm, vielmehr läßt er meinen Zorn beredt werden, so vor einigen Jahren, als ich mich gezwungen sah, aus der SPD auszutreten. Denn unverzeihlich bleibt ihre Zustimmung, als die Regierungskoalition den Asylparagraphen aus der Verfassung gekippt hat. Diese dem Grundgesetz zugefügte Beschädigung ist nicht die einzige, die zu beklagen ist. Seitdem die Einheit Deutschlands zwar auf dem Papier, aber, was die sozialen Realitäten betrifft, weiterhin in den Sternen steht, ist die Verfassung der Bundesrepublik Deutschland in mehreren Anläufen demontiert oder folgenreich mißachtet worden.

Es begann damit, daß dem Schlußartikel des alten Grundgesetzes, der zwingend vorschrieb, im Falle der deutschen Einheit dem Volk eine neue Verfassung zur Abstimmung vorzulegen, die geballte Ignoranz der Macht widerfuhr. Als Angehörige des »Bündnis 90«, unter ihnen Wolfgang Ullmann, damals einen Verfassungsentwurf vorlegten, dem die Erfahrungen ehemaliger DDR-Bürger eingeschrieben waren, reagierte die fleischgewordene Machtzentrale in Bonn überhaupt nicht; allenfalls war Hohngelächter zu hören. Seitdem fußt die deutsche Einheit auf einem Verfassungsbruch.

Danach wurde, wie ich bereits sagte, das Grundgesetz abermals vergewaltigt, indem man den Asylartikel dem Begehren der Herren Stoiber, Rühe und Kanther opferte und so vor der latenten Fremdenfeindlichkeit kapitulierte. Seitdem gibt es in Deutschland die Abschiebehaft. Seitdem werden Menschen, denen nichts Kriminelles nachzuweisen ist, in großer Zahl hinter Schloß und Riegel gehalten. Ein Zustand, der jedem Anspruch auf Rechtsstaatlichkeit Hohn spricht. Ein Umgang mit Hilfesuchenden, so menschenverachtend, als habe sich bei dieser Abschieberegelung ein Mann namens Mielke beratend nützlich gemacht.

Und nun wird der Verfassung auch noch der »große Lauschangriff« zugemutet. Hätten sich nicht die Bremer Sozialdemokraten quergestellt, wäre er in seiner übelsten Fassung Gesetz geworden. Doch auch so, in seiner abgemilderten Form, öffnet er die Tür zum Überwachungsstaat. Unbegreiflich ist es mir, wie sich die SPD trotz der bis heute nachwirkenden Erfahrungen mit dem Staatssicherheitsdienst der DDR auf diesen Einbruch in den privaten Bereich der Bürger einlassen konnte. Handelte es sich etwa um eine verdeckte Arbeitsbeschaffungsmaßnahme zugunsten von Abhörspezialisten, die seit 1989 arbeitslos sind? Zwar haben und bezahlen wir eine Behörde – oder nennen wir es ein Organ –, die sich Bundesverfassungsschutz nennt, doch wie soll dieser Apparat schützend wirksam werden, wenn die Verfassungsfeinde nicht etwa im verborgenen wühlen, sondern als Parlamentarier im Bundestag sitzen und mit satter Mehrheit ein Abbruchunternehmen betreiben, das mit Fleiß jenes schöne Gebäude ruiniert, auf das viele Bürger, so auch ich, jahrzehntelang als Verfassungspatrioten stolz gewesen sind?

Schwierig bleibt es, ein demokratisches Staatswesen aufzubauen – die deutsche Geschichte krankt an vielen vergeblichen Versuchen –, doch allzu leicht fällt es, die Demokratie und ihre gesellschaftlichen Übereinkünfte in Verruf zu bringen. Eine bewährte Übereinkunft war die soziale Marktwirtschaft. Ich weiß, dieser Begriff mußte viel Spott aushalten. Und heute, da der gänzlich außer Kontrolle geratene Kapitalismus nicht nur die fragile Konstruktion des einst hochgelobten Gesellschaftsvertrages zerstört, sondern auch seine eigene Grundlage, den Markt, global zwangsbewirtschaftet, sehen sich viele bestätigt, die der sozialen Marktwirtschaft sowenig Glauben schenken wollten wie etwa jener frommen Beschwörung, die die »unbefleckte Empfängnis« zum Dogma erhob.

Solch ein Spott hat es in sich. Und es fiele mir leicht, bei den Spöttern zu sitzen und aus dem Wirtschaftsteil der »Frankfurter Allgemeinen Zeitung« Papierschiffchen zu falten, die sich unter globaler Flagge gegenseitig versenken. Und doch bleibt uns keine andere Wahl, als die verspottete, totgesagte, mittlerweile legendäre soziale Marktwirtschaft wieder ins Leben zu rufen.

Oder sieht jemand zu dieser einst wirkungsvollen, nunmehr korrumpierten Wirtschaftsform eine Alternative? Der staatlich herrschende Kommunismus gab lange Zeit vor, eine solche, und zwar die einzig wirksame zu sein. Machtgeschützt konnte sich die Mangelwirtschaft der östlichen Staaten vor der Überproduktion des Westens jahrzehntelang abschirmen. Doch mit Grenzen – sie mögen noch so perfekt ausgeklügelt und befestigt sein – war und ist der raschen Veränderung unserer Welt nicht oder nicht auf Dauer zu begegnen. Diese Lektion bleibt übrigens auch dem Westen nicht erspart: Eine »Festung Europa«, wie sie derzeit konzipiert ist und bedrohlich Gestalt gewinnt, wird, wie vormals der Ostblock, an jener Festungsmentalität kollabieren, die nur Zwänge produziert und schließlich dem hausgemachten Sicherheitswahn erliegt.

Das also steht zur Wahl: Die Erneuerung der sozialen Marktwirtschaft unter veränderten Bedingungen. Aber was hat sich grundsätzlich verändert? Angesichts von fünf Millionen Arbeitslosen einerseits und dem halsbrecherischen Höhenflug der Aktien-, Banken- und Spekulationsgewinne andererseits wird deutlich, daß der Wirtschaft und ihren marktbeherrschenden Kartellen jegliche Vernunft abhanden gekommen ist. Bar gesellschaftlicher Verantwortung brüsten sich Großkonzerne – wie etwa Siemens – bei Aktionärsversammlungen, in Deutschland nur noch minimal Steuern abgeführt zu haben. Es gehört zum naßforsch-guten Ton à la »Radio Westerwelle«, Jugendlichen den Ausbildungsplatz zu verweigern. Die Energie Milliarden verschlingender Wirtschaftskriminalität hat sich nicht mit der Tätigkeit der einstigen Treuhandgesellschaft erschöpft, vielmehr gehören Beihilfe zur Steuerhinterziehung, Geldwäscherei, illegale und legalisierte Korruption sowie weitere mafiöse Machenschaften zur alltäglichen Praxis namhafter Großbanken und Industrieunternehmen. Ein neuer Typ des Asozialen hat sich herausgebildet, dessen Zynismen bis in die Medien hinein stilbildend wirken. Er sitzt in den Chefetagen der Wirtschaft und nennt Millionenverluste »peanuts«. All sein Bestreben läuft darauf hinaus, durch rigorose Profitmaximierung die Analysen eines Philosophen des neunzehnten Jahrhunderts, namens Karl Marx, zu bestätigen. So siegt am Ende doch noch der Kommunismus, und sei es als Spottbild. Im Zeichen der Globalisierung soll der Mensch vom Fluch der Arbeit befreit werden, auf daß er sein Glück im totalen Konsum finde.

Habe ich übertrieben? Ich hoffe, daß ich, was mir oft nachgesagt wird, übertrieben habe. Wie sonst sollte es möglich werden,

den von mir bebilderten Augiasstall auszumisten? Welche Personen wären stark und ausdauernd genug, diese einem Herkules zugeordnete Arbeit zu leisten?

Nun gibt es seit jüngster Zeit einen Kanzlerkandidaten der SPD. Man sagt ihm Willensstärke und Charisma nach. Er will – so sein bisher kurz gefaßtes Programm – notwendige Modernisierung mit sozialer Verantwortung betreiben. Laut Meinungsumfragen traut ihm eine Mehrheit der noch arbeitenden und der nicht mehr arbeitenden Bevölkerung dieses Kunststück zu. Auch ich unterstelle ihm guten Willen und jene Energie, die ihn so markant erscheinen läßt. Doch überfordern wir, bitte, Gerhard Schröder nicht. Wer die von der Regierung Kohl/Kinkel mutwillig ruinierte soziale Marktwirtschaft wiederherstellen, das heißt, im Sinne der Verfassung wieder glaubwürdig machen will, wer neben der sozialen auch die ökologische Verantwortung zu übernehmen bereit ist, der bedarf breiter und kritischer Hilfe, dem kann nur eine rotgrüne Koalition jene Schubkraft verleihen, die vonnöten sein wird, wenn ab Herbst dieses Jahres der unser Land lähmenden Stagnation ein Ende bereitet werden soll.

Doch täusche sich niemand: Die Altlast Kohl wird uns noch lange bedrücken. Der Vollzug einer Einheit ohne Einigung hat ein Ausmaß von Ungerechtigkeiten zuwege gebracht, das nur mühevoll ausgeglichen werden kann. Der Westen ergriff vom Osten Besitz. Nicht Landsleute, Sieger machten sich breit. Die Mißachtung der ohnehin während vierzig Jahren DDR-Herrschaft Geschädigten hat eine neuerliche Teilung und einen gesellschaftlichen Riß zur Folge gehabt, die der Kanzler Kohl verantworten muß; doch die Folgen seiner Mißwirtschaft werden nun diejenigen abtragen müssen, die ihm durch schwächliche Opposition zur wiederholten Kanzlerschaft verholfen haben.

Deshalb lastet auf einer zukünftigen rotgrünen Koalition doppelte Verantwortung: Sie muß die Fehlentscheidungen des politischen Gegners und die eigenen Versäumnisse ausgleichen. Doch können sich Rote und Grüne, Gerhard Schröder und Joschka Fischer, an einem Bundesland orientieren, in dem sich rotgrüne Politik allen Schwierigkeiten zum Trotz bewährt hat. Mit minimalen Mitteln ausgestattet, bedrückt von steigender Arbeitslosigkeit, ist es Reinhard Höppner und Hans-Jochen Tschiche mit ihren Parteifreunden dennoch gelungen, dem Land Sachsen-Anhalt zu Ansehen und eigener Stimme zu verhelfen. Keine Politik der Schlagworte, wohl aber der praktizierten Solidarität hat zu diesem bescheidenen Erfolg geführt. Und mit dem Wort Solidarität spreche ich jenen Wert an, der uns im Deutschland der Mängel vor allen anderen mangelt.

Ich weiß, es ist mit diesem Begriff viel Schindluder getrieben worden. Mißbrauch verführte dazu, ihn abschaffen zu wollen. Leichtfertig meinte man, auf etwas verzichten zu können, das der europäischen Arbeiterbewegung in Notzeiten immer wieder Rückhalt gegeben hat. Es machte sich modisch und galt als schick, auf Solidarität sozusagen zu pfeifen. Heute – oder inzwischen – wissen wir, daß der Verzicht auf solidarisches Handeln unsere Gesellschaft hat verkümmern lassen. Wir haben sie wieder, die Klassengesellschaft. Die Kluft zwischen Besitzenden und Besitzlosen ist nicht nur abstraktes Figurenwerk der Statistik, sondern tritt offen zu Tage. Hier die Zahl der Obdachlosen, dort die profitträchtigen Abschreibeobjekte leerstehender Bürogroßbauten. Hier die in Anonymität versinkenden Massen der Arbeitslosen, dort die »Partei der Besserverdienenden«. Hier die Ohnmacht der Sozialämter, dort die Wahnsinnsinvestitionen in einen Eurofighter, der sich den zukünftigen Feind noch erfinden muß. Hier das Verstummen der Kranken und Alten, dort das Geschrei der Wirtschaftsverbände, denen jeglicher Sozialvertrag nichtig geworden ist.

Wer in Deutschland wird die politisch gestaltende Kraft haben, diese Widersprüche aufzuheben oder – um bescheiden zu sein – auf ein erträgliches Maß zu mildern? In England und Frankreich haben die Wähler ihre Antwort gegeben und die maßlose Herrschaft des Kapitalismus zumindest gezügelt. In Holland und Dänemark sind staatlich gestützte Arbeitsbeschaffungsprogramme wirksam geworden. Jetzt liegt es bei uns, der Arroganz der Macht das Wort zu entziehen. Rotgrüne Solidarität ist gefordert. In Sachsen-Anhalt hat sie sich bewährt.

Erlauben Sie mir, bitte, zum Schluß meiner Rede einige Reflexionen, die einem Wahlkampfmanifest abträglich sein mögen, denn sie sind melancholisch eingetrübt und – nicht nur altersbedingt – auf eine Erfahrung fixiert, die sich während jahrzehntelanger Zeitgenossenschaft angereichert hat und nun benannt sein will.

Vor demnächst fünfzig Jahren, im Juni 1948, arbeitete ich als Steinmetz an einer Baustelle in Düsseldorf. Meine Aufgabe bestand darin, die Fassade der Dresdner Bank, die durch Bombensplitter beschädigt war, Stück für Stück zu flicken. In aufgesprengte Muschelkalkblöcke mußten Vierungen gesetzt werden; ein damals gängiger Job, es hatten ja allgemein die Fassaden gelitten. Während einer Arbeitspause konnte ich durch die Löcher einer Zwischendecke in den darunter liegenden Schalterraum der Dresdner Bank linsen und sah das frischgedruckte Geld, wie es gezählt, gebündelt, gestapelt wurde. Demnächst sollte es ausgeteilt werden, gerecht, wie es hieß: Anstelle der schier wertlos gewordenen Reichsmark sollten 40 DM pro Kopf nicht nur die Währungsreform einleiten, sondern – wie sich zeigte – ein neues Zeitalter begründen. Ähnliches ereignete sich zwei Tage später im Osten des Landes, woraufhin es geteilt war, vorerst in zwei Währungsgebiete, dann in zwei deutsche Staaten. Das geschah willentlich. Man nahm, des Geldes wegen, die Teilung in Kauf. Sie war von Anbeginn ein gesamtdeutsches Werk. Ihre Baumeister hießen Konrad Adenauer und Walter Ulbricht. Die westdeutsche Mark erwies sich als stärker. Sie wurde zum Fetisch, war Wert an sich und ließ jeden Gedanken, der andere Werte im Sinn hatte, an ihrer Härte scheitern. So blieb es über die Zeit des Mauerbaus und des Mauerfalls hinweg bis in die Jahre der Möglichkeit einer deutschen Einheit; denn auch dieser Glücksfall im Verlauf unserer so unheilvoll datierten Geschichte ließ keinen politisch gestaltenden Gedanken zu; nur das Geld, nur die D-Mark war und ist Maß aller Dinge.

Heute oder seitdem nicht mehr zu übersehen ist, daß sich der angehäufte Reichtum verflüchtigt, die Kassen leer scheppern, des Staates Finanzen zerrüttet sind, beginnen wir vielleicht zu ahnen, daß diese vulgäre, weil gedankenlose Fixierung auf das Geld Ursache auch unserer geistigen Verarmung ist. Tatenlos, wenngleich im Besitz gründlicher Schadensbilanzen, sehen wir dem ökologischen Verfall unserer Umwelt zu. Von unseren Universitäten, so zahlreich und überfüllt sie sind, geht kein kreativer Impuls aus; einzig der Protest der Studenten ließ wenige Wochen lang einen Notstand ahnen, dem nicht allein mit Geld beizukommen sein wird. Im allgemeinen Talkshow-Geplapper erstickt jeder Versuch, der sich erkühnt, die Grundlagen einer neuen Solidargemeinschaft zu skizzieren, deren Werte nicht auf der Börse zu handeln sind. Doch da uns nun, fünfzig Jahre nach meinem jugendlichen Blick durch die löcherige Decke der Dresdner Bank auf die frischgedruckte D-Mark, ein neues Zahlungsmittel, der Euro, in die Hand gegeben werden wird, besteht immerhin die Möglichkeit, gleichzeitig geistigen Kassensturz zu machen. Bei den bevorstehenden Wahlen steht mehr auf dem Prüfstand, als sich nach Heller und Pfennig berechnen läßt.

Zwischen den Stühlen

Rede anläßlich der Verleihung des Fritz-Bauer-Preises

Als Fritz Bauer im Sommer 1968 starb, zählte ich vierzig Jahre. Aus damaliger Sicht verließ uns ein großer alter Mann, heute, da ich ein halbes Jahrzehnt mehr Jahre zähle als der mir dazumal beispielhafte Streiter zwischen den Polen Recht und Gerechtigkeit, Staatsgewalt und Widerstand, Gedächtnis und Vergessen, ist der Altersunterschied wie aufgehoben und sind nunmehr Erfahrungen, gesammelt im Umgang mit der in Deutschland nach wie vor fragilen Demokratie, vergleichbarer geworden. Waren es damals die Notstandsgesetze, denen sein differenziert kritisches Urteil widerfuhr, so sind es heute die Aufhebung des Rechts auf Asyl und kürzlich das Inkrafttreten des Großen Lauschangriffs, die mir anhaltenden Widerspruch abnötigen.

Gewiß, Fritz Bauer sprach und stritt mit anderem Erfahrungshintergrund – Stationen seines Lebens hießen Weimarer Republik, drei Jahre KZ-Haft und Emigration –, er bezog sein Rechtsbewußtsein aus langjähriger Praxis als Jurist und nicht zuletzt aus seiner Tätigkeit als hessischer Generalstaatsanwalt, während mir, dem Hitlerjungen von einst, nur die harten Nachkriegslektionen hilfreich werden konnten, zudem gab mir allenfalls der unsichere Standort des Schriftstellers einigen Rückhalt: die Position zwischen den Stühlen. Dennoch ließe sich über die Zeit hinweg immerhin etwas Gemeinsames konstruieren: Als Jurist war Fritz Bauer in den fünfziger und auch noch in den sechziger Jahren zwar umgeben von Freunden und dennoch ein Einzelgänger, doch nicht etwa ein Solitär aus eigenem Willen, vielmehr jemand, dessen Berufsfeld weitgehend von Juristen besetzt war, deren Karrieren in der Zeit des Nationalsozialismus prägend begonnen hatten und deren Praxis in nicht wenigen Fällen Schrecken verbreitet hatte. Die fließenden Übergänge von einem System zum anderen – es gab keine Stunde Null – und das politische Kalkül der Adenauer-Zeit waren solch äußerlich ungebrochenen Lebensläufen dienlich: Nicht nur als Richter und Staatsanwälte, auch als Chefärzte und Universitätsprofessoren oder gar in Doppelfunktion als Politiker – so der ehemalige Marinerichter und spätere Ministerpräsident Filbinger – erfreuten sie sich allgemeiner Duldung. Lange dauerte es, bis endlich das braune Unterfutter der Bundesrepublik Deutschland abgetragen war.

Ich nehme an, daß sich Fritz Bauer dieser Vereinzelung bewußt gewesen ist und sich zugleich als radikaler Demokrat mehr Mitstreiter gewünscht hat. Nicht, daß es ihm an einem Freundeskreis gemangelt hätte, wohl aber – und erklärlicherweise – an Unterstützung seiner Bemühungen durch Berufskollegen. Als Vereinzelter hat er unter dem Titel »Was ist Landesverrat« zur »Spiegel«-Affäre Stellung bezogen. Ohne ihn und sein profundes Engagement wäre es nicht zum Auschwitz-Prozeß und den nachfolgenden Prozessen gekommen. Vereinzelt und vergeblich kämpfte er für einen modernen Strafvollzug, der auf die traditionelle Vergeltungsstrafe verzichtet. Deshalb wurde er mir und vielen meiner Generation beispielhaft. Deshalb wurde ein Preis nach ihm benannt, den zu empfangen ich heute die Ehre habe. Doch diese Einzigartigkeit hat ihre Schattenseite. Sie ergibt sich aus einer schweigenden Mehrheit. Sie gewinnt an Größe, indem sich andere, sogar insgeheim Gleichgesonnene, aus diesen oder jenen Gründen bedeckt halten. Sie überragt als einsame, vereinsamte Leistung in einer Demokratie, der es chronisch an streitbaren Demokraten mangelt.

Und schon bin ich im Verlauf meiner Dankesworte bei mir, oder genauer, bei der Begründung der mich benennenden Preisvergabe angelangt. Sie zählt lobend auf, gegen was ich Einspruch erhoben, aus welchem Anlaß ich mich zwischen die Stühle gesetzt und wann ich zuletzt für jedermann unübersehbare Mißstände, zum Beispiel die dem Rechtsstaat spottende Abschiebehaft, barbarisch genannt habe. Das alles reiht sich als Einzelleistung. Verdienste einer Ein-Mann-Fraktion sollen gepriesen werden. Doch wäre es nicht besser um die bundesdeutsche Gesellschaft bestellt, wenn es eine Vielzahl von Schriftstellern, oder sagen wir: Intellektuellen, gäbe, die bereit wären, unüberhörbar gegen die fortgesetzten Waffenlieferungen in die Türkei Einspruch zu erheben und die sich entschlössen, mit der mehrmals beschädigten Verfassung in der Hand laut anklagend zwischen den Stühlen zu sitzen, also die regierungsamtlichen Vorbeter des Rechtsradikalismus von Stoiber bis Kanther beim Namen zu nennen?

In den vergangenen Jahren, als die Einheit Deutschlands zu einer neuen, diesmal sozialen Spaltung mißriet, kam es mir oft so vor, als sei diese, eine lebendige Demokratie stimulierende Dienstleistung, als Daueraufgabe einzig drei älteren Herren namens Jens, Habermas, Grass aufgelastet. Drei austauschbare Namen, mal in dieser, mal in jener Reihenfolge plaziert. Die letzten Mohikaner. Drei bejahrte Musketiere. Also drei Dinosaurier, die einfach nicht anders können. Drei »Ewiggestrige« stand zu lesen.

Natürlich weiß ich, daß dem Wort Engagement ein altmodisches, an Mottenkugeln erinnerndes Rüchlein anhängt. Mir ist geläufig, bis zu welchem Kältegrad cool zu sein heute die Mode vorschreibt. Zynisches Verhalten gilt nicht nur als Talkshow-Gequassel im allabendlichen SAT1-Programm als telegen. Nur nicht Farbe bekennen, heißt die Devise. Und von allwissendem Lächeln gekräuseltes Schweigen liegt im Trend. Mag die Zahl der Arbeitslosen mit den Börsengewinnen im Wettstreit liegen, wir verhalten uns distanziert.

Doch frage ich mich, wie soll, bei solch beflissener Zurückhaltung, der amtierenden oder einer wünschenswert neuen Regierung ein wirksames Verbot von Waffenlieferungen in die Türkei und in andere Krisengebiete abgenötigt werden? Wo bleibt der gesellschaftliche Druck, der stark genug wäre, endlich einer modernen und die hier geborenen Ausländer einbeziehenden Staatsbürgerschaft zur Gesetzeskraft zu verhelfen? Wer hilft mit, den nicht nur mich, nein, uns alle beschämenden Akt legalisierter Barbarei, die Abschiebelager aus der Welt zu schaffen? Ich weiß keine Antworten auf diese Fragen, es sei denn, die heute noch junge Generation fände alsbald zu ihrem Ausdruck engagierter Bürgerpflicht.

Lange ist es her. In jenen Jahren, in denen Fritz Bauer als Jurist und Demokrat für mich beispielhaft tätig war, genau datiert, im Jahr 1965, als ich mich zum ersten Mal, unterstützt nur von wenigen Studenten, unter dem Walt-Whitman-Zitat und Motto »Dich singe ich, Demokratie« in den Wahlkampf mischte, wurde mir, nach abermals verlorener Bundestagswahl, von der Darmstädter Akademie der Büchner-Preis verliehen. Also schrieb ich, wie es sich gehört, meine Dankesrede. Ich nahm den Büchner des »Hessischen Landboten«, aber auch den Büchner des »Danton« und des »Woyzeck« beim Wort. Auch damals herrschte beklommenes Schweigen im Lande. Allenfalls verstand man sich zu Protestresolutionen, unter denen die bekannten Namen standen. Meine Entscheidung, mich tätig einzumischen und vom Manuskript hunderte Kilometer weit Abstand zu nehmen, wurde beschimpft und belobigt. Doch von beiden Seiten her war man bemüht – sei es mit dem Daumen nach unten, sei es mit dem Daumen nach oben – das »Einzelgängerische« meiner Tat zu verhöhnen oder herauszustreichen. Sogar den militärischen Titel »Einzelkämpfer« bekam ich verliehen. Deshalb stand meine Büchner-Preisrede unter dem Titel: »Über das Selbstverständliche«. Denn alles, was ich zuvor und seitdem außerhalb meiner Werkstatt und abseits meiner notorisch egomanischen Schreibübungen und zeichnerischen Verstiegenheiten getan, womöglich geleistet habe, geschah aus mir selbstverständlichem Bürgersinn. Und sicher handelte ich auch aus der Gewißheit heraus, daß eine Demokratie nur dann Bestand hat, wenn sie von einer Vielzahl von Bürgern gelebt, erneuert und gegen Anfechtungen verteidigt wird. Diese Lektion hat uns allen der Untergang der Weimarer Republik erteilt: Zu viele Feinde von rechts und links haben ihr, angesichts zu weniger Demokraten, das Ende bereitet. Es sollte selbstverständlich sein, daraus eine Lehre zu ziehen. Und wenn das mir Selbstverständliche heute geehrt wird, bitte ich Sie, meine relativierenden Fußnoten zu diesem feierlichen Vorgang dennoch als Dank zu verstehen.

Mein Dank gilt der Hansestadt Lübeck und ihrem Bürgermeister, der Humanistischen Union, und sie gilt meinem Lobpreiser, Cem Özdemir, dem ich zum Herbst dieses Jahres ein Direktmandat im Deutschen Bundestag wünsche.

Brief an Christa Wolf anläßlich ihres 70. Geburtstages

Liebe Christa,

liebendgern würde ich Dir jetzt, zu Deiner Geburtstagsfeier, eine auch meine Jugendzeit beschwerende Passage aus Deinem Buch »Kindheitsmuster« vorlesen – oder eine Episode aus »Kassandra«, die ich in den frühen achtziger Jahren in Mutlangen gelesen habe, als uns der Protest gegen atomkopfbestückte Pershing-II-Raketen und die entsprechenden SS-20 einte, damals, bevor von »Einheit« die Rede sein konnte. Ich las Deine Parabel von der vergeblichen Warnung in einem überfüllten Zelt, während draußen der Regen seinen Text auswendig hersagte.

Aber Du wünschst zu Deiner Feier keine Lesung aus eigenem Werk. Also entwerfe ich einen Geburtstagsbrief, der Dich im Kreis der Siebziger willkommen heißen soll. Könnte ich, wie ich wollte, sänge ich nun jenen Bibeltext, der in Heinrich Schütz' Musikalischen Exequien mit solistischem Bass befindet: »Unser Leben währet siebenzig Jahr«, dann in Aussicht stellt: »und wenn's hochkömmt, so sind's achtzig Jahr«. Schließlich heißt es: »... und wenn es köstlich gewesen ist, so ist es Mühe und Arbeit gewesen.«

Nun, dieser protestantische Befund kleidet uns beide schon jetzt gleichermaßen. Doch während wir uns Buch nach Buch abgenötigt haben, ist langsam und immer wieder von den Zeitläuften gehemmt, wie ein Nebenprodukt langjähriger Bemühungen, unsere Freundschaft gewachsen. Gelegentlich im Widerspruch zueinander. Dann aber, als endlich, zumindest als Bauwerk, die Mauer fiel und unterm Vorzeichen der proklamierten Einheit Schuldige als Opfer gesucht und im Feuilleton abgeurteilt wurden, hatte sich unsere bis dahin aus der Distanz gelebte Annäherung tagtäglich zu beweisen: so viel Haß, Feindseligkeit, verbaler Vernichtungswille schlug sich in Wortkolonnen nieder, so viele Richter und Henker spielten sich selbstgerecht auf. Seitdem, liebe Christa, ist unser freundschaftliches Seit an Seit strapazierfähig. Es ist nicht kleinzukriegen. Mittlerweile verbuchen wir es als Altersgewinn. Denn sozusagen nachträglich haben wir einander wahrgenommen. So ist mir erst vor wenigen Jahren aus Deinem veröffentlichten Briefwechsel mit Franz Fühmann deutlich geworden, wieviel Tapferkeit Du tagtäglich gegenüber den Hohepriestern der Doktrin beweisen mußtest und wieviel Treue Du Deinem Prinzip Hoffnung bewiesen hast. Tapferkeit und Treue, zwei altmodisch anmutende, sogar in Verruf geratene Begriffe und dennoch Tugenden – schon wieder solch ein Wort, das »out« ist –, die Dich liebenswert und verletzlich machen.

Ich weiß, Du bewahrst gerne Distanz. Zum Glück hält die Literatur für ein solches Bedürfnis Werkzeug bereit. Und Deine Bücher, selbst »Kindheitsmuster«, bezeugen deren Gebrauch, was sie haltbarer machen wird, als der jeweils herrschende Zeitgeist zu begreifen vermag. Unsere Freundschaft jedoch erlaubte es uns, sei es in bedrückenden Situationen, sei es während einer gemeinsamen Reise nach Polen, diese Distanz vorsichtig aufzuheben. In unwägbare Schwierigkeiten wären wir allerdings geraten, wenn jener Vorschlag, den ein Mann mit Theaterwitz während einer PEN-Tagung machte, von der Mehrheit der gesamtdeutschen PEN-Brüder und PEN-Schwestern zur Beschlußsache gemacht worden wäre. Er schlug nämlich, einzig um die Einheit der beiden PEN-Zentren zu befördern und dem anhaltenden Streit ein Ende zu bereiten, uns beiden die Vernunftehe als Einheit stiftenden Akt vor.

Wie gut, daß man sich auf andere Weise geeinigt hat. Zudem hätten uns Gerhard und Ute vor so viel Selbstlosigkeit geschützt. So dürfen wir weiterhin in Nähe und aus Distanz unsere Freundschaft pflegen, den, wie ich sagte, Altersgewinn. Was aber die Siebzig betrifft, sei Dir, liebe Christa, mit eineinhalb Jahren Vorsprung versichert: Es ist ein Vergnügen, die runde Zahl mit folgenden Ziffern zu bereichern und dabei weder Mühe noch Arbeit zu scheuen.

Der lernende Lehrer

Rede auf einem Gesamtschul-Kongreß

Tastend, wie in einem Gelände, dem Fallgruben nachgesagt werden, also mit gehörigem Bammel wage ich mich in eine Provinz, die gelegentlich mit abschätzigem Nebengeräusch die »pädagogische« genannt wird. Es ist eine Provinz mit offenen, jedenfalls nicht sichtbaren Grenzen, in der sich jedermann glaubt ergehen zu können, um sie alsbald, kaum hat er seine Kritik an unübersichtlicher Wegeführung, fehlenden Warnschildern, zu streng begrenzten Revieren und zu wenigen Rastplätzen abgesondert, sichtlich erschöpft zu verlassen. So werde auch ich im Verlauf dieser Rede immer wieder versucht sein, mich dünnezumachen. Erlauben Sie mir deshalb, bitte, von Absatz zu Absatz Fluchtgebärden oder zumindest entlastende Ausflüchte, denn der sich hier in Position zu bringen erkühnt, versteht zu wenig von der landesweit betriebenen Curriculum-Forschung, von letzten und vorletzten Strukturplänen und von der Vielstimmigkeit didaktischer Lehre; emsig Angelesenes möchte ich Ihnen nicht zumuten.

Sie, meine Damen und Herren, die Sie von Berufs wegen, das heißt aus Neigung und jeglicher Enttäuschung zum Trotz, die pädagogische Provinz als hier bloß geduldete, dort anerkannte Gesamtschullehrer besiedelt haben, werden sich vorerst mit meinem Laienbekenntnis begnügen müssen: Ja, ich bin für die Gesamtschule. Seit den sechziger Jahren – damals dem Reformeifer des Berliner Schulsenators Carl-Heinz Evers verbunden – spreche ich mich zu ihren Gunsten aus. Von ihr war das Aufbrechen des starren Fachwissens zu erwarten, zugleich die Abschaffung der Zensuren. Seitdem ist, der Theorie nach, auf richtigem Weg manches mißglückt und auf krummen Nebenwegen viel gelungen. Und ich bin mittlerweile zu der Einsicht gekommen, daß heute, inmitten der neuen sozialen Eiszeit, einzig die Gesamtschule in der Lage sein könnte, die schlimmsten Auswirkungen wiederum spürbarer Klassenunterschiede, nein, nicht zu verhindern, wohl aber zu mildern.

Eine, zugegeben, dürftige Einsicht. Die Gesamtschule als sozialer Ausputzer. Mehr nicht? Um verständlicher zu werden, will ich versuchen, meinen vorerst schmalen Befund aus eigener Schulerfahrung anzureichern. Allerdings war meine Schulzeit kriegsbedingt kurz bemessen. Nach vier Jahren Volksschule und fünf Jahren Realgymnasium kleidete mich, wie viele meines Jahrgangs, die Uniform der Luftwaffenhelfer. Als Fünfzehnjähriger, mit meinem Latein so oder so am Ende, lernte ich in der Funktion des K 6 vor allem das Bedienen der Zünderrichtmaschine bei einem 8,8-Flakgeschütz. Mein Lehrer hieß Krieg. Die Schule war aus.

Ich habe das damals kaum bedauert, denn als extrem einseitig interessierter Schüler – Deutsch, Geschichte und Fächer, die dazumal Erdkunde und Zeichnen hießen – hatte ich auf wechselnden Oberschulen einen schweren Stand. Ich blieb in der Quarta sitzen und war, was Mathematik und Chemie oder Englisch und Latein betraf, ohne familiären Rückhalt, mithin ganz auf mich, was heißen soll, auf die Willens- und Unwillensakte früh ausgeprägter Egozentrik angewiesen. Zwar haben sich die Eltern krummgelegt, um meiner Schwester und mir, die wir es einmal »besser haben sollten«, den Sprung von der Volksschule auf die Oberschule zu ermöglichen, sie haben dafür sogar während Danzigs Freistaatzeit Schulgeld zahlen müssen, aber die den anderen, zumeist aus dem gehobenen Mittelstand kommenden Schülern gewährte elterliche Beihilfe bei den Hausarbeiten war ihnen nicht möglich, desgleichen keine teuren Nachhilfestunden. Bei anhaltender Schieflage stand ich permanent auf der Kippe. Der Eins in Deutsch stand die Fünf in Mathematik gegenüber. Die Eins in Zeichnen konnte die stets drohende Fünf in Latein nicht aufwiegen. Gerade noch schaffte es die Zwei in Geschichte und Erdkunde, die Vier in Englisch zu relativieren. Mein Scheitern, was die Oberschule betraf, war angezeigt, wenn nicht vorgegeben; so – und nur so gesehen – wurde ich in kriegsbestimmter Zeit rechtzeitig Luftwaffenhelfer.

Wäre es mir als Schüler in einer Gesamtschule, hätte es sie damals gegeben, besser ergangen? Diese Frage – ich weiß – mag müßig anmuten. Dennoch habe ich sie mir gelegentlich gestellt. Und gewiß haben meine so leidvollen wie kurzfristigen Schulerfahrungen dazu beigetragen, mein grundsätzliches Plädoyer für das Modell Gesamtschule, das heißt für eine sozial gerechte Förderung der Chancengleichheit im Bildungssystem zu stärken. In heutiger Zeit ist diese Funktion und Möglichkeit der Gesamtschule ausgeweitet, weil ihre auf Solidarität bauende Gliederung einer Vielzahl von Schülern ausländischer Herkunft weiterführende Bildungswege eröffnet: Niemand, der lernend »nicht mitkommt«, fällt ins Bodenlose, niemand wird ausgegrenzt.

Doch zurück zum Zeugnis-Desaster früher Jahre. So verkürzt meine Schulzeit gewesen ist, prägend war sie allemal. Narben blieben, die geheilt noch juckten. Gerüche hielten sich, gegen die kein Lüften half. Deutschidealistische Gebote, gepaart mit nationalsozialistischen Zielsetzungen sind einem Gedächtnis imprägniert, das noch heute Textfetzen von HJ-Liedern abrufbereit hält. Und Lehrergestalten hatten sich raumgreifend in meinen Träumen breitgemacht, bis ich sie niederschrieb und in Bücher sperrte, die nacheinander »Die Blechtrommel«, »Katz und Maus«, »Hundejahre« hießen. Doch damit nicht genug. Meine literarische Fixierung auf Lehrer hielt an. Auch in späteren Romanen und Erzählungen, sei es in »örtlich betäubt«, sei es im »Tagebuch einer Schnecke«, dominieren Lehrer; und in »Kopfgeburten« ist es sogar ein Lehrerehepaar, das nicht recht weiß, ob es in diese verruchte Welt ein Kind setzen soll oder nicht. Aber Harm und Dörte sind bereits schleswig-holsteinische Nachkriegsgewächse, denen sozialliberaler Dünger zu unkrautfreiem Wuchs und etlichen Stilblüten verhilft. Ganz anderer Natur sind der Turnlehrer Mallenbrandt und der Oberstudienrat Klohse, an dessen unbedingter Härte der einstige Schüler und nun Ritterkreuzträger Mahlke scheitert. Gewiß würde sich heutzutage eine Grundschullehrerin, widerführe ihr als Erstkläßler ein Oskar Matzerath samt Trommel, anders, pädagogisch gewitzter verhalten als jenes Fräulein Spollenhauer, dessen Brille im Kapitel »Der Stundenplan« an Oskars Stimme zu Scherben ging. Der ewige Pauker hat sich – so scheint es – überlebt; wie der schrullige Lehrer als Original, vergleichbar dem Malzbonbons sückelnden Studienrat Brunies, im heutigen Schulwesen wohl kaum eine den Käuzen eingeräumte Ecke fände. Und mein Lateinlehrer, Dr. Stachnik, dessen Strenge den Schüler in Angstschweiß brachte, der mir aber aus ganz anderen Gründen erinnerlich geblieben ist, indem er als ehemaliger Vorsitzender der Danziger Zentrumspartei mehrmals das Lehrerzimmer mit dem KZ Stutthof tauschen mußte, weshalb ich ihm in meinem Roman »Der Butt« einen Denkmalsockel gemeißelt habe, müßte seine Unbeugsamkeit heute, bei viel weniger Gefahr, nicht durch standhaftes Schweigen, sondern lauthals vor Schulbehörden beweisen. So könnte ich fortfahren und Ihnen, meine Damen und Herren, aus meinem Arsenal zu Literatur gewordener Lehrer weitere, den Verheißungen und Nöten ihrer Zeit verpflichtete Originale vorführen. Es soll aber genug sein mit Hermann Ott aus dem »Tagebuch einer Schnecke«, den seine Schüler und Schülerinnen, zuletzt jene der jüdischen Privatschule an der Hindenburgallee, Dr. Zweifel genannt haben.

Ich habe ihn nicht oder nur andeutungsweise erlebt. Dabei hätte ich Hermann Ott, genannt Zweifel, gerne zum Lehrer gehabt. Ersatzweise ist er mir aus Bruchstücken und Wünschen entstanden. Jemand, dem Erkenntnis nur aus langwieriger Erfahrung und geduldigem Anschauen erwuchs. Jemand, der mich in Zeiten dumpfer Gläubigkeit gelehrt hätte, aus Prinzip zu zweifeln. Jemand, der mit Lichtenbergschem Witz die damals wohlfeilen Glaubensartikel verramscht hätte. Oder gab es Lehrer, die in meinen Hitlerjugendjahren den Mut hatten, Zweifel anzumelden, und sei es auch nur in Nebensätzen? Ich erinnere mich an einen von allen Schülern gefürchteten, trocken konservativen Studienrat, der uns Geschichte einpaukte, indem er dozierend auf- und abschritt, dabei die Wirrnisse des Dreißigjährigen Krieges um weitere Verknotungen bereicherte, wobei er mit Wendungen wie »Wir haben allen Grund, zu bezweifeln ...« oder »Abermals besteht Anlaß für Zweifel« nicht sparte, um plötzlich mit dem Satz »Das deutsche Volk ist eine Hammelherde bis ins Oberkommando der Wehrmacht hinauf« in die Gegenwart kurz vor oder nach Stalingrad zu springen und uns in unserem Halbschlaf aufzustören. Später, als er von einem Tag auf den anderen verschwunden war – und alle ahnten, wohin –, hieß es, kurz vor ihrem Kriegsabitur hätten ihn Obersekundaner denunziert.

Es wird wohl so sein, daß dieser Studienrat, auf den ich nicht hören wollte, mich dennoch zwei Jahrzehnte später angestiftet hat, den Lehrer Hermann Ott, genannt Dr. Zweifel, ins literarische Spiel zu bringen. Mehr noch: Ihm ist zu verdanken, daß ich, wo und wann immer Glauben zum Marktangebot gehörte, das »Prinzip Zweifel« allen anderen Prinzipien, auch dem »Prinzip Hoffnung« übergeordnet habe.

Heute und anläßlich dieser Rede gehe ich einen Schritt weiter und empfehle Ihnen, den hier versammelten Lehrerinnen und Lehrern der bundesdeutschen Gesamtschulen, das »Prinzip Zweifel« als Grundwert. Diese Empfehlung spreche ich mit Vorbedacht aus, denn in jüngster Zeit wurden, nicht zuletzt aus dem Mund des Bundespräsidenten, Forderungen nach der Rückbesinnung auf allerlei Grundwerte laut. Mahnrufe waren im Dutzend zu haben. Das orientierungslos dümpelnde Bildungswesen sollte auf Kurs gebracht werden. Freilich fand sich unter den genannten Werten nicht mein geliebter Zweifel, wohl aber glänzten etliche frischaufpolierte Ladenhüter, denen es guttäte, in Zweifel gezogen zu werden. Fleiß, Ordnung und Disziplin gehören dazu. Doch was sagen solch gestanzte Werte, wenn selbst unsere vielberufene Verfassung, auch demokratische Grundordnung genannt, nicht mehr von zweifelsfreiem Bestand ist? Zwar schreibt sie noch immer die lobenswerte »soziale Verpflichtung des Eigentums« vor – es solle »dem Wohle der Allgemeinheit dienen« –, die Verfassungwirklichkeit jedoch sieht bis in die Chefetage der Großfirma Henkel & Hundt asozial aus. Nicht mehr die gewählte Regierung, kein Kanzler bestimmt die Richtlinien der Politik: Anstelle der Politiker herrschen unlegitimiert die Vorstände der gebündelten und sich global verflüchtigenden Wirtschaftsmacht; das Privileg der Steuerhinterziehung in Milliardenhöhe ist ihnen unbenommen.

Wie, frage ich mich, gehen Lehrer, insbesondere solche, die auf Gesamtschulen außer dem pädagogischen einen sozialen Auftrag zu schultern haben, mit diesem Verschleiß demokratischer Grundwerte um? Wie läßt sich Schülern und Schülerinnen das verfassungswidrige Verhalten der Großindustrie und der Banken als hinzunehmender Machtanspruch erklären? Wie werden junge Menschen ihr späteres Berufsleben, aber auch ihr Dasein als Arbeitslose erfahren oder durchleiden, wenn die Verfassungsfeinde von heute nicht mehr als verbiesterte Kommunisten das Ende des Kapitalismus planen, sondern in den Chefetagen von Daimler und Siemens, in den Vorständen der Dresdner, der Deutschen Bank zu finden sind? Oder milder gefragt: Was ist das Papier noch wert, auf dem unsere Verfassung steht, wenn ihm tagtäglich, gepaart mit Drohgebärden – »Entweder gibt die Regierung nach, oder wir wechseln den Standort« –, hohngesprochen wird?

Ich weiß, die Schule kann diesen das demokratische Staatswesen zermürbenden Prozeß nicht aufhalten. Wohl aber kann sie Schüler und Schülerinnen mit dem Prinzip Zweifel impfen. Eine solche Schutzimpfung ließe jenen Zynismus nicht aufkommen, der immer dann wie eine Epidemie ausbricht, wenn die Versprechungen der professionellen Hoffnungsmacher wieder einmal getrogen haben. Deshalb ist Zweifel an allen heute gängigen Dogmen angebracht. Zwar haben die alleinseligmachenden Glaubenswerte der katholischen und der kommunistischen Heilslehre und ihre jeweiligen Zentralkomitees, weil mittlerweile altbacken, ihre Machtfülle eingebüßt und an Schrecken verloren, um so unanfechtbarer gibt sich jedoch das Dogma von der freien Marktwirtschaft, besonders seitdem es sich jeder sozialen Verpflichtung entledigt hat; der Raubtierkäfig steht offen!

So kommt es, daß Jugendliche, denen allenfalls die Schule ein wenig Sicherheit verbürgt, mit dem Wissen aufwachsen, daß ihnen, sobald sie die Schule verlassen, Lehrstellen verweigert werden, daß sie unnütz sein könnten in einer Gesellschaft, in der die Solidarität aufgekündigt ist und – wie es heißt – nur noch wirtschaftlich gedacht wird. Ich weiß: Nach schöner Schulbuchlehre sind wir in einer Demokratie gehalten, den Konsens zu suchen und im Streitfall einen Kompromiß zu finden. Was aber soll Schülerinnen und Schülern lehrend ins angestrebte Berufsleben mitgegeben werden, wenn der Wirtschaftsmacht – siehe »Bündnis für Arbeit« – der Konsens eine Lachnummer ist und der Kompromiß nur und unverschämt gefordert durch weitere Steuersenkungen zu haben ist?

Also wird die Schule, wenn sie die Schüler in ihrer Ohnmacht nicht allein lassen will, den politischen Widerstand lehren müssen. Er ist so lehrbar wie der Gebrauch des handlichen Instrumentes Zweifel: Behauptungen in Frage stellen. Feierliche Festreden von ihren Worthülsen befreien. Den Kaiser nackt nennen. Grundsätzlich zweifeln. – Und wo bleibt das Positive? Hier ist es: die Demokratie wortwörtlich nehmen. Erst wenn sie ihren legitimen Herrschaftsanspruch aufgibt, sich der Macht des global zirkulierenden Geldes, den Forderungen irrwitzig fusionierender Großkonzerne, den Marktbeherrschern beugt – und sie ist dabei, es zu tun –, wird die Demokratie am Ende, das Volk entmündigt und der einzelne weder des Zweifels am Bestehenden noch des Selbstzweifels fähig sein. Was gäbe es da noch zu lehren. Abermals wäre die Schule aus.

Ich sprach soeben vom Selbstzweifel, mithin von mir. Während ich diese Rede in groben Zügen zu skizzieren begann, fand ich mich aus verschiedenen Gründen diesem die eigene Position betreffenden Zweifel ausgesetzt. Doch war es nicht einzig die Frage: Was kannst du, der abgebrochene Schüler, also das Produkt unablässiger Eigenbildung, zur gegenwärtigen Situation der Gesamtschulen beitragen, die mich einem solchen Prozeß unterwarf, vielmehr ist es der seit zehn Jahren auf dem Balkan anhaltende Krieg gegen Minderheiten und dessen jüngste Eskalation, die mich so grundsätzlich in Frage stellten und weiterhin stellen. Wenn mir einerseits gewiß zu sein schien, daß das bloße NATO-Bombardement unter amerikanischem Oberkommando den serbischen Terror gegen die Kosovoalbaner nicht beenden werde, war ich andererseits sicher, daß der Zerstörung der Dörfer im Kosovo, der Vertreibung und Deportation ihrer Bewohner, den Vergewaltigungen von Frauen und Mädchen, den Hinrichtungen von Zivilisten, dem mörderischen Rassenwahn, wie er sich während zurückliegender Jahre in Vukovar und Srebrenica, in Tuzla und Sarajewo ausgetobt und Massengräber hinterlassen hat, nicht mehr tatenlos zugesehen werden dürfe. Überdeutlich war zu erkennen, daß Serbiens Präsident die sich hinziehenden Verhandlungen und die Entschlußlosigkeit der europäischen Staaten nutzte, um die langgeplante Massendeportation der Kosovoalbaner zu beginnen. Also entschied ich mich für den militärischen Einsatz, obgleich ich wußte, daß er nicht nur ohne UNO-Mandat begann, sondern auch den Verteidigungsauftrag der Bundeswehr mißachtete. Das Elend der Flüchtlinge, die Not der vertriebenen Frauen und Kinder, das wiederholte Unrecht und dessen mörderische Folgen machten meine Bedenken zwar nicht kleiner, setzten sie aber außer Kraft. Ich sprang über meinen Schatten, nein, ich versuchte mich darin, natürlich vergeblich. Denn schon bald und nicht erst, als sich bestätigte, daß die Luftangriffe nach amerikanischem Szenario den Terror nicht eindämmen, geschweige denn beenden konnten, holten mich alle übersprungenen Bedenken ein, um abermals, nach bloßem Rückblick auf über zweihunderttausend im Verlauf »ethnischer Säuberungen« Ermordeter, nichtig zu werden.

Für kurze Zeit nur. Denn wieder und wieder suchte ich Zuflucht bei allem, was gegen Krieg sprach. Und weil dieser Selbstzweifel bis heute anhält, ja, mich und meine aus Kriegserfahrung gewonnene Position so radikal in Frage gestellt hat, ist er Teil dieser Rede geworden. Ich kann mir vorstellen, in welch vergleichbarem Ausmaß Sie, die hier versammelten Gesamtschullehrerinnen und -lehrer, diese Gewissensfrage zur jeweils widersprüchlichen Entscheidung gedrängt hat. Mehr noch, Sie mußten, gleich welche Position Sie eingenommen hatten, vor Ihren Schülerinnen und Schülern bestehen. Ihnen war und ist kein Rückzug in melancholisches Schweigen erlaubt. Keine Routine konnte und kann die Fragen Ihrer Schüler beschwichtigen. Und wenn in den Unterrichtsräumen neben und zwischen den deutschen Mädchen und Jungen einige Schulkinder serbischer und kroatischer, bosnischer und albanischer, türkischer und kurdischer Herkunft ihren Platz haben, werden Sie in verstärktem Maß die Auswirkungen der blutigen, weil ungelösten Konflikte unserer Zeit auf engstem Raum erleben, ohne ihnen ausweichen zu können.

Wer möchte da Lehrer sein, wenn die Politiker die Folgen ihres Unvermögens bis in die Schulen hinein auslagern? Welch weiteren Zerreißproben sind Lehrer und Schüler ausgesetzt, wenn, wie hierzulande Praxis, die rigorose Abschiebung ganzer Familien als fortgesetzte »ethnische Säuberung« alltäglich geworden ist, so daß immer wieder Mitschüler aus der Gemeinschaft von Lehrenden und Lernenden herausgerissen werden? Und weiter, in den Schulalltag hinein gefragt: Sind Lehrer in der Lage, die Deklassierung der Kinder arbeitsloser Eltern, wenn nicht aufzuheben, dann doch um ein Geringes zu mildern?

Nicht, daß ich sage: Die Lehrerinnen und Lehrer sind überfordert. Niemals fiele es mir ein, die gesellschaftlichen Herausforderungen und sozialen Zerreißproben, denen sich bewußt die Gesamtschule gestellt hat, ins jeweils Beliebige wegzudelegieren; da aber Lehrende oft und seit alters her bevorzugtes Ziel der Kritik, Adresse des allgemeinen Überdrusses und Blitzableiter elterlichen Versagens sind, möchte ich mich für die Lehrenden, selbst noch für den mittlerweile frustrierten Lehrer, die erschöpfte Lehrerin aussprechen. Zu leicht fällt es, Spott an ihnen abzulassen. Zu billig sind Fingerzeige aufs Beamtenrecht und das süße Nichtstun während langer Ferienzeit. Zu bequem ist es, sie, die Lehrenden, zum Notnagel aller gängigen Beschwerden zu machen. Mir ist kein anderes Land bekannt, in dem, wie in Deutschland, die Lehrenden von Schülern und Eltern mit jenem vorgefaßten Mißtrauen angesehen werden, das nicht selten in Feindseligkeit umschlägt. Deshalb habe ich meine Rede vorerst unter die Überschrift »Erbarmen mit den Lehrern« gestellt, wobei, um keinen Geschlechterkrieg zu entfesseln, die Lehrerinnen und das Erbarmen mit ihnen gleichfalls gemeint sind. Auch kann ich mich, was diesen provisorischen und verallgemeinernden Titel betrifft, nicht auf die Lehrenden in den Gesamtschulen beschränken. Das von mir ausgerufene Erbarmen bezieht die Grund- und Berufsschul-, die Realschul- und Gymnasiallehrer ein. Alle sind gemeint, die tagtäglich präsent sein müssen, konfrontiert den großen Nöten und kleinen Hoffnungen einer nachwachsenden Generation von Schülern, denen das elterliche Zuhause oft keinen Halt mehr gibt, denen das »Recht des Stärkeren« real wie virtuell vorgelebt wird, deren Zukunft von Horrorvisionen besetzt ist und die in ihrer Verzweiflung in der Schule mehr zu finden hoffen, als diese bieten kann. Solch strenger Präsenzpflicht sind offenbar viele Hochschul- und Universitätslehrer enthoben, weshalb sie meine Bitte um Erbarmen weder benötigen noch beanspruchen können; es sei denn, sie bequemen sich, wenn nicht aus pädagogischer Lust, dann angestoßen durch eine Hochschulreform, zur peinvollen Präsenz.

Habe ich in ein Wespennest gestochen? Sei's drum. Mein Hang, beim Erzählen auch Erfahrungen, das heißt erworbenes Wissen und erkanntes Unwissen in den Erzählfluß einmünden zu lassen, hat mir von den Hochsitzen rein ästhetischer Lehre herab ohnehin den Ruf eingetragen, »schulmeisterlich« daherzureden. Doch so viel stimmt: Ich, der zu kurz gekommene Schüler, habe gelernt, daß eine Vielzahl von Büchern beiläufig leise, aber auch drastisch anschaulich belehrend ist, freilich nur dann, wenn man sie nicht – etwa im Schulunterricht – auf eine Nebenstimme reduziert, frei nach dem Motto: Welchen Nutzen kann ich aus diesem Buch ziehen? Wieviel Gewinn trägt mir dieses Buch ein? Wieviel Liter Milch bringt die Kuh?

Um einige mich belehrende Leseerfahrungen zu benennen: Heinrich Pestalozzi – erschrecken Sie bitte nicht –, dieser unglückliche Mensch, dessen pädagogische Versuche an den Umständen seiner Zeit und an eigener Unzulänglichkeit gescheitert sind – und nach dem gleichwohl meine Volksschule in Danzig-Langfuhr benannt wurde –, hat etliche Romane geschrieben, so jenes wunderbare Buch »Lienhard und Gertrud«, in dem vom Los bäuerlich geknechteten Daseins und vom hartherzigen Vogt erzählt wird. In meisterlichen Dialogen, dazu in vielfarbiger, den Schweizer Tonfall mitführender Sprache erhellt der Aufklärer das Zwangssystem der Hörigkeit bis ins Detail. Er erlaubt dem Leser mitzuleiden und hält ihn dabei dennoch hellwach. So hat es Voltaire in seinem »Candide« und ein weiterer Autor der europäischen Aufklärung, Diderot, in »Jacques le fataliste« zu unserem belehrenden Vergnügen getan.

Versucht nun, aus einer lehrreichen Bibliothek Buch nach Buch abzurufen, muß ich mich dennoch kurz fassen, will aber nicht versäumen, auf Alain-Fourniers spätromantisch anmutenden Roman »Le grand Meaulnes« hinzuweisen, den ich als junger Autor in deutscher Übersetzung unter dem schwachen Titel »Der große Kamerad« gelesen habe und der gewiß Pate gestanden hat, als ich meine Novelle im Milieu Jugendlicher, »Katz und Maus«, zu schreiben begann, weshalb der Held in dieser Erzählung aus kriegsbedingten Schuljahren, verdeutlicht durch den gleichlautenden Anfangsbuchstaben, »der große Mahlke« genannt wird.

Oder ein anderes Buch, das zwar nicht Fiktion bietet, aber durchweg erzählender Art ist und mich angestoßen, belehrt, ja, das neunzehnte Jahrhundert betreffend, kundig gemacht hat:

August Bebels Autobiographie »Aus meinem Leben«, die anschaulich die Anfänge der deutschen Arbeiterbewegung, die Zeit der Sozialistengesetze und den bald danach ausbrechenden Revisionismusstreit schildert. Ich behaupte, daß ohne Kenntnis dieser Autobiographie die sozialen Nöte unserer Tage, das Wiederaufkommen der Klassenunterschiede, der fortwirkende Dünkel wirtschaftlicher Globalherrschaft und der so belebende wie irritierende Streit zwischen Sozialdemokraten und Grünen nicht begriffen werden können. Mit anderen Worten und frei nach Lichtenberg gesprochen: Schnell ein Paar Hosen zum Secondhandshop getragen und für den Gegenwert August Bebels »Aus meinem Leben« gekauft.

Zuletzt will ich das mir so wichtig gewordene Buch eines im Verhältnis zu mir jüngeren Autors preisen, Sten Nadolnys Roman »Die Entdeckung der Langsamkeit«. Während der Lektüre wurde mir nach und nach deutlich, wie heilsam diese sich behutsam verzögernde Erzählung als Gegengift zur allgemein vorherrschenden Beschleunigung sein könnte. Nirgendwo anders wird die Zeit so anschaulich gedehnt. Deshalb ließe sich aus diesem Roman, ohne seiner Kunstfertigkeit Gewalt antun zu müssen, eine auch für die Schule taugliche Anweisung zur »Erlernung der Langsamkeit« ableiten. Von Nadolny angeregt, gehe ich sogar einen Schritt weiter und schlage vor, in allen Schulen, voran in den Gesamtschulen, einen Kurs zur »Erlernung der Langsamkeit« einzuführen. Von mir aus darf es sogar ein Leistungskurs sein. Langsamkeit wäre eine Gangart, die der Zeit zuwider verliefe. Die bewußte Verzögerung. Das bis zum Stillstand gebremste Tempo. Das Erlernen des Innehaltens, der Muße. Nichts wäre inmitten der gegenwärtigen Informationsflut hilfreicher als eine Hinführung der Schüler und Schülerinnen zur Besinnung ohne lärmende Nebengeräusche, ohne schnelle Bildabfolge, ohne Aktion und hinein ins Abenteuer der Stille, in der einzig Eigengeräusche erlebt werden können. Ich weiß: ein Vorschlag, den zu realisieren zwangsläufig die Zeit fehlen wird. Dennoch bitte ich Sie, ihn nicht nur zu belächeln, sondern ihn spielerisch ernst zu nehmen; er hat es in sich.

Vor vielen Jahren – ja, es ist lange her –, Ende der Sechziger war ich als Gast eines SPD-Parteitages in Nürnberg. Viel Papier sollte bewältigt werden. Anträge traten sich auf die Hacken. Unter anderem ging es in einem besonderen Arbeitskreis um den dazumal ausgerufenen »Bildungsnotstand«, mithin um Schulisches und also auch um die Gesamtschule. Es wurde gestritten und abgestimmt. Schon bildete sich ein Jargon heraus, den später nur noch Eingeweihte, aber nicht Schüler und Eltern verstanden. Die hessischen wollten den Berliner Gesamtschulen voraus sein und umgekehrt. Vom pädagogischen Eros gerittener Eifer ließ das Kind im Bade befürchten, ausgeschüttet zu werden. Ermüdend anstrengend ging es zu. Es war die Zeit der engbeschriebenen Papiere oder »papers«, wie man auch sagte.

Leicht benommen fand ich am Abend ins Hotel zurück. Und dort in der Halle, etwas abseits, saß an einem Tischchen gewichtig Carlo Schmid: ein sozialdemokratisches Unikum von Format. Vor ihm standen eine Flasche Rotwein und ahnungsvoll zwei Gläser, denn er winkte mich an seinen Tisch und goß ein. Seufzen höre ich ihn immer noch: »Da habe ich nun, lieber Freund, den ganzen Tag über zugehört, geredet und über dringlichste Schulfragen abgestimmt. War viel Vernünftiges, Nützliches darunter. Wer aber«, sagte er nach einer Seufzerpause, »wird in Zukunft das Unnütze lehren und lernen?«

Wenn diese Anekdote meiner, zugegeben, leicht schlingernden Rede zur Zierde gereichen sollte, wäre ich dankbar, wenn das Erlernen der Langsamkeit sogar als nützlich zu begreifen sein könnte. Nützlich den Schülerinnen und Schülern, nützlich gewiß auch den Lehrerinnen und Lehrern. Denn meine der Gesamtschule offerierte Offerte – wenn es denn eine sein kann – setzt den lernenden Lehrer voraus.

Ich weiß, es gibt ihn. Oft zwingt ihn die Not, nicht auf vormals Erlerntem hocken zu bleiben, sondern ständig dazuzulernen, etwa angesichts seiner buntgemischten Schüler einige Lektionen türkischer Geschichte oder was der Koran, im Vergleich mit anderen Religionen, an Unduldsamkeit und Toleranz zu bieten hat. Wie gut täte es, um ein Beispiel zu nennen, wenn die Schüler moslemischen Glaubens aus Lehrers Mund erführen, wie sehr die über Jahrhunderte anhaltende maurische Herrschaft auf der Iberischen Halbinsel dem christlichen Abendland geholfen hat, aus staubtrockener Scholastik herauszufinden, wie weit arabische und jüdische Gelehrte, etwa auf dem Gebiet der Algebra und Medizin, dem mittelalterlichen Fachwissen voraus und also anstiftend für unseren verspäteten Prozeß der Renaissance gewesen sind. Ist es im Deutschunterricht nicht für alle Schüler, gleich welchen Glaubens, wunderbar zu erfahren, daß der sogenannte pikareske Roman, angefangen bei »Don Quijote« bis hin zu Grimmelshausens »Simplicissimus« und seinen späteren Schülern, zu denen ich mich zähle, auf maurisch-arabischen Erzählkünsten fußt? Und bestimmt wissen die Schüler ausländischer, etwa persischer oder nigerianischer Herkunft etwas aus eigener Kultur zu berichten, was der Lehrer nicht weiß und sich unsere eurozentrische Schulweisheit nie hat träumen lassen.

Der lernende Lehrer ist also jemand, der mit und von seinen Schülern lernt. Neugierde ist ihm eigen. Gerne verläßt er feste Standpunkte, die nur noch sich selbst meinen, um neue zu gewinnen, die er abermals verläßt, bevor sie sich verfestigen. Bis ins Alter lernt er dazu, was an Neuem verlockend oder bedrohlich aufkommt, aber auch was hinter ihm liegt und in der Schnelle der Zeit verschüttging. Wie soll ich es kurz sagen? Um es auf die beispielhafte Person zu bringen: Der lernende Lehrer ist Hartmut von Hentig.

Ihm verdanke ich vielerlei Einsicht. Welch Vergnügen hat mir sein schlanker und den Wortmüll unserer Tage aufrührender Essay »Kreativität – Hohe Erwartungen an einen schwachen Begriff« durch wiederholte Lektüre gebracht. Er weist nach, in welch inflationärem Ausmaß Kreativität als Büchsenöffner für alles und nichts zu dienen hat. Kreativität, ein Wort, mit dem nach neoliberaler Gebrauchsanweisung, gepaart mit den Wörtern »Leistung« und »Eigenverantwortung«, die Börsenkurse zu beleben sind. Übrigens ließe sich, anstelle von Kreativität, die neuerdings und nun auch aus Kanzlers Mund zu hörende Schummelpackung »Berliner Republik« setzen; denn auch in diesem Fall klammern sich hohe Erwartungen an einen schwachen Begriff.

Doch erlauben Sie mir nun ein Zitat aus Hentigs so einleuchtendem Essay: »Die hier beschworene Kreativität meint technisch und wissenschaftlich vorn zu sein – in Gentechnik, Biotechnik, Ökotechnik, Molekulartechnik, Mikrosystemtechnik,

Weltraumtechnik, Computer- und Kommunikationstechnik, kurz: in High-Tech auf allen Gebieten, auf denen Vorsprung wirtschaftliche Vorteile und Nachhinken oder gar Verschlafen wirtschaftlichen Niedergang bedeutet. Diese Kreativität sucht nicht einen Ausweg aus dem Netz der Systemzwänge – der unaufhaltsam fortschreitenden Rationalisierung der Arbeitsvorgänge, der immer weiter um sich greifenden Mediatisierung, der globalen Abhängigkeiten, der Dominanz der Wirtschaft über alle Lebensbereiche, voran über die Politik –, sondern einen entschiedenen, breiten, selbstverständlichen Zugang zu dem, was da läuft. Mit dem Wort Kreativität entlockt man uns die Bereitschaft, in den Mainstream der Entwicklungen – möglichst weit vorn – einzumünden.«

Genauer, meine ich, ist der gegenwärtigen Kreativitätshuberei kaum beizukommen. Deshalb sei dem lernenden Lehrer ein weiteres Buch, nein, mehr eine Streitschrift aus der Feder Hartmut von Hentigs als erfrischende und die Schulstuben lüftende Lektüre empfohlen, das erst kürzlich unter dem Stoßseufzertitel »Ach, die Werte!« erschienen ist. In diesem Buch ist zu finden, was ich in meiner Rede nur ergänzend und notorisch eigensinnig zu sagen habe. Gleich zu Beginn fordert er eine »Erziehung zur Politik«. Er warnt vor der »Verdrängung des Wissens durch Information«. Aber gleichzeitig versucht er, mit Hinweis auf Sokrates zu belegen, »wie fruchtbar und heilsam das bewußtgemachte Nichtwissen ‚in den wichtigsten Angelegenheiten' der verständigen Lebensführung und der Regierung der Polis ist.«

Zum Schluß dieses überreichen Buches und nachdem er die überkommenen und neuerdings geforderten Werte von allem Brimborium befreit, sie nackt über den Steg der postmodernen Modenschau hat laufen lassen, ist ihm aus dem Stall der neuen Medien die jüngste heilige Kuh einen Absatz wert, den ich mit Vergnügen zitiere: »Wir müssen uns entscheiden, damit fängt alle Pädagogik an. Wollen wir eine Homepage-Öffentlichkeit, in der jeder sich an jeden wendet und sich in die Folgenlosigkeit einübt, in das Nicht-verantworten-Müssen dessen, was man in die Welt gesetzt hat? Wollen wir die ständige Beschleunigung, die fortgesetzte Entsinnlichung, die Preisgabe der Unmittelbarkeit, multa statt multum? Wollen wir digitale Vernetzung mit immer mehr Unbekannten, statt Verbindung und Auseinandersetzung mit denen, die uns angehen und die wir angehen? Wollen wir das … Untergehen der Aufmerksamkeit im großen Geräusch und der ständigen Überblendung? Wollen wir die Zunahme von ‚Schein', die Verdrängung der erfahrbaren Wirklichkeit durch die ‚virtuelle', des Kostbaren und Widerständigen durch das Verfügbare und Geläufige … Mit diesen weder rhetorischen noch ironischen Fragen sind nicht die neuen Medien angeklagt, sondern unsere Willenlosigkeit, unser Zauberlehrlingsübermut, unser Opportunismus und unsere in ihm gründende Unfähigkeit zu erziehen.«

Weil diese Fragen hier in dieser Versammlung und im Kongreßverlauf unter dem Motto »Gesamtschule – Tradition und Widerspruch« zuallererst Antwort finden müssen und werden, soll meine Verbeugung vor Hartmut von Hentig zugleich all den anderen lernenden Lehrern Respekt bezeugen, in deren Tradition ich ihn und auch mich sehe. Es ist die Tradition der europäischen Aufklärung. Von Rousseau und Pestalozzi, Herder und Humboldt reicht sie über Fritz Karsen und Adolf Reichwein bis, nun ja, bis zu unserem Hartmut von Hentig. Es gab und gibt viele Versuche, diese Schule der Aufklärung zu schließen. Oft ist es bloßer Mutwille, der da meint, neuen Aberglauben stiften zu müssen. Aber es gibt auch Gründe, an der Wirkung mündig machender Aufklärung zu zweifeln. Den gravierendsten Grund will ich nennen.

Ist es nicht so, daß Auschwitz in einem Land ermöglicht wurde, das sich zu den aufgeklärten Ländern zählte? Und war es bis dahin nicht so, daß die Bürger dieses Landes von ihren Nachbarn als derart illuminiert gesehen wurden und – im Sinn der Aufklärung – als zivilisiert gegolten haben? Ist es nicht die in Deutschland vollzogene Aufkündigung der Zivilisation gewesen, die bis in die gegenwärtigen Tage alle aufklärenden Bemühungen grundsätzlich in Frage stellt?

Im letzten Jahr lief landauf, landab eine Debatte, die sich an einer Rede, gehalten in der Paulskirche, entzündet hatte. Es ging vor allem um das Recht aufs Wegsehen, gegen das Schwingen der Moralkeule, um die Rückkehr zur Normalität und gegen die Instrumentalisierung von Auschwitz. Ich habe mich an dieser

Debatte nicht mit einem ausführlichen Beitrag beteiligen wollen, weil sie müßig war, nichts geklärt hat, klären konnte und allenfalls schlafende Hunde zu wecken vermochte. Denn, lieber Martin Walser, wir können uns insgeheim noch so sehr ums Wegsehen bemühen, es mag ein Verlangen geben, dem die endliche Einkehr der Normalität – was immer Schreckliches das sein wird – als sehnlichstes Ziel gilt, es ist gewiß scheußlich, wenn eingeforderte Schuldbekenntnisse, besonders an Feiertagen, wohlfeil und nichtssagend zu haben sind, doch all diese privat empfundenen Ärgernisse, Wünsche und Bedürfnisse, die nicht nur erlaubt, sondern auch erklärbar sind, werden Mal um Mal nebensächlich oder zur Karikatur ihrer selbst, sobald uns die Nachwirkungen von Auschwitz einholen, wenn also das von der Degussa eingeschmolzene Gold, das die Deutsche Bank gelagert und transferiert hat, seine Herkunft preisgibt oder wenn der seit Jahren anhaltende Streit um das zentrale Denkmal zum Gezänk wird oder sobald sich, wie es tagtäglich geschieht, der nachgeborenen, der schuldfreien Generation die Frage stellt: Wie wurde Auschwitz möglich?

Weil wir mit dieser Frage, die nach Wissen ruft, leben müssen, wird weder das insgeheime noch das öffentliche Wegsehen von Dauer sein. Kein Denkmal, es mag ästhetisch noch so gelingen, wird uns Antwort geben. Nein, es muß das Denkmal ein Haus werden, das all jenen offensteht, die gegenwärtig und lange über die Jahrhundertwende hinweg wissen wollen, wie es einst zu dem immer noch unbegreiflichen Verbrechen, genannt Völkermord, gekommen ist. Auch wäre in einem solchen Haus, das zugleich Denkmal ist, zu erforschen, warum der Völkermord, systematisch vollstreckt an Juden und Zigeunern, dennoch – und obgleich alle Welt sich geschworen hatte: Nie wieder Auschwitz! – beim wiederholten Vollzug »ethnischer Säuberungen« Schule gemacht hat. Das ist zu wissen und also zu lehren. Selbst das Unerklärliche im Verhalten der Menschen wird, weil es bedrohlich ist und bleibt, Teil dieser Lehre sein müssen, die uns die Geschichte auferlegt hat.

Einige mögen sich jetzt fragen: Was hat all das mit dem Reformstau im Bildungswesen oder mit der herkömmlich umstrittenen Situation der Gesamtschulen zu tun? Soll dieses

Thema den Bedenkenträgern, gar der allgemeinen Flickschusterei überlassen bleiben? Ich bin um Antwort verlegen. Sobald ich danach suchte, verlief ich mich im Wald einander widersprechender Modelle samt Kostenberechnungen. Da ich aber nicht in der Lage bin, eine Bildungsreform zu entwerfen oder gar Geldquellen zu ihren Gunsten springen zu lassen, zudem mein Ruf »Verzichtet auf den teuren Eurofighter, steckt das schöne Geld lieber in die Bildung!« wie manch anderer Ruf verhallt ist, kann sich meine der Gesamtschule geltende Fürsprache eigentlich nur auf Erfahrungen stützen, die ich als Vater einiger Kinder gemacht habe, die sich hier in Berlin auf Gesamtschulen, zum Beispiel in der Fritz-Karsen-Schule, bemühen durften. Sie sind dabei ganz gut gefahren. Früh schon haben sie das Widersprechen gelernt und dennoch keine nachweisbaren Spätschäden erlitten. Sie sind neugierig aufs Zukünftige geblieben, zögern und eilen auf Umwegen vor sich hin und verhalten sich dabei in der Regel sozial. Sie sind frei von jeglichem Elitedünkel, leben kenntnisreich mit ihren Wissenslücken und haben sich mit unterschiedlichem Abschluß ins außerschulische Leben davongemacht. Einer meiner Söhne ist sogar Lehrer an einer Gesamtschule. Nun streitet er mit mir über die Rechtschreibreform; doch das steht auf einem anderen Blatt.

Gegen Schluß meiner Rede, die, während sie zu Papier kam, überschattet war vom Kriegsverlauf in Serbien und von der fortgesetzten Vertreibung der Kosovoalbaner, soll noch einmal Selbstzweifel dazwischenreden. Wie immer dieser Krieg ausgehen wird, Sieger wird es keine geben. Beschädigt werden alle sein, die seine Notwendigkeit bejaht oder verneint haben. Meine stets fragile Entscheidung zum Ja wurde bestärkt von einer so kurzen wie vielsagenden Rede, die mein Generationsgenosse Erhard Eppler auf dem jüngsten SPD-Parteitag gehalten hat und in deren Verlauf er sich zu jenem tragischen, weil mitschuldig machenden Entschluß bekennt, den auch ich teile.

Um zu diesem Ja zu kommen, mußte ich Positionen aufgeben, die mir als gesichert galten. Schmerzhafte und lästige Lektionen wurden erteilt. Ich mußte dazulernen. Und gewiß haben auch Sie, im Verlauf der letzten Wochen, im Umgang mit sich und Ihren Schülern ähnliche Erfahrungen gemacht. Deshalb sollte es nicht verwundern, wenn meine Rede, die anfangs unter dem Titel »Erbarmen mit den Lehrern« stand, nun – was weiterhin zu begründen wäre – »Der lernende Lehrer« heißt.

Er ist jeder pädagogischen Bemühung vorausgesetzt. Jede noch so dringliche Reform im Bereich der Bildung wird nichtsnutz sein, wenn sie nicht den lernenden Lehrer ermöglicht. Alles den Schülern und Schülerinnen zu vermittelnde Wissen und Unwissen kann nur durch ihn auf den pädagogischen Weg gebracht werden. Und auch der Katalog der so lauthals geforderten Werte, in dem Begriffe wie Eigenverantwortung und Bereitschaft zum Risiko schillern und der sich vorgeblich bemüht, jungen Menschen in gegenwärtiger Zeit den Sinn des Lebens zu deuten, kann nur durch den lernenden Lehrer auf den Prüfstand gestellt und dem vorzüglichsten Instrument der Aufklärung, dem Zweifel, ausgesetzt werden.

Es ist wiederum Hartmut von Hentig, der in seinem Buch »Ach, die Werte!« fordert, »daß allen Lehrern aller Stufen und Gegenstände während ihres Studiums eine wenigstens zweisemestrige, eigens für sie konzipierte Veranstaltung ‚Philosophische und ethische Fragen des Lehrberufs' zuzumuten ist«. Ich möchte diesen Vorschlag erweitern und anregen, daß Lehrerinnen und Lehrer im Dreijahresturnus für sechs Monate Abstand nehmen von ihrer täglich praktizierten Lehrtätigkeit. Auf diese Weise könnte einer Vielzahl junger, bisher arbeitsloser Lehrer Platz gemacht werden. Und während der genannten Zeitspanne böte sich den pausierenden Lehrern die Möglichkeit, lernend zu regenerieren. Mit aufgefrischtem Elan könnten sie sich dann wieder der tagtäglichen Schulpraxis aussetzen. Ich weiß, daß solch eine Lehrpause mit Gehaltsverlusten verbunden wäre, aber als jemand, der während seiner über das Pensionsalter hinaus anhaltenden Berufstätigkeit freiberuflich hat wirtschaften müssen, weiß ich auch, daß das Überwinden von Durststrecken lernbar ist; zudem wäre es wünschenswert, wenn dem sicheren Status des Lehrers eine Verunsicherung dieser Art widerführe.

Dazu ein Beispiel aus jenem Teil der Welt, die wir, offenbar zur ersten gehörend, die dritte nennen. 1986/87 lebten meine Frau und ich für ein halbes Jahr in Indien, genauer gesagt, in Calcutta, mithin an einem Ort, in dem sich die Probleme des

Menschengeschlechts bündeln. Anfangs verschlug es mir die Sprache. Nur langsam kam ich durch skizzierendes Zeichnen, das genaues Hinsehen voraussetzte, wieder zu Wörtern. Ich lernte durch Hinschauen. Die alltägliche Existenznot von Millionen Menschen und deren sogar das Elend überwindende Vitalität stellten mein angelesenes Wissen in Frage. Ständig unterwegs, kam ich auch nach Dhapa, in die tiefgestaffelte Müllregion der Großstadt. In ihr leben Tausende Menschen im Müll, vom Müll. Auch gehören sie innerhalb des Kastensystems gesellschaftlich zum Müll. Und dort, auf einem zur Ruhe gekommenen, mittlerweile planierten Müllberg, hatten eine alte Frau und ihr Mann unter dem Namen »Calcutta Social Project« eine Schule aufgebaut. Einst war dieses Ehepaar der höchsten, der Brahmanenkaste angehörig gewesen, bis sie davon Abstand nahmen und in einem ihrer Stadtvilla benachbarten Slum eine Schule einrichteten. Und da Frau Karlekar zuvor Lehrer und Lehrerinnen unterrichtet hatte, konnte es ihr gelingen, in dieser städtischen Slumschule Junglehrer heranzubilden, die später in Dhapas Müllschule Unterricht gaben.

Dort hockten unter einem Verandadach und in einem anschließenden Schulraum sechzig Kinder im Alter zwischen sechs und vierzehn Jahren auf Bastmatten und lernten Elementares. Der Eifer der Kinder, ihre so ernste wie verspielte Wißbegierde machten mir deutlich, wie sehr sie der Schule bedurften, welches Glück Schule sein kann, wie wenig selbstverständlich Schule in weiten Teilen der Welt immer noch ist und wie unzureichend wir, in der ersten Welt lebend, uns unserer privilegierten Lage bewußt sind. Wenn dort Schule Freiheitsräume, und sei es nur einen Spalt breit, öffnet, so erlauben wir uns hier, Schule als Zwang zu empfinden. Doch so muß, so darf es nicht bleiben. Vielleicht hat dieser kurze Ausflug in eine ferne Müllandschaft unsere so eng bemessene pädagogische Provinz ein wenig erweitert. Ich wüßte keinen besseren Ort zu nennen als unsere Gesamtschulen, in die der belebende Geist der Müllschule Dhapa einziehen möge.

Literatur und Geschichte

Rede anläßlich der Verleihung des Prinz-von-Asturien-Preises

Majestät, Königliche Hoheit,
meine Damen und Herren,
geehrte Preisträger!

Wenn ich in Ihrem und in meinem Namen nun für Ehrungen Dank zu sagen versuche, die uns heute, in Gegenwart Ihrer Majestäten durch den Prinzen von Asturien erwiesen werden, begebe ich mich, vorerst tastend, auf die Suche nach etwas Gemeinsamem, das uns, die wir den unterschiedlichsten Disziplinen nachgehen, für die Dauer einer kurz zu haltenden Dankrede verbinden könnte. Sogleich drängt sich das aller Welt bevorstehende Ereignis auf: Ein Jahrhundert und mit ihm ein Jahrtausend geht zu Ende. Als Preisträger sind wir sozusagen die Schlußlichter eines entsetzlichen und bis in diese Tage auf Dogmen eingeschworenen Zeitverlaufs. Doch da uns, gleich welchem Land zugehörig, die Vergangenheit nicht enden will, sie vielmehr den einzelnen in jeweils seiner Gesellschaft wieder und wieder von hinterwärts einholen wird, ist zu erwarten, daß sich all das Verdrängte oder vorschnell Abgebuchte nicht um das Datum des Jahrhundertwechsels kümmern wird. Was als Nullproblem den ausgeklügeltsten Computersystemen zum Desaster werden könnte, kann die Geschichte und deren Nachhall nicht jucken. Sie spottet der Zahlen. Bis weit ins nächste Jahrhundert wird sie ihren Schatten werfen. Wir können ihr nicht entkommen. Sie macht uns zu Wiederkäuern. Und was wir – schlecht verdaut – von uns geben, wird der gegenwärtigen wie zukünftigen Generation noch im Wege sein: Kot, aus dessen vertrockneten Krusten zu lesen ist.

Und schon bin ich bei meinem Thema: Literatur und Geschichte. Solange mir das Schreiben als bewußter Prozeß von der Hand geht – mittlerweile während fünf Jahrzehnten –, lag mir die Geschichte, vordringlich die deutsche, quer. Sie war nicht zu umgehen. Selbst die kühnsten artistischen Seitensprünge führten mich immer wieder in ihren mäandernden Verlauf. Von meinem ersten Roman, der »Blechtrommel«, bis zum jüngsten Kind meiner Laune, das unter dem besitzergreifenden Titel »Mein Jahrhundert« steht, war ich ihr aufsässiger Knecht. Die Zerstörung und der Verlust meiner Heimatstadt Danzig setzten eine epische Stoffmasse frei, die zwar bis ins letzte erzählerische Detail von kleinbürgerlichen Befindlichkeiten und katholischem Mief eingetrübt war, aber ständig, ob während der alltäglichen Langeweile oder in endlose Familienfeste hinein, sprach sich anfangs mit Siegesmeldungen, dann durch halblaut eingestandenen Rückzug Geschichte aus. Keine noch so gemütvoll abgekapselte Idylle war vor den Einbrüchen des Zeitgeschehens sicher. Das Private fand nur auf Abruf statt. Immerfort setzte die Geschichte dröhnend ihre Daten. Und einzig dank literarischer List war es möglich, diesem Diktat mit einem Gegentext Paroli zu bieten: hier die Zeit raffend, dort den Zeitlauf dehnend, auch durch die Engführung gleichzeitiger Handlungsabläufe, durch Perspektivwechsel und demonstratives Enthäuten von Zwiebeln.

So versteht es die Literatur, das Unterfutter der Geschichte zu entblößen. Sie macht den Blick frei auf jene zersetzenden Kleinereignisse, die sich hinter der staatstragenden Tribüne ergeben. Ihr wird das Erhabene lächerlich, das Große winzig, und wie in Andersens Märchen »Des Kaisers neue Kleider« erlaubt sie dem Kind, jegliche Majestät nackt zu sehen. Gemeint ist jene Erzählperspektive, die von unten über die Tischkante nach oben führt; es ist der unbefangene, weil amoralische Blick, der sich nicht täuschen läßt. So mündet der angeblich sinnvolle Verlauf der Geschichte in jene Abwässer, aus denen sich uferlos das Meer der Absurdität speist.

Ein solch lästerliches Erzählen hat sein Herkommen. Hier, in Spanien, wo sich maurische und iberische Kultur in ihrer Jahrhunderte währenden Haßliebe erschöpften und belebten, erprobte sich eine Romanform am grotesken Widerstreit der Wirklichkeiten, die den Außenseiter zum Helden erhob und die später von den alles benennenden Literaturwissenschaftlern der »pikareske« Roman genannt wurde. Er, der Pikaro, fing die Welt und ihr geschäftiges Treiben in Konkav- und Konvexspiegeln ein. Er brachte mit Lügen die Wahrheit ans Licht. Ihm war nichts heilig. An seinem Spott rieb sich, bis es zerbröselte, jegliches scholastische Papier. Er setzte ein Höllengelächter frei, das selbst die Mächtigen dieser Welt ins Tanzen brachte. Den vielen Autoren dieser ganz unakademischen, weil unbehausten Schule, die zwischen Marokko und Andalusien pendelte, erwuchs ein Autor namens Cervantes, dessen Held, Don Quijote, bis in die Gegenwart literarische Kinder in unsere Welt setzt, Kinder, verstiegen wie er, die der Realität ihren absurden Hintersinn und dem Absurden seine reale Duftmarke nachweisen. Er ist der Vater jener europäischen Romangattung, in deren Freigehege Voltaires »Candide« die »beste aller Welten« zerpflückte, in der Laurence Sternes »Tristram Shandy« seine Erzeugung der Frage nach dem Wohlergehen der Uhr verdankt, in der Charles de Costers »Tyll Ulenspiegel« im Freiheitskampf der Flamen gegen die spanische Besatzungsmacht den listigen Narren spielt, in der Grimmelshausen seinen Helden, Simplicissimus genannt, in wechselnden Heerhaufen sein Überleben suchen läßt. Was wüßten die Deutschen von den Schrecken des Dreißigjährigen Krieges, wenn ihnen nicht Simplex mit seinem Blick von unten von jenen Geschehnissen erzählt hätte, die uns, so leblos wie genau, der Fleiß der Historiker zur datierten Geschichte gereiht hat?

Der Literatur Zeitzeugnisse gründen tiefer. Sie lassen die Verlierer zu Wort kommen: all jene, die nicht Geschichte machen, denen aber gleichwohl Geschichte unentrinnbar widerfährt, indem deren Diktat sie zu Tätern und Opfern, zu Mitläufern und Gejagten macht. Nichts oder zuwenig wüßte ich über die komplexen Freund-Feind-Verhältnisse während des Spanischen Bürgerkrieges, hätte nicht George Orwell in seinem Buch »Mein Katalonien« das kommunistische Terrorsystem bezeugt, dessen Kommissare ungezählte Anarchisten und Sozialisten hinter den Frontlinien liquidiert haben. Literaten aus aller Welt haben den Kampf und Untergang der Republik erzählend begleitet. Kaum ein Ereignis dieses Jahrhunderts ist dergestalt vielstimmig im Spiegel der Literatur nacherlebbar geblieben, wenngleich die Stimmen spanischer Autoren, lange Zeit durch Zensur unterdrückt, erst spät zu Gehör kamen. So erscheinen jetzt erst im deutschen Bücherherbst die beiden ersten Bände des sechsbändigen Romanepos »Das magische Labyrinth«, geschrieben in den Jahrzehnten der Emigration von dem spanischen Schriftsteller deutsch-französischer Herkunft Max Aub. Nein, diese Geschichte kann nicht enden. Sie muß immer wieder neu erzählt werden. Und vielleicht wird ein junger, ein nachgeborener Autor des Stammlandes pikaresker Erzählobsession, der sich zugleich als später Schüler des großen Unamuno erweist, eines Tages sein Land mit einem Totentanz beschenken, vergleichbar der Eindringlichkeit jener Bildfolge, die Goya unter dem Titel »Die Schrecken des Krieges« hinterlassen und so bleibend in unser Gedächtnis gerückt hat; wie es Picasso tat, als er die Schrecken des spanisches Bürgerkrieges in seinem Bild »Guernica« bannte.

Ein Gutteil der Literatur, wie sie mir möglich ist, entsteht aus Verlusten. Wenn Systeme, wie jüngst das sowjetische, an ihrer eigenen Geschichte zerbrechen, wenn Machtgefüge zu nichts zerfallen, wenn die Dummheit der Sieger zum Himmel schreit, wenn mit der Freiheit das Elend kommt und sich Flüchtlingsströme der neuerlichen Völkerwanderung beimischen, wenn die Geschichte wiederum in katastrophale Schieflage abkippt und sich der Kapitalismus, als letztlich gebliebene Ideologie, in globalem Irrationalismus verflüchtigt, wenn nur noch die Börse Sinn stiftet und mit ihr alles ins Rutschen geraten kann, und wenn sich schließlich die Zunft der Historiker, müde des Streits um Fußnoten, im Ungefähr des Posthistoire verläuft, dann steht die Literatur hoch im Kurs. Sie lebt von Krisen. Zwischen Trümmern blüht sie auf. Sie hört den Wurm ticken. Leichenfleddern ist ihr Geschäft. Ohne und gegen Bezahlung hält sie Totenwache und erzählt den Hinterbliebenen die alten Geschichten immer aufs Neue.

Doch blättert man im Feuilleton oder hört aufs Raunen im Kulturbetrieb, ist überall dort, wo sich das Sekundäre frech vors Primäre geschoben hat, nach gängiger Devise die Literatur out. Allenfalls taugt sie, aufgemotzt, zum Event oder wird häppchenweise ins Internet verfüttert. Auf Randgruppen, sagt die Werbung, soll sie sogar konsumfördernd wirken.

Ich will das alles nicht glauben. Ich bin ein bekennender Ignorant. Fortschritt, der mich beschleunigen will, kümmert mich nicht. Altmodisch gehe ich einem altmodischen Beruf nach, verfüge über keinen Computer, turne nicht im Internet, schreibe meine Manuskripte tatsächlich noch mit der Hand, tippe die Zweit- und Drittfassungen mit Hilfe einer klapprigen Schreibmaschine, tue das alles tagtäglich am Stehpult, laufe dabei auf und ab, murmele vor mich hin, zerkaue Sätze, bis sie, gesprochen wie geschrieben, gründlich abgemagert oder randvoll gesättigt sind. Dabei bin ich mir sicher, daß die Geschichte fallsüchtig weitergeht und mit ihr, immer im Widerspruch, die Literatur Zukunft hat.

An den Rand gedrängt, wird das Buch wieder subversiv werden. Und Leser werden sich finden, denen Bücher Überlebensmittel sind. Schon sehe ich Kinder, die das Fernsehen satt haben, denen Computerspiele langweilig werden, die sich mit einem Buch vereinzeln, gefangengeben dem Sog erzählter Geschichte, die hundert und mehr Seiten imaginieren und ganz anderes lesen, als schwarz auf weiß gedruckt steht. Denn das zeichnet den Menschen aus. Kein schöneres Bild findet sich als im Blick auf ein lesendes Kind. Ganz und gar verloren an die Gegenwelt zwischen zwei Buchdeckeln, ist es dennoch anwesend und will nicht gestört werden.

Und sollte eines nahen oder fernen Tages das Menschengeschlecht sich selbst, weil ja auch das inzwischen machbar ist, auf diese oder jene fein ausgeklügelte Weise vernichten, wird – ich bin sicher, verehrte Damen und Herren, lieber Prinz von Asturien – das Buch das letzte Wort haben; und sei es als Flugschrift.

Fortsetzung folgt …

Rede anläßlich der Verleihung des Nobelpreises für Literatur

Verehrte Mitglieder der Schwedischen Akademie, meine Damen und Herren!

Fortsetzung folgt … Mit dieser Ankündigung zogen sich im neunzehnten Jahrhundert Prosawerke in die Länge. Unterm Strich boten Journale und Wochenblätter Platz. Der Fortsetzungsroman stand in Blüte. Während in rascher Folge Kapitel nach Kapitel schwarz auf weiß gedruckt wurden, war der Mittelteil der Erzählung gerade erst handschriftlich zu Papier gekommen, der Schlußteil noch nicht ausgedacht. Doch hielten nicht nur triviale Schauergeschichten und herzergreifende Passionen den Leser in Bann. Etliche Dickens-Romane sind so, in Häppchen, erschienen. Tolstois »Anna Karenina« war ein Fortsetzungsroman. Balzacs Zeit als fleißiger Zulieferer für fortgesetzte Massenware mag ihn, noch namenlos, die Technik erhöhter Spannung, knapp vor dem Abbruch der Spalte, gelehrt haben. Und auch fast alle Fontane-Romane sind zuerst in Zeitungen und Zeitschriften abgedruckt und fortgesetzt worden, zum Beispiel »Irrungen, Wirrungen«, auf daß der Besitzer der »Vossischen Zeitung« empört ausrief: »Will denn diese Hurengeschichte nicht endlich aufhören!«

Doch bevor ich den Faden meiner Rede dergestalt weiterspinne oder zu Nebenfäden aufdrösele, soll erwähnt werden, daß mir, rein literarisch gesichtet, dieser Saal und die einladende Schwedische Akademie nicht fremd sind. In meinem Roman »Die Rättin«, der vor bald vierzehn Jahren erschienen ist und an dessen katastrophalen Verlauf auf abschüssigen Erzählebenen sich der eine oder andere Leser erinnern mag, wird in Stockholm eine Laudatio vor vergleichbar gemischter Gesellschaft gehalten, die der Ratte, genauer gesagt der Laborratte, gewidmet ist.

Sie hat den Nobelpreis erhalten. Endlich, muß man sagen. Denn auf den Vorschlagslisten stand sie lange schon. Sie galt als favorisiert. Stellvertretend für Millionen Versuchstiere von den

Meerschweinchen bis zu den Rhesusaffen ist nun sie, die weißhaarige, rotäugige Laborratte, geehrt worden. Sie, vor allen anderen sie – das behauptet der Erzähler in meinem Roman –, hat all die nobelierten Forschungen, Erfindungen auf dem Gebiet der Medizin und, was die Erfolge der Nobelpreisträger Watson und Crick betrifft, auf dem schier unbegrenzten Versuchsacker der Genmanipulation möglich gemacht. Seitdem darf mehr oder minder legal geklont werden, Mais, Gemüse, aber auch allerlei Getier. Deshalb heißen die gegen Ende des besagten Romans, also während posthumaner Zeit, immer dominanter in Erscheinung tretenden Rattenmenschen »Watsoncricks«. In ihnen ist das beste aus beiden Gattungen vereint. Das Rattige west im Menschen und umgekehrt. Am Wesen dieser Züchtung scheint die Welt genesen zu wollen. Wurde auch Zeit, daß nach dem Großen Knall, als nur Ratten, Kakerlaken und Schmeißfliegen, ein Rest Fisch- und Froschlaich überlebten, dem Chaos wieder Ordnung beigebracht wurde, und zwar mit Hilfe der Watsoncricks, die wunderbarerweise davonkamen.

Da aber diesem Erzählstrang ein »Fortsetzung folgt ...« offenstand und die Nobelpreisrede auf die Laborratte nicht etwa als heiteres Schlußstück den Roman beschließt, kann ich mich nun grundsätzlich dem Erzählen als Überlebens- und Kunstform zuwenden.

Von Anfang an wurde erzählt. Lange bevor sich das Menschengeschlecht im Schreiben übte und nach und nach alphabetisierte, erzählte jeder jedem, und jeder hörte dem anderen zu. Bald gab es unter den noch nicht Schreibkundigen solche, die mehr und besser erzählten oder glaubhafter lügen konnten. Und unter ihnen gab es hinwiederum solche, denen es kunstvoll gelang, den Fluß ihrer Erzählung nach ruhigem Dahinfließen zu stauen, dann die gestaute Stoffmasse über die Ufer treten zu lassen, ihr einen verzweigten Verlauf zu geben, der nie versickerte, sondern plötzlich und überraschend ein breites Flußbett fand, nun freilich viel Treibgut mitführend, das Nebenhandlungen zur Folge hatte. Und weil diese allerfrühesten Erzähler, die auf Tages- oder Lampenlicht nicht angewiesen waren und noch im Dunkeln gut munkeln konnten, ja, der Dunkelheit oder dem Dämmern zusätzliche Spannung abzugewinnen wußten, keine

Durststrecken, keinen donnernden Wasserfall scheuten und allenfalls aus Gründen allseits aufkommender Müdigkeit mit dem Versprechen »Fortsetzung folgt...« den Ablauf der Handlung unterbrachen, fanden sich viele Zuhörer ein, die zwar auch, aber nicht so unerschöpflich zu erzählen wußten.

Was wurde, als noch niemand schreiben, aufschreiben konnte, erzählt? Von Anbeginn, seit Kain und Abel, wird viel von Mord und Totschlag die Rede gewesen sein. Rache, besonders die Blutrache, bot Stoff. Und früh schon war Völkermord gang und gäbe. Aber auch von Wasserfluten und Dürrezeiten, von mageren und fetten Jahren konnte berichtet werden. Man scheute keine langwierigen Aufzählungen von Besitz an Vieh und Menschen. Keine Erzählung durfte, wenn sie als glaubwürdig gehört werden wollte, auf lange Geschlechterlisten – wer nach wem und vor wem kam – verzichten. Ähnlich geschlechterkundig bauten sich Heldengeschichten auf. Sogar die bis heute beliebten Dreiecksgeschichten, aber auch Ungeheuerliches, in dem Wesen, gemischt aus Mensch und Tier, Labyrinthe beherrschten oder im Uferschilf lauerten, werden dazumal schon erzählte Massenware gewesen sein. Ganz zu schweigen von Götter- und Götzenlegenden sowie abenteuerlichen Schiffsreisen, die erzählend weitergereicht, abgeschliffen, ergänzt, variiert, ins Gegenteil verkehrt wurden und schließlich von einem Erzähler, der Homer geheißen haben soll, oder von einem Erzählerkollektiv – was die Bibel betrifft – aufgeschrieben worden sind. Seitdem gibt es die Literatur. In China, Persien, Indien, auf dem peruanischen Hochland und andernorts, wo überall Schrift entstand, sind es Erzähler gewesen, die sich als Literaten vereinzelt oder im Kollektiv einen Namen gemacht haben oder anonym geblieben sind.

Erhalten hat sich für uns, die wir so extrem schriftlich fixiert sind, die Erinnerung an das mündliche Erzählen, an den oralen Ursprung der Literatur. Doch sollten wir vergessen haben, daß alles Erzählen von Anbeginn über die Lippen gekommen ist, mal gaumig, stockend, dann wieder hastend, wie von Angst getrieben, auch flüsternd, als müsse das preisgegebene Geheimnis vor allzu vielen Mitwissern geschützt werden, nun wiederum laut, zwischen auftrumpfenden Ausrufen oder Fragen, die schon immer mit gebogenem Rüssel den ersten und letzten Dingen nachschnüffelten – sollten wir all das schriftgläubig vergessen haben, dann wäre unser Erzählen papieren nur und nicht von feuchtem Atem getragen.

Wie gut, daß uns Bücher genug zur Hand sind, die, leise wie laut gelesen, Bestand haben. Sie waren mir beispielhaft. Meister wie Melville oder Döblin, aber auch Luthers Bibeldeutsch haben mich, als ich jung und belehrbar war, angestoßen, vor mich hin sprechend zu schreiben, die Tinte mit der Spucke zu mischen. Und dabei ist es geblieben. Bis ins fünfte Jahrzehnt meiner lustvoll ertragenen Schreibfron kaue ich zähfaserige Satzgefüge zu fügsamem Brei, brabbel in schönster Schreibeinsamkeit vor mich hin und lasse nur zu Papier kommen, was auch gesprochen seine wechselnde Tonlage gefunden, Hall und Echo bewiesen hat.

Ja, ich liebe meinen Beruf. Er verschafft mir Gesellschaft, die vielstimmig zu Wort kommen und möglichst wortgetreu ins Manuskript finden will. Am liebsten begegne ich meinen mir vor Jahren entlaufenen oder vom Leser enteigneten Büchern, wenn ich vor Zuhörern lese, was geschrieben und ausgedruckt zur Ruhe kam. Dann, dem jungen, schon früh der Sprache entwöhnten, dem altersgrauen, doch immer noch nicht gesättigten Publikum gegenüber, wird das geschriebene und ausgedruckte Wort wieder zum gesprochenen. Und die Verzauberung gelingt Mal um Mal. So verdient sich der Schamane im Schriftsteller sein Zubrot. Er, der gegen die verstreichende Zeit schreibt, er, der sich haltbare Wahrheiten zusammenlügt, ihm glaubt man sein unausgesprochenes Versprechen: Fortsetzung folgt …

Doch wie wurde ich Schriftsteller, Dichter, Zeichner – und alles zugleich auf erschreckend weißem Papier? Welch hausgemachte Hybris vermochte ein Kind zu solcher Verstiegenheit anzustiften? Denn ich war etwa zwölf Jahre alt, als für mich feststand, Künstler werden zu wollen. Das war, als bei uns zu Hause, ganz nahe dem Vorort Danzig-Langfuhr, der Zweite Weltkrieg begann. Die fachliche Spezialisierung in Richtung Dichter bildete sich erst im folgenden Kriegsjahr aus, als mir in der Zeitschrift der Hitlerjugend »Hilf mit!« ein verlockendes Angebot gemacht wurde: Ein Erzählwettbewerb stand ausgeschrieben. Preise wurden versprochen. Und sogleich begann ich meinen ersten Roman in ein Diarium zu schreiben. Er trug, beeinflußt durch den familiären Hintergrund meiner Mutter, den Titel »Die Kaschuben«, spielte aber nicht in der dem verschwindend kleinen Kaschubenvolk wieder einmal schmerzlichen Gegenwart, sondern im dreizehnten Jahrhundert, zur Zeit des Interregnums, der kaiserlosen, der schrecklichen Zeit, in der Wegelagerer und Raubritter Straßen und Brücken beherrschten und sich die Bauern nur durch eigenes Recht, durch Femegerichte zu helfen wußten.

So viel erinnere ich, daß nach kurzer Darstellung der wirtschaftlichen Lage im kaschubischen Hinterland sogleich die Räuberei und mit ihr das Hauen und Stechen begann. Dergestalt heftig wurde gewürgt, erdolcht, aufgespießt und durch Femespruch mit Galgen oder Schwert gerichtet, daß gegen Ende des ersten Kapitels alle Hauptdarsteller und ein Gutteil der Nebenpersonen tot, verscharrt oder den Krähen als Fraß vorgeworfen waren. Da mir mein Stilgefühl nicht erlaubte, die angehäuften Toten als Geister handeln und den Roman ins Schauerliche vorantreiben zu lassen, mußte mein Versuch als gescheitert gelten, war dem »Fortsetzung folgt ...« ein jähes Ende gesetzt; nicht für immer und alle Zeit, aber der Anfänger wurde mit der deutlichen Ermahnung geimpft, beim zukünftigen Erzählen behutsamer und ökonomischer mit dem fiktiven Personal umzugehen.

Doch vorerst las ich in mich hinein. Ich las auf besondere Weise: mit den Zeigefingern in den Ohren. Erklärend muß dazu gesagt werden, daß meine jüngere Schwester und ich in beengten Verhältnissen, nämlich in einer Zweizimmerwohnung, also ohne eigene Kammer oder sonst einen noch so winzigen Verschlag aufgewachsen sind. Auf Dauer gesehen war das für mich von Vorteil, denn so lernte ich früh, mich inmitten von Personen und umgeben von Geräuschen dennoch zu konzentrieren. Wie unter einer Käseglocke aufgehoben, war ich so ans Buch und dessen erzählte Welt verloren, daß meine Mutter, die zu Scherzen neigte, nur um einer Nachbarin die gänzliche Absenz ihres Sohnes zu beweisen, eine Butterstulle, die neben meinem Buch lag und in die ich ab und zu biß, gegen ein Stück Seife – nehme an, Palmolive – eintauschte, woraufhin beide Frauen – meine Mutter mit gewissem Stolz – Zeugen wurden, wie ich, ohne den Blick vom Buch zu lösen, nach der Seife griff, zubiß und kauend eine gute Minute brauchte, um aus dem gedruckten Geschehen geworfen zu werden.

Solch frühe Einübung in konzentriertes Verhalten ist mir noch heute geläufig; doch nie wieder habe ich so besessen gelesen. Die Bücher fanden sich in einem Schränkchen hinter blauen Scheibengardinen. Meine Mutter war Mitglied in einem Buchclub. Dostojewskis und Tolstois Romane standen dort neben und zwischen einigen von Hamsun, Raabe und Vicki Baum. Auch Selma Lagerlöfs »Gösta Berling« war greifbar. Später fütterte mich die Stadtbibliothek. Doch den Anstoß hat wohl der Bücherschatz meiner Mutter gegeben. Sie, die genau rechnende Geschäftsfrau, die ihren Kolonialwarenladen zu Diensten unzuverlässiger Pumpkundschaft betrieb, liebte das Schöne, lauschte dem Volksempfängerradio Opern- und Operettenmelodien ab, hörte gerne meine vielversprechenden Geschichten, ging oft ins Stadttheater und nahm mich manchmal mit.

Aber diese nur flüchtig skizzierten Anekdoten, erlebt in der Enge kleinbürgerlicher Verhältnisse, die ich vor Jahrzehnten an anderer Stelle und mit fiktivem Personal episch breit ausgemalt habe, sind einzig dazu gut, mir bei der Beantwortung der Frage »Wie wurde ich Schriftsteller?« behilflich zu werden. Die Fähigkeit zur anhaltenden Tagträumerei, die Lust am Wortwitz und am Spiel mit Wörtern, die Sucht, nur deshalb und ohne Vorteil für sich zu lügen, weil das Schildern der Wahrheit zu langweilig gewesen wäre, kurz, was man vage genug Begabung nennt, war gewiß vorgegeben, doch ist es der jähe Einbruch der Politik ins familiäre Idyll gewesen, die dem allzuleicht dahinsegelnden Talent zu dauerhaftem Ballast und einigem Tiefgang verhalf.

Der Lieblingscousin meiner Mutter, wie sie kaschubischer Herkunft, war im Freistaat Danzig Beamter der polnischen Post. Er ging bei uns ein und aus, war gerngesehener Besuch. Als bei Kriegsbeginn das Postgebäude am Heveliusplatz gegen den Ansturm der SS-Heimwehr eine Zeitlang verteidigt wurde, gehörte mein Onkel zu den Kapitulierenden, die alle standrechtlich verurteilt und erschossen worden sind. Plötzlich fehlte dieser

Onkel. Plötzlich und anhaltend sprach man nicht mehr von ihm. Er blieb ausgespart. Doch indem er wie weg war, muß er sich bei mir festgesetzt haben, unbemerkt über Jahre hinweg, in denen ich mit fünfzehn in Uniform steckte, mit sechzehn mich zu fürchten lernte, mit siebzehn in amerikanische Kriegsgefangenschaft geriet, mit achtzehn in Freiheit und als Schwarzhändler tätig war, schließlich den Beruf des Steinmetz und Steinbildhauers lernte, mich auf Kunstakademien übte, schrieb und zeichnete, zeichnete und schrieb, leichtfüßige Verse, windgeblasen, skurrile Einakter. Das ging so fort, bis mir, dem das ästhetische Vergnügen wie eingeboren war, eine Stoffmasse sperrig wurde. Und unter ihrem Geröll lag der Lieblingscousin meiner Mutter, der erschossene polnische Postbeamte, begraben, um von mir – von wem sonst? – gefunden, ausgebuddelt zu werden, auf daß er unter anderem Namen und in anderer Gestalt mittels Erzählbeatmung wieder zum Leben erweckt wurde; diesmal jedoch in einem Roman, dessen Haupt- und Nebenfiguren lebensgierig und putzmunter viele Kapitel überlebten, wobei einige sogar bis zum Ende aushielten, so daß des Schriftstellers ständiges Versprechen »Fortsetzung folgt ...« eingelöst werden konnte.

Und so weiter und so weiter. Mit der Veröffentlichung meiner ersten beiden Romane »Die Blechtrommel« und »Hundejahre« und der dazwischengeschobenen Novelle »Katz und Maus« lernte ich früh, als immer noch relativ junger Schriftsteller, daß Bücher Anstoß erregen, Wut, Haß freisetzen können. Was aus Liebe dem eigenen Land zugemutet ward, wurde als Nestbeschmutzung gelesen. Seitdem gelte ich als umstritten.

Dabei befinde ich mich, was nach Sibirien oder sonstwohin verwünschte Schriftsteller betrifft, in guter Gesellschaft. Wir sollten uns deswegen nicht beklagen. Vielmehr dürfen wir den Zustand des permanenten Umstrittenseins als belebend empfinden und auch dem Risiko unserer Berufswahl angemessen. Es ist nun mal so, daß die Autoren den Mächtigen, die stets auf der Siegerbank ihr Platzrecht behaupten, gerne und wohlbedacht in die Suppe spucken, weshalb die Geschichte der Literatur sich analog zur Entwicklung und Verfeinerung der Zensurmethoden verhält.

Der Mächtigen Mißlaune zwang Sokrates, den Giftbecher bis zur Neige zu leeren, trieb Ovid in die Verbannung, nötigte Seneca, seine Pulsadern zu öffnen. Die schönsten literarischen Früchte, gewonnen aus abendländischer Kulturgärtnerei, zierten namentlich den Index der katholischen Kirche, während Jahrhunderten und bis heutzutage. Welches Ausmaß an Verzögerung hat die europäische Aufklärung durch die Zensurmaßnahmen absolut herrschender Fürsten erfahren? Wie viele deutsche, italienische, spanische und portugiesische Schriftsteller hat der Faschismus aus ihren Ländern, ihren Sprachräumen vertrieben? Wie viele Schriftsteller sind Opfer des leninistisch-stalinistischen Terrors geworden? Und welchen Zwängen sind Schriftsteller heute noch, ob in China, Kenia oder Kroatien, ausgesetzt?

Ich komme aus dem Land der Bücherverbrennung. Wir wissen, daß die Lust, das verhaßte Buch in dieser oder jener Form zu vernichten, immer noch oder schon wieder dem Zeitgeist gemäß ist und gelegentlich telegenen Ausdruck, das heißt Zuschauer findet. Weit schlimmer jedoch ist, daß die Verfolgung von Schriftstellern bis hin zur angedrohten oder vollzogenen Ermordung in aller Welt zunimmt und sich alle Welt an diesen fortgesetzten Terror gewöhnt hat. Jener Teil der Welt, der sich frei nennt, schreit zwar empört auf, wenn in Nigeria, wie 1995 geschehen, der die Verseuchung seiner Heimat anklagende Schriftsteller Ken Saro-Wiwa mit seinen Mitstreitern zum Tode verurteilt und dieses Urteil vollstreckt wird, geht aber dann zur Tagesordnung über, weil ökologisch begründeter Protest die Geschäfte des global herrschenden Ölgiganten Shell stören könnte.

Was jedoch macht Bücher und mit ihnen Schriftsteller dergestalt gefährlich, daß Staat und Kirche, Medienkonzerne und Politbüros sich zu Gegenmaßnahmen gezwungen sehen? Selten sind es direkte Verstöße gegen die jeweils herrschende Ideologie, denen Schweigegebot und Schlimmeres folgen. Oft reicht der literarische Nachweis, daß die Wahrheit nur im Plural existiert – wie es ja auch nicht nur eine Wirklichkeit, sondern eine Vielzahl von Wirklichkeiten gibt –, um einen solch erzählerischen Befund als Gefahr zu werten, als eine tödliche für die jeweiligen Hüter der einen und einzigen Wahrheit. Auch daß Schriftsteller – was ihres Berufes ist – die Vergangenheit nicht ruhen lassen können, zu schnell vernarbte Wunden aufreißen, in versiegelten

Kellern Leichen ausgraben, verbotene Zimmer betreten, heilige Kühe verspeisen oder, wie Jonathan Swift es getan hat, irische Kinder als Rostbraten der herrschaftlich englischen Küche empfehlen, ihnen also generell nichts, selbst nicht der Kapitalismus heilig ist, all das macht sie anrüchig, strafwürdig. Ihr schlimmstes Vergehen jedoch bleibt, daß sie sich in ihren Büchern nicht mit den jeweiligen Siegern im historischen Verlauf gemein machen wollen, sich vielmehr dort mit Vergnügen herumtreiben, wo die Verlierer geschichtlicher Prozesse am Rande stehen, zwar viel zu erzählen hätten, doch nicht zu Wort kommen. Wer ihnen Stimme gibt, stellt den Sieg in Frage. Wer sich mit Verlierern umgibt, gehört zu ihnen.

Gewiß haben die Mächtigen, gekleidet in dieses oder jenes Zeitkostüm, generell nichts gegen die Literatur. Sie wünschen sich sogar eine als Zimmerschmuck und sind bereit, sie zu fördern. Gegenwärtig soll sie unterhaltsam sein, der Spaßkultur dienlich, also nicht nur das Negative sehen, vielmehr den Menschen in ihrer Not ein Hoffnungslichtlein stecken. Im Grunde war und ist, wenn auch nicht so explizit gefordert wie zu Zeiten des Kommunismus, der »positive Held« erwünscht. Der kann heutzutage im unbegrenzten Dschungel der freien Marktwirtschaft durchaus rambomäßig daherkommen und seinen Weg zum Erfolg lachend mit Leichen pflastern; ein Bruder Leichtfuß, der zwischen Schußwechsel und Schußwechsel zu einem schnellen Fick bereit ist, ein Winner, der lauter Loser hinter sich läßt, kurzum ein Held, der unserer globalisierten Welt seine positiven Duftmarken setzt. Und dem Wunsch nach derart hartgesottenen Stehaufmännchen wird auch mittels allzeit verfügbarer Medien entsprochen: James Bond hat viele ihm dollygleiche Kinder geheckt. Nach seiner Machart – als cooler Typ – darf weiterhin das Gute über das Böse siegen.

Also wäre sein Gegenbild oder Gegenspieler der negative Held? Nicht unbedingt. Ich komme, wie Sie lesend erfahren haben, aus der maurisch-spanischen Schule des pikaresken Romans. In ihr ist der Kampf gegen Windmühlenflügel ein durch die Jahrhunderte hindurch übertragbares Modell geblieben. Also lebt der Pikaro von der Komik des Scheiterns. Sein Witz pinkelt an die Säulen der Macht, sägt an deren Gestühl, weiß aber zugleich, daß er weder den Tempel zum Einsturz noch den Thron zum Kippen bringen wird. Nur sieht das Erhabene, sobald mein Pikaro vorbeigeschlendert ist, ziemlich schäbig aus, und der Thron wackelt ein wenig. Sein Humor ist der Verzweiflung abgewonnen. Während sich in Bayreuth die »Götterdämmerung« vor hochkarätigem Publikum in die Länge zieht, hört man ihn kichern, denn in seinem Theater laufen Komödie und Tragödie Hand in Hand. Er verspottet die schicksalhaft daherschreitenden Sieger und bringt sie ins Stolpern. Zwar macht sein Scheitern uns lachen, doch ist das von ihm ausgelöste Gelächter von sperriger Qualität: Es bleibt im Hals stecken; selbst seine witzigst zugespitzten Zynismen sind von tragischem Zuschnitt. Zudem ist er aus der Sicht rot oder schwarz eingefärbter Beckmesser ein Formalist, ja, Manierist erster Güte: Er hält das Fernglas verkehrt herum. Die Zeit rangiert bei ihm auf einem Verschiebebahnhof. Allerorts stellt er Spiegel auf. Nie weiß man, wessen Bauchredner er jetzt ist. Der reizvollen Perspektive wegen sind in des Pikaro Manege manchmal sogar Zwerge und Riesen zugange. So ist Rabelais zeit seines tätigen Lebens auf der Flucht vor profaner Polizei und der heiligen Inquisition gewesen, weil seine überlebensgroßen Kerle Gargantua und Pantagruel die nach scholastischer Lehre geordnete Welt auf den Kopf gestellt hatten. Welch ein Höllengelächter haben die beiden entfesselt! Und als Gargantua breitärschig auf den Türmen von Notre-Dame hockte und von dort herab pissend ganz Paris unter Wasser setzte, lachte das Volk, sofern es nicht ersoffen war. Oder noch einmal Swift als Zeuge herbeigerufen: Sein kulinarisch gewürzter Vorschlag, die Hungersnot in Irland zu mildern, könnte zeitgemäß aufgegriffen werden, indem beim nächsten Weltwirtschaftsgipfel, sobald den Staatsoberhäuptern der Tisch gedeckt ist, nun nicht mehr die Kinder irischer Hungerleider, sondern brasilianische Straßenkinder oder solche aus dem südlichen Sudan köstlich zubereitet serviert werden. Satire heißt diese Kunstform. Sie darf bekanntlich alles, sogar mit dem Entsetzlichen den Lachnerv kitzeln.

Als Heinrich Böll am 2. Mai 1973 hier seine Nobelvorlesung hielt, in der er die so gegensätzlich anmutenden Positionen Vernunft und Poesie in immer enger führender Umkreisung zur

Konfrontation brachte, beklagte er mit letztem Satz seiner Rede ein Versäumnis aus Zeitgründen: »Übergehen mußte ich den Humor, der auch kein Klassenprivileg ist und doch ignoriert wird in seiner Poesie und als Versteck des Widerstands.« – Nun, Heinrich Böll wußte, wie seitab und kaum noch gelesen Jean Paul im Panoptikum deutscher Geistesgrößen seinen Platz hat, wie sehr Thomas Manns literarisches Werk, damals aus rechter wie linker Sicht, unter Ironieverdacht stand; und ich ergänze: heute noch steht. Böll meinte gewiß nicht den gängigen Schmunzelhumor, wohl aber das unhörbare Lachen zwischen den Zeilen, die chronische Traueranfälligkeit seines Clowns, die verzweifelte Komik jenes Sammlers, der das Schweigen archivierte. Eine Tätigkeit übrigens, die in den oft berufenen Medien im Sinne der Ankündigung »Fortsetzung folgt ...« Schule gemacht hat und als »freiwillige Selbstkontrolle« des freien Westens gefällige Verkleidung der Zensur ist.

Zu Beginn der fünfziger Jahre, als ich bewußt zu schreiben begonnen hatte, war Heinrich Böll bereits ein bekannter, wenn auch nicht anerkannter Autor. Mit Wolfgang Koeppen, Günter Eich und Arno Schmidt stand er abseits des damals restaurativen Kulturbetriebs. Die noch junge Nachkriegsliteratur tat sich schwer mit der deutschen Sprache, die unter der Herrschaft des Nationalsozialismus korrumpiert worden war. Zudem stand Bölls Generation, aber auch den jüngeren Autoren, zu denen ich mich zählte, ein Satz von Theodor Adorno als Verbotstafel im Wege. Ich zitiere: »Nach Auschwitz ein Gedicht zu schreiben ist barbarisch, und das frißt auch die Erkenntnis an, warum es unmöglich ward, heute Gedichte zu schreiben ...«

Also kein »Fortsetzung folgt ...« mehr. Nun, wir haben dennoch geschrieben. Freilich, indem wir – wie Adorno in seinem Buch von 1951, »Minima Moralia. Reflexionen aus dem beschädigten Leben« – Auschwitz als Zäsur und unheilbaren Bruch der Zivilisationsgeschichte begreifen mußten. Nur so war diese Verbotstafel zu umgehen. Und doch ist das von Adorno gesetzte Menetekel bis heute wirksam geblieben. An ihm haben sich die Autoren meiner Generation in erklärter Abwehr gerieben. Schweigen wollte, konnte keiner. Ging es doch darum, die deutsche Sprache aus dem Gleichschritt zu bringen und sie aus Idyllen und blaustichiger Innerlichkeit herauszulocken. Uns, den gebrannten Kindern, kam es darauf an, den absoluten Größen, dem ideologischen Weiß oder Schwarz abzuschwören. Zweifel und Skepsis standen Pate; die Vielzahl der Grauwerte reichten sie uns als Geschenk. Ich jedenfalls habe mir diese Askese auferlegt, um dann erst den Reichtum meiner allzu pauschal schuldig gesprochenen Sprache, ihre verführbare Weichheit, ihren vergrübelten Hang zum Tiefsinn, ihre durchaus biegsame Härte, ja, ihren mundartlichen Schmelz, ihre Einfältigkeit und Vieldeutigkeit, ihre Verschrobenheiten und ihre in Konjunktiven aufblühende Schönheit zu entdecken. Mit diesem wiedergewonnenen Pfund galt es zu wuchern, trotz Adorno oder ermahnt durch Adornos Verdikt. Nur so konnte das Schreiben nach Auschwitz – ob Gedicht oder Prosa – fortgesetzt werden. Nur so, indem sie zum Gedächtnis wurde und die Vergangenheit nicht enden ließ, konnte die deutschsprachige Nachkriegsliteratur die allgemeingültige Schreibregel »Fortsetzung folgt ...« für sich und gegenüber den Nachgeborenen rechtfertigen. Und nur so gelang es, die Wunde offen zu halten und das gewünschte wie verordnete Vergessen durch ein beharrliches »Es war einmal ...« aufzuheben.

Wie oft auch aus diesem oder jenem Interesse der Schlußstrich gefordert, die Rückkehr zur Normalität eingeklagt wurde und die schändliche Vergangenheit als Historie abgelegt werden sollte, die Literatur widersetzte sich diesem so verständlichen wie törichten Verlangen. Zu Recht! Denn jedesmal, wenn in Deutschland die Stunde Null verkündigt, das Ende der Nachkriegszeit ausgerufen worden ist – zuletzt vor zehn Jahren, als die Mauer gefallen war und Deutschlands Einheit auf dem Papier stand –, hat uns die Vergangenheit wieder eingeholt.

Zu jener Zeit, im Februar 1990, habe ich in Frankfurt am Main vor Studenten eine Vorlesung unter dem Titel »Schreiben nach Auschwitz« gehalten. Ich zog Bilanz, legte, Buch nach Buch, Rechenschaft ab. So kam ich zu dem 1972 erschienenen »Tagebuch einer Schnecke«, in dem Vergangenheit und Gegenwart sich mehrgleisig kreuzen, aber auch parallel zueinander verlaufen und manchmal kollidieren. In diesem Buch steht, weil die Definition meines Berufes von meinen Söhnen erfragt wird, die

Antwort: »Ein Schriftsteller, Kinder, ist jemand, der gegen die verstreichende Zeit schreibt.« Ich sagte zu den Studenten: »Eine so akzeptierte Schreibhaltung setzt voraus, daß sich der Autor nicht als abgehoben oder in Zeitlosigkeit verkapselt, sondern als Zeitgenosse sieht, mehr noch, daß er sich den Wechselfällen verstreichender Zeit aussetzt, sich einmischt und Partei ergreift. Die Gefahren solcher Einmischung und Parteinahme sind bekannt: Die dem Schriftsteller gemäße Distanz droht verlorenzugehen; seine Sprache sieht sich versucht, von der Hand in den Mund zu leben; die Enge jeweils gegenwärtiger Verhältnisse kann auch ihn und seine auf Freilauf trainierte Vorstellungskraft einengen, er läuft Gefahr, in Kurzatmigkeit zu geraten.«

Das hier angesprochene Risiko ist mir über die Jahrzehnte hinweg treu geblieben. Doch was wäre der Beruf des Schriftstellers ohne Risiko? Gut, gleich einem Literaturbeamten könnte er sich als gesichert begreifen. Aber der Gegenwart gegenüber wäre er ein Gefangener seiner Berührungsängste. Aus Angst, die Distanz zu verlieren, verliefe er sich im Weitentlegenen, wo nur noch die Mythen wabern und das Erhabene sich selbst feiert. Nein, die ständig Vergangenheit werdende Gegenwart wird ihn einholen und ins Verhör nehmen. Denn jeder Schriftsteller ist in seine Zeit hineingeboren, er mag noch so heftig beteuern, zu früh oder zu spät gekommen zu sein. Nicht er stellt sich selbstherrlich das Thema seiner Wahl, vielmehr ist es ihm vorgegeben. Ich jedenfalls habe nicht frei entscheiden können. Denn wäre es einzig nach mir und meinem Spieltrieb gegangen, hätte ich mich nach rein ästhetischen Gesetzen erprobt und so unbeschwert wie harmlos im Skurrilen meine Rolle gefunden.

Aber das ging nicht. Widerstände waren da. Aus deutscher Geschichtsträchtigkeit geworfen, lagen Trümmer- und Kadaverberge zuhauf. Diese Stoffmasse, die sich, indem ich sie abzutragen begann, vergrößerte, war nicht wegzublinzeln. Zudem komme ich aus einer Flüchtlingsfamilie. Deshalb hat sich zu allem, was einen Schriftsteller von Buch zu Buch antreiben mag – üblicher Ehrgeiz, Furcht vor Langeweile, das Triebwerk der Egozentrik –, die Gewißheit vom unwiederbringlichen Verlust der Heimat als anstiftende Kraft bewiesen. Erzählend sollte die zerstörte, verlorene Stadt Danzig, nein, nicht zurückgewonnen, jedoch beschworen werden. Diese Schreibobsession hat mich angestachelt. Ich wollte, nicht frei von Trotz, mir und meinen Lesern ins Bild bringen, daß das Verlorene nicht spurlos im Vergessen versinken muß, vielmehr durch die Kunst der Literatur wieder Gestalt gewinnen kann: in all seiner Größe und jämmerlichen Kleinlichkeit, mit seinen Kirchen und Friedhöfen, den Geräuschen der Schiffswerften und dem Geruch der matt anschlagenden Ostsee, mit einer längst verebbten Sprache, diesem stallwarmen Gemaule, mit Sünden, die zur Beichte taugten, und seinen geduldeten und verschuldeten Verbrechen, denen keine Beichte die erwünschte Absolution erteilen konnte.

Verlust dieser Art ist auch anderen Schriftstellern zum Mistbeet fortgesetzt obsessionshaften Erzählens geworden. Jedenfalls kamen vor Jahren Salman Rushdie und ich gesprächsweise überein, daß ihm, wie mir mein verlorenes Danzig, sein verlorenes Bombay Quelle und Müllgrube, Fixpunkt und Weltmitte ist. Diese Anmaßung, diese Verstiegenheit gehört zur Literatur. Sie bleibt Voraussetzung für ein Erzählen, das befähigt ist, alle Register zu ziehen. Mit ziselierter Kleinkunst, feinsinniger Psychologisierung oder mit einem Realismus, der sich als naturgetreuer Abklatsch mißversteht, ist solch monströsen Stoffmassen nicht beizukommen. Sosehr wir aus aufklärender Tradition der Vernunft verpflichtet sind, der absurde Verlauf der Geschichte spottet jeder nur vernünftigen Erklärung.

Wie der Nobelpreis, sobald wir ihn aller Feierlichkeit entkleiden, auf der Entdeckung von Dynamit fußt, das wie andere menschliche Kopfgeburten – sei es die Spaltung der Atome, sei es die gleichfalls nobelierte Aufschlüsselung der Gene – das Wohl und Wehe in die Welt gesetzt hat, so beweist die Literatur ihrerseits Sprengkraft, wenngleich die von ihr ausgelösten Explosionen verzögert, sozusagen in Zeitlupe zum Ereignis werden und die Welt verändern: gleichfalls als Wohltat und Anlaß zum Wehgeschrei für das Menschengeschlecht. Wieviel Zeit hat der Prozeß der europäischen Aufklärung von Montaigne über Voltaire, Diderot, Kant, Lessing und Lichtenberg benötigt, um die Funzel der Vernunft in die finstersten Winkel scholastischer Verdunkelung zu tragen. Oft genug wurde das Lichtlein gelöscht. Zensur verzögerte die Illuminierung durch Vernunft.

Doch als sie sich dann in aller Helle breitgemacht hatte, war es eine erkaltete, aufs technisch Machbare reduzierte, einzig dem ökonomischen und sozialen Fortschritt verschriebene Vernunft, die sich als Aufklärung ausgab und ihren von Anbeginn zerstrittenen Kindern, dem Kapitalismus und dem Sozialismus, einen vernünftelnden Jargon und den jeweils richtigen Weg zum Fortschritt um jeden Preis eingebleut hatte.

Heute sehen wir, wohin es der Aufklärung genial mißratene Kinder gebracht haben. Wir können ermessen, in welch gefährliche Schieflage uns die durch Worte ausgelöste und zeitverschleppt wirkungsvolle Explosion geschleudert hat. Sicher, wir versuchen mit den Mitteln der Aufklärung – denn andere haben wir nicht –, den Schaden zu beheben. Entsetzt sehen wir, daß der Kapitalismus, seitdem sein Bruder, der Sozialismus, für tot erklärt wurde, vom Größenwahn bewegt ist und sich ungehemmt auszutoben begonnen hat. Er wiederholt die Fehler seines totgesagten Bruders, indem er sich dogmatisiert, die freie Marktwirtschaft als einzige Wahrheit ausgibt, von seinen schier unbegrenzten Möglichkeiten berauscht ist und verrückt spielt, daß heißt, weltweit Fusionen betreibt, die einzig den Profit maximieren. Kein Wunder, daß sich der Kapitalismus, wie der an sich selbst erstickte Kommunismus, als reformunfähig erweist. Globalisierung heißt sein Diktat. Und wieder einmal wird mit dem Dünkel der Unfehlbarkeit behauptet, dazu gäbe es keine Alternative.

Demnach ist die Geschichte zu Ende. Kein »Fortsetzung folgt…« darf mit Spannung erwartet werden. Oder ist zu hoffen, daß, wenn schon nicht der Politik, die ohnehin jegliche Entscheidungskraft der Ökonomie überlassen hat, wenigstens der Literatur etwas einfällt, das den neuerlichen Dogmatismus ins Wanken bringt?

Wie aber könnte sich ein solch subversives Erzählen als Dynamit von literarischer Qualität erweisen? Wäre Zeit genug vorrätig, die Wirkung einer Spätzündung abzuwarten? Ließe sich ein Buch denken, dem die Mangelware Zukunft Auslauf böte? Ist es nicht gegenwärtig eher so, daß die Literatur aufs Altenteil verwiesen und den jungen Autoren allenfalls das Internet als Spielwiese eingeräumt wird? Betriebsamer Stillstand, dem das Schummelwort Kommunikation eine gewisse Aura verleiht, macht sich breit. Jeglicher Vorrat an Zeit ist bis zum menschenmöglichen Kollaps verplant. Ein kulturbetriebliches Jammertal nimmt die westliche Welt gefangen. Was tun?

In meiner Gottlosigkeit bleibt mir einzig übrig, das Knie vor jenem Heiligen zu beugen, der bislang noch immer hilfreich gewesen ist und die schwersten Brocken ins Rollen gebracht hat. Also flehe ich: Heiliger, von Camus' Gnaden nobelierter Sisyphos, bitte, sorge dafür, daß der Stein oben nicht liegen bleibt, daß wir ihn weiterhin wälzen dürfen, auf daß wir wie du glücklich mit unserem Stein sein können und die erzählte Geschichte von der Mühsal unserer Existenz kein Ende findet.

Ob wohl mein Stoßseufzer erhört wird? Oder sollte, nach neuestem Geraune, erst der gezüchtete Mensch als geklonte Schöpfung für die Fortsetzung der Humangeschichte zu sorgen befähigt sein?

Mithin bin ich wieder am Anfang meiner Rede und schlage noch einmal den Roman »Die Rättin« auf, in dessen fünftem Kapitel konjunktivisch die Verleihung des Nobelpreises an die Laborratte, stellvertretend für Millionen anderer Versuchstiere im Dienst der forschenden Wissenschaft, erwogen wird. Und sogleich wird mir deutlich, wie wenig bisher alle preisgekrönten Verdienste geeignet waren, die Geißel der Menschheit, den Hunger, aus der Welt zu schaffen. Zwar gelingt es, jeden, der zahlen kann, mit neuen Nieren zu versorgen. Herzen können verpflanzt werden. Drahtlos telefonieren wir rund um die Welt. Satelliten und Raumstationen umkreisen uns fürsorglich. Waffensysteme sind, infolge gepriesener Forschungsergebnisse, erdacht und verwirklicht worden, mit deren Hilfe sich ihre Besitzer vielfach zu Tode schützen können. Was alles des Menschen Kopf hergibt, hat seinen erstaunlichen Niederschlag gefunden. Nur dem Hunger ist nicht beizukommen. Er nimmt sogar zu. Wo Armut wie angestammt war, schlägt sie in Verelendung um. Weltweit sind Flüchtlingsströme unterwegs; Hunger begleitet sie. Und kein politischer Wille, gepaart mit wissenschaftlichem Können, ist entschlossen, dem wuchernden Elend ein Ende zu setzen.

1973, damals, als in Chile, gestützt auf das tätige Wohlwollen der USA, der Terror zuschlug, hielt als erster deutscher Bundeskanzler Willy Brandt seine Antrittsrede vor den Vereinten Nationen. Er kam auf die weltweite Verelendung zu sprechen. Sein Ausruf »Auch Hunger ist Krieg!« wirkte so überzeugend, daß ihn kurzerhand Beifall erschlug.

Ich war dabei, als diese Rede gehalten wurde. Zu jener Zeit schrieb ich an meinem Roman »Der Butt«, in dem es um die primäre Grundlage menschlicher Existenz, um die Ernährung, also um Mangel und Überfluß, um große Fresser und ungezählte Hungerleider, um des Gaumens Freude und um die Brotrinden vom Tisch der Reichen geht.

Dieses Thema ist uns geblieben. Dem sich anhäufenden Reichtum antwortet die Armut mit gesteigerten Zuwachsraten. Der reiche Norden und Westen mag sich noch so sicherheitssüchtig abschirmen und als Festung gegen den armen Süden behaupten wollen; die Flüchtlingsströme werden ihn dennoch erreichen, dem Andrang der Hungernden wird kein Riegel standhalten.

Davon wird in Zukunft zu erzählen sein. Schließlich muß unser aller Roman fortgesetzt werden. Und selbst wenn eines Tages nicht mehr geschrieben und gedruckt werden wird oder darf, wenn Bücher als Überlebensmittel nicht mehr zu haben sind, wird es Erzähler geben, die uns von Mund zu Ohr beatmen, indem sie die alten Geschichten aufs neue zu Fäden spinnen: laut und leise, hechelnd und verzögert, manchmal dem Lachen, manchmal dem Weinen nahe.

Nie wieder schweigen

Rede zur Tagung des internationalen P.E.N. in Moskau

Wo sich Schriftsteller zusammenrotten, wann und wo auch immer der P.E.N.-Club regional oder international tagt, jeweils stand oder steht aktuelle Not auf der Tagesordnung – so gegenwärtig in Moskau: Wir begegnen einander in einem Land, in dem die Großmacht Rußland gegen das kleine Volk der Tschetschenen Krieg führt; und das geschieht zum wiederholten Mal, ohne Einsehen, ohne Erbarmen.

Doch bevor davon, dem allerneuesten Kriegsverbrechen, dringlich die Rede sein muß, lade ich Sie zum Rückblick ein. Schließlich sind wir als Schriftsteller nicht nur Zeitgenossen, sondern auch berufsnotorisch im Krebsgang der Vergangenheit hinterdrein. Ein Jahrhundert ging, begleitet von der haushälterischen Angst, ob unsere geheiligten Computersysteme auch nullentauglich seien, zu Ende; ein neues tut sich auf, gibt sich unschuldig, spielt, auf Teufel komm' raus, Globalisierung, verheißt Fortschritt und Zukunft und will glauben machen, die Vergangenheit liege hinter uns, sei abgebucht oder – wie es nach deutschem Sprachgebrauch heißt – »bewältigt«. Wir wissen, daß solche Wünsche und Verheißungen trügen. Noch immer hat uns die Vergangenheit eingeholt; und ihre Siege im Wettlauf mit der Gegenwart verdankt sie, nicht zuletzt, der Literatur. Was auch dem letzten Jahrhundert eigen gewesen ist – Kriege und Völkermord, Hunger und Inflation, die langanhaltende Macht der Ideologien und deren schleichender oder plötzlicher Bankrott –, jeweils haben Schriftsteller Zeugnis abgelegt: zumeist im Widerspruch zur offiziellen Geschichtsschreibung, manchmal, weil unter Zwang, verschlüsselt und gelegentlich die Zukunft vorwegnehmend.

Also lasse ich das vergangene Jahrhundert auf literarischem Laufsteg Revue passieren. Das kann nur in Zeitsprüngen geschehen. Zuviel drängt gleichzeitig in den Vordergrund, will auf die Rampe. Ich muß mich beschränken. Einige Beispiele sollen genug sein.

Es geschah während des Ersten Weltkrieges in der Türkei. Hunderttausende armenischer Männer, Frauen und Kinder wurden ermordet, in die Wüste, das heißt in den Tod getrieben. Doch wüßten wir wenig und nicht genug von diesem bis heutzutage von den türkischen Regierungen geleugneten Völkermord an den Armeniern, wenn nicht ein österreichischer Schriftsteller, Franz Werfel, in seinem Roman »Die vierzig Tage des Musa Dagh« von der planmäßigen Vernichtung Bericht gegeben hätte. Sein Buch überdauerte das Verschweigen. Als es 1933 erschien, stand mit der Machtergreifung der Nationalsozialisten in Deutschland dem weit umfassenderen Völkermord an Juden und Roma nichts mehr im Wege. Werfel, der wenige Jahre später aus Österreich in die Emigration flüchten mußte, wird die anschwellende Barbarei vorausgeahnt haben.

Vergleichbar ahnungsvoll hat George Orwell frühzeitig das kommunistische Terrorsystem erkannt. Noch während des Spanischen Bürgerkrieges, auf den eine Vielzahl Autoren aus unterschiedlicher Erfahrung und Sicht reagiert haben, schrieb er seine Anklage »Mein Katalonien« und legte den Terror der kommunistischen Geheimpolizei GPU offen, gerichtet gegen Anarchisten und Sozialisten. Doch niemand wollte ihm glauben. Und selbst sein Roman »1984«, in dem sich faschistische und stalinistische Praxis als zukunftsträchtiges Gemisch erwiesen, wurde nur widerstrebend oder allenfalls als unverbindlicher Horrorroman zur Kenntnis genommen.

Jederzeit – doch zumeist gegen den Wind gesprochen – legten Schriftsteller Zeugnis ab. Eindringlicher, als es jede noch so penible Statistik vermag, haben uns der Italiener Primo Levi und der Ungar Imre Kertész den Alltag im Konzentrationslager Auschwitz schreibend vor Augen geführt. Mit »Ist das ein Mensch?« und im »Roman eines Schicksallosen« tragen zwei Überlebende, ein reifer Mann und ein unfertiger Junge, die Last ihrer Erinnerung ab; wie ja auch Alexander Solschenizyn in seiner ersten Erzählung – »Ein Tag im Leben des Iwan Denissowitsch« – und dann von Buch zu Buch den »Archipel GULAG« aller Welt kenntlich gemacht hat.

Und weitere Autoren sind zu nennen, die dem vergangenen Jahrhundert Stimme, in der Regel Gegenstimme gegeben haben.

Thomas Manns Roman »Doktor Faustus«, noch während der so lange andauernden Zeit der Emigration geschrieben, löste im verdrängungssüchtigen Nachkriegsdeutschland überwiegend Ablehnung und bösartige Polemiken aus. Die rückkehrenden Emigranten waren nicht willkommen.

Doch nicht nur im von Gewaltherrschaft und ideologischen Zwängen dominierten Europa haben Schriftsteller dem jeweiligen Zeitgeist widersprochen. Ob in Lateinamerika oder Asien, überall dort, wo das Volk unterdrückt und in Armut gehalten wurde, wo die Kolonialherrschaft mittels Waffengewalt andauerte, war dem literarischen Wort, trotz Zensur, kein Verbot gewachsen. Beispielhaft seien der chilenische Poet Pablo Neruda und der indonesische Schriftsteller Pramoedya Ananta Toer genannt; den letzteren sollten zehn Jahre Haft auf der Gefängnisinsel Buru und bis vor kurzem anhaltender Hausarrest zum Verstummen bringen.

Bisher habe ich von Schriftstellern berichtet, die während eines von Gewalt gezeichneten Jahrhunderts den ohnmächtig anmutenden Wortzauber der Literatur erprobt haben, einige erzählend der Tradition folgend, andere bewußt den Stilbruch der Moderne wagend. Aber nur wenige Autoren hat es gegeben, die den eigenen intellektuellen Bereich nach folgenreichen Verfehlungen abgesucht haben. Einen von ihnen, den polnischen Poeten Czesław Miłosz, will ich nennen, denn sein 1953 erschienenes Buch »Verführtes Denken« hat mich, den damals jungen, noch seinen Weg suchenden Autor, geprägt. Der Kern dieses Buches besteht aus Kurzbiographien literarisch oder intellektuell bestimmter Personen, die Alpha, Beta, Gamma, Delta genannt sind und jeweils von Ideologie zu Ideologie wechseln, blind gläubig oder aus opportunistischem Kalkül. Exemplarisch bilden sie jenes Verhalten ab, das in Polen, wie in anderen Ländern – sei es unter kommunistischer, sei es unter faschistischer Herrschaft, aber auch klerikalen Zwängen folgend – für eine Vielzahl von Schriftstellern üblich gewesen ist. Ein Verhalten, das Schule macht. So treten neuerdings in meinem Land vormalige Hohepriester der reinen linken Lehre nunmehr rechtsgewickelt als Marktschreier des Kapitalismus auf. »Verführtes Denken«, wie es Czesław Miłosz analysiert hat, trifft auch auf die Konvertiten unserer Tage zu und deren Kehrtwendungen in jedwede Richtung, die eine Doktrin verheißt; wobei der Neoliberalismus derzeit die marktgängigsten Angebote bietet.

Und doch wage ich – in Kenntnis aller Verfehlungen der literarischen Zunft – zu behaupten, daß es allen voran Schriftsteller gewesen sind – ich nannte einige beispielhaft –, die den wechselnden ideologischen Verführungen im Verlauf des zwanzigsten Jahrhunderts widerstanden haben. Sie erlaubten sich, mit kunstvoll gedrechselten Frechheiten der offiziell verkündeten einzigen Wahrheit mit der Vielzahl ihrer Wahrheiten zu antworten. Sie haben den Verlauf der Geschichte, bevor und nachdem er von Staats wegen in die Schulbücher fand, gegen den Strich gebürstet. Ihre Vorstellung von Harmonie erprobte sich in Dissonanzen. Ihr Mut verstand sich darauf, den Menschenrechten das Recht auf Angst hinzuzufügen. Denn Grund zur Angst gab und gibt es allemal; so gegenwärtig verbreitet im restlichen Volk der Tschetschenen.

Sie, deren Eltern und Großeltern unter Stalins Herrschaft ermordet oder nach Sibirien und andernorts zwangsumgesiedelt wurden, sind abermals der Gewalt ausgesetzt. Zwar gibt es Proteste, aber die östlichen wie westlichen Regierungen sind offenbar bereit, den neuerlichen Terror, verübt an einem kleinen Volk, hinzunehmen, wie man jahrelang den serbischen und kroatischen Terror gegenüber Minderheiten hingenommen hat, um dann, als es zu spät war, mit militärischer Gewalt zum Schutz der Kosovo-Albaner zu intervenieren. Dabei hat sich, wie wir inzwischen wissen, das amerikanische Oberkommando erlaubt, uranhaltige Sprengköpfe zu verwenden und die serbischen Kriegsverbrechen mit einem Verbrechen zu beantworten, das nunmehr alle NATO-Staaten mitschuldig macht.

Während des Zweiten Weltkrieges haben die Deutschen dem russischen Volk viel Leid zugefügt. Eine Schuld, die immer noch auf uns lastet. Das russische und das deutsche Volk sind durch Kriegserfahrung und deren traumatische Nachwirkungen verbunden. Daraus gilt es, Lehren zu ziehen:

Ich weiß nicht, welche Themen bei dem ab heute tagenden internationalen P.E.N.-Kongreß Gewicht haben werden. Zu hoffen ist, daß die hier anwesenden Schriftsteller sich bewußt sind, welcher Tradition sie verpflichtet bleiben. Wir müssen ein Ende des Krieges gegen das Volk der Tschetschenen fordern. Desgleichen eine von der UNO zu gewährleistende Untersuchung aller von beiden Seiten begangenen Kriegsverbrechen. Sollte das nicht geschehen, wird dennoch eines Tages – ich bin sicher – wenn nicht ein tschetschenischer, dann stellvertretend ein russischer Schriftsteller vom Leid der Tschetschenen Bericht geben, wie einst Franz Werfel über die Ermordung der in der Türkei verfolgten Armenier geschrieben hat. Das immerhin leistet die Literatur: Sie schaut nicht weg, sie vergißt nicht, sie bricht das Schweigen.

Ich erinnere mich …

Anläßlich der litauisch-deutsch-polnischen Gespräche über die Zukunft der Erinnerung

Ich erinnere mich oder ich werde erinnert durch etwas, das mir quersteht, seinen Geruch hinterlassen hat oder in verjährten Briefen mit tückischen Stichworten darauf wartete, erinnert zu werden. Diese und weitere Fallstricke bringen uns ins Stolpern. Aus dem Abseits taucht etwas auf, das nicht sogleich zu benennen ist. Sprachlose Gegenstände stoßen uns an, Dinge, die uns seit Jahren, so meinten wir, teilnahmslos umgaben, plaudern Geheimnisse aus: peinlich, peinlich! Dazu Träume, in denen wir uns als Fremde begegnen, unfaßbar, endloser Deutung bedürftig.

Auch während Reisen an Orte, die hinter uns liegen, die zerstört wurden, verloren sind und nun fremd klingen und anders heißen, holt uns plötzlich Erinnerung ein. So geschah es mir im Frühjahr 1958, als ich zum ersten Mal nach Kriegsende die langsam aus abgeräumten Trümmern nachwachsende Stadt Gdańsk besuchte und beiläufig hoffte, auf verbliebene Spuren von Danzig zu stoßen. Gewiß, Schulgebäude waren stehen geblieben und ließen in ihren Korridoren wohlkonservierten Schulmief aufleben. Schulwege hingegen schienen kürzer zu sein, als mir erinnerlich war. Dann aber, als ich das einstige Fischerdorf Brösen aufsuchte und den schlappen Anschlag der Ostsee als unverändert erkannte, stand ich plötzlich vor der verschlossenen Badeanstalt und dem gleichfalls vernagelten Kiosk seitlich vorm Eingang. Und sogleich sah ich die billigste Freude meiner Kindheit aufschäumen: Brausepulver mit Himbeer-, Zitrone- und Waldmeistergeschmack, das in jenem Kiosk für Pfennige in Tütchen zu kaufen war. Doch kaum prickelte das erinnerte Erfrischungsgetränk, begann es sogleich Geschichten zu hecken, wahrhafte Lügengeschichten, die nur auf das richtige Kennwort gewartet hatten. Das harmlose und simpel wasserlösliche Brausepulver löste in meinem Kopf eine Kettenreaktion aus: aufschäumende frühe Liebe, dieses wiederholte und dann nie wieder erlebte Prickeln.

Erinnerung ist – so verschwommen und lückenhaft sie erscheint – mehr als das auf Genauigkeit zu schulende Gedächtnis. Erinnerung darf schummeln, schönfärben, vortäuschen, das Gedächtnis hingegen tritt gerne als unbestechlicher Buchhalter auf. Doch wissen wir, daß mit dem Alter das Gedächtnis abnimmt, während in der Erinnerung all das, was lange verschüttet war – die Kindheit –, nun nahe gerückt erscheint, oft zu Glücksmomenten verdichtet. Mich, der ich immer noch gern in die Pilze gehe, überfällt gelegentlich die Erinnerung an jenen Augenblick, in dem ich als Kind in den Wäldern der Kaschubei plötzlich vor einem vereinzelten Steinpilz stehe. Er ist größer und herrlicher von Gestalt, als ich ihn später jemals gefunden habe. Also werde ich weiterhin suchen. Die Erinnerung hat mir ein Maß gesetzt.

Der Schriftsteller erinnert sich professionell. Als Erzähler ist er in dieser Disziplin trainiert. Er weiß, daß die Erinnerung eine oft zitierte Katze ist, die gestreichelt sein will, manchmal sogar gegen den Strich, bis es knistert: Dann schnurrt sie. So beutet er seine Erinnerung aus und notfalls die Erinnerung frei erfundener Personen. Erinnerung ist ihm Fundgrube, Müllhalde, Archiv. Er pflegt sie, wie man nachwachsenden Schnittlauch pflegt. Zwar weiß er, daß die Literatur ein Vielfraß ist und sogar Zeitungsnotizen und ähnlich unreife oder roh vom Messer springende Aktualitäten verschlingt, aber wiedergekäute Erinnerungen sind sein Hauptnahrungsmittel; in Dürrezeiten erinnert er sich an bereits abgegraste Erinnerungen. Es mag eine berufliche Deformation sein, die es ihm erlaubt, Schmerzhaftes, Beschämendes, sogar erinnertes Versagen mit Lust zu verwerten.

So ist mir die verlorene Heimat zum andauernden Anlaß für zwanghaftes Erinnern, das heißt für das Schreiben aus Obsession geworden. Etwas, das endgültig verloren ist und ein Vakuum hinterlassen hat, das mit dem Surrogat der einen oder anderen Ersatzheimat nicht aufgefüllt werden konnte, sollte auf weißem Papier Blatt für Blatt erinnert, beschworen, gebannt werden, und sei es verzerrt, wie auf Spiegelscherben eingefangen. Mit Kalkül wurde Erinnerung abgemolken, auf daß sie in satten Portionen einen ichversessenen Erzähler verköstigte, der aus besonderer Perspektive das Kleine groß, das Große klein sah. Alle Schleusen standen offen. Alles war wieder präsent und greifbar. Danziger Straßenbahnlinien, die Kinos der Altstadt und Vorstädte. Und in anderer Gestalt trat jener kaschubische Onkel ins erinnerte Bild, der bei Kriegsbeginn als Verteidiger der Polnischen Post wider Willen zum Helden wurde. Seinen Tod hat die Familie beschwiegen. Nur noch Gerede über Kesselschlachten, Sondermeldungen, Siege am laufenden Band und umständlich verplauderte Alltäglichkeiten, von denen Wortfetzen hängenblieben.

Erinnerte Sprache: ein erst Jahrzehnte nach Kriegsende mit den ältesten Flüchtlingen wegsterbendes Gemaule, jenes nach West- und Ostpreußen hin mehr und mehr ins Breite gewalkte Plattdeutsch, dessen kaschubische Variante, wenn meine Verwandten Deutsch sprachen, mir bis ins Detail erinnerlich ist. Etwa der mir im Jahr 58 von einer Großtante ins Ohr geflüsterte Satz, der nur mit Verlust ins Hochdeutsche zu übertragen wäre: »Ech waiß, Ginterchen, em Wästen is bässer, aber em Osten is scheener.« Diese abwägende Definition hat sich nicht nur in meiner Erinnerung verpuppt, vielmehr geisterte sie fortan, Ost und West wertend, in meinen Büchern und gibt mir heute noch Orientierung.

Soviel in Stichworten zur Manie des Schriftstellers, zum professionellen Erinnern. Doch gibt es – und sei es als Forderung oder Behauptung, aber auch bei rituell abgefeierten Anlässen – ein kollektives Erinnern. In ganz Europa wird es angerufen, bemüht, verweigert. Kriege und Kriegsverbrechen sind ihm zur Last geworden. Ideologische Prägungen haften ihm immer noch an. Besonders bereitet die kollektive Erinnerung der älteren Generation Mühe. Vielleicht ist uns Deutschen deshalb die typische und ein Klischee betonende Neuwortprägung »Erinnerungsarbeit« eingefallen. Sie wird als Schuldbekenntnis verlangt, als Zumutung versagt und mit Fleiß geleistet, denn seit Jahrzehnten, solange uns die Vergangenheit immer wieder eingeholt hat, wird sie wie eine Pflichtübung absolviert, seit den sechziger Jahren auch von der jeweils jungen, wie man meinen sollte, unbelasteten Generation. Es ist, als wollten sich die Kinder und Enkel stellvertretend für ihre schweigsamen Väter und Großväter erinnern.

Gegenwärtig vergeht keine Woche, in der nicht vor dem Vergessen gewarnt wird. Nachdem wir uns, wie gehofft wurde, ausreichend oft an die verfolgten, emigrierten, ermordeten Juden in unfaßbar großer Zahl erinnert haben, erinnern wir uns spät an die Verschleppung und Ermordung Zehntausender Zigeuner. Für viele zu spät, sind wir gegenwärtig gezwungen, uns an das Schicksal Hunderttausender Zwangsarbeiter zu erinnern, die aus Polen, aus Litauen, der Sowjetunion und vielen anderen Ländern kamen und an die Fließbänder der deutschen Kriegsindustrie gestellt wurden. Es ist, als gewönnen die in nur zwölf Jahren begangenen Verbrechen mehr und mehr an Gewicht, je größer die zeitliche Distanz zu den pauschal als Schande bezeichneten Untaten wächst. Hilflos muten Versuche an, mit Denkmälern der Erinnerung Gestalt zu geben. In Berlin beispielsweise brach Streit aus. Nicht nur ästhetische Fragen drängten sich in den Vordergrund. »Erinnert euch!« riefen die einen, »Jetzt ist es aber genug!« fanden die anderen. Manchmal geschieht es, daß Fremde, die uns zuschauen, den erinnernden Umgang der Deutschen mit ihrer Vergangenheit »selbstquälerisch« nennen, wobei mitgesagt wird, daß unser Erinnern qualvoll ist. Doch dem ist kein Ende abzusehen. Wenn wir Zukunft planen, hat die Vergangenheit im angeblich jungfräulichen Gelände bereits ihre Duftmarken hinterlassen und Wegweiser gepflockt, die in abgelebte Zeiten zurückführen.

Merkwürdig und beunruhigend mutet dabei an, wie spät und immer noch zögerlich an die Leiden erinnert wird, die während des Krieges den Deutschen zugefügt wurden. Die Folgen des bedenkenlos begonnenen und verbrecherisch geführten Krieges, nämlich die Zerstörung deutscher Städte, der Tod Hunderttausender Zivilisten durch Flächenbombardierung und die Vertreibung, das Flüchtlingselend von zwölf Millionen Ostdeutschen, waren nur Thema im Hintergrund. Selbst in der Nachkriegsliteratur fand die Erinnerung an die vielen Toten der Bombennächte und Massenflucht nur wenig Raum. Ein Unrecht verdrängte das andere. Es verbot sich, das eine mit dem anderen zu vergleichen oder gar aufzurechnen. Überdies lehrt die Erfahrung, daß sich die Opfer von Gewalt, gleich, wer sie ausgeübt hat, nicht an erlittene Greuel erinnern wollen; sie haben das Recht, vergessen, ja, verdrängen zu dürfen, auf ihrer Seite.

So wird denn vieles, selbst wenn es als qualvolle Erinnerung wiederholt ins Bewußtsein drängt, ungesagt bleiben. Das Schweigen der Opfer ist dennoch unüberhörbar. Da niemals Frieden war und die Gegenwart auf dem Balkan und im Kaukasus, an vielen Schreckensorten dieser Welt, von Mord, Flucht und Vertreibung bestimmt ist, wird das Erinnern als Nachhall überlebter Leiden nicht aufhören. Kürzlich schrieb der ungarische Schriftsteller György Konrád mit Blick auf die Geschichte Europas: »Erinnern ist menschlich, wir können sagen, das Humane an sich.« Sein Hinweis, daß die Natur sich der Geschichte gegenüber gleichgültig verhalte, betont die den Menschen isolierende Fähigkeit, sich erinnern zu können, auf zwiespältige Weise, als sei diese Gabe Gnade und Fluch zugleich; Fluch, indem sie nicht von uns abläßt, Gnade, indem sie den Tod aufhebt. So reden wir in der Erinnerung mit Lebenden und Gestorbenen. Indem man sich an uns erinnern wird, werden wir überleben. Das Vergessen jedoch besiegelt den Tod.

Ohne Stimme

Rede vor dem Europarat in Straßburg

Im Verlauf des vergangenen und verregneten Sommers – während einer Zeit also, die man auch die »Sauregurkenzeit« nennt und die, was den Nachrichtenmarkt betrifft, gerne von den Hinterbänklern der Politik mit Horrormeldungen gefüttert wird – stand diesmal ein wirkliches Thema im Mittelpunkt und erregte die Öffentlichkeit. Als habe es ihn vorher nicht gegeben, wurde plötzlich in Deutschland der Rechtsradikalismus als Gefahr entdeckt; eine Reihe brutaler Gewalttaten – es gab Tote – trug dazu bei. Da etliche der jugendlichen Schläger im Osten der Bundesrepublik leben und dort in Städten und Dörfern tätig werden, geriet der zeitgleiche, aber immer noch unaufgeklärte Mordanschlag von Düsseldorf in den Hintergrund, und da wir in Deutschland dazu neigen, trotz Wegfall der Mauer, uns per Himmelsrichtung als Ost- und Westdeutsche zu definieren, sollen es wieder einmal die Ostdeutschen gewesen sein, die den Nährboden bereitet haben. Angekränkelt durch ihr kommunistisches Erbe, haben sie als besonders anfällig für den Rechtsradikalismus zu gelten, als gäbe es im Westen nicht seit Jahrzehnten dort angesiedelte Brandstifter und – wie es das rechtsextreme Rollenspiel fordert – entsprechend gesittete Biedermänner. So kam denn auch aus Bayern recht forsch der Ruf nach dem Verbot der NPD. Nur zögernd meldeten sich einige Gegenstimmen: Mit einem Verbot alleine oder auch generell sei dieses Problem nicht zu bewältigen. Schnell waren die leicht erkennbaren Skinheads als Übeltäter ausgemacht. Doch zeigte sich bald, daß diese so treffsicher anmutende Benennung von offenkundigen Rassisten und Totschlägern nur die Oberfläche der gewaltsamen Vorgänge kratzt; es fehlte und fehlt der Mut, die besagten Biedermänner als regierungsverantwortliche Mittäter beim Namen zu nennen. Wie in anderen europäischen Ländern, so auch in Deutschland: Der Fisch beginnt vom Kopf her zu stinken. Dennoch wurde vergessen oder verdrängt, daß es der bayerische Ministerpräsident Stoiber gewesen ist, der vor Jahren, zu Beginn der Asyldebatte, mit demagogischem Tremolo vor einer »Durchrassung des deutschen Volkes« gewarnt hat. Und vor bald einem Jahr hörten wir ebenfalls Herrn Stoiber, der, kaum waren die katastrophalen Wahlen in Österreich gelaufen, die Österreichische Volkspartei ermuntert hat, mit der sich liberal nennenden Haider-Partei eine Koalition einzugehen. Eigentlich sollte uns noch in Erinnerung sein, mit welch rassistischen Nebentönen anläßlich der Wahlen in Hessen der jetzige Ministerpräsident Roland Koch die längst überfällige Einbürgerung von Ausländern, die seit langer Zeit in Deutschland leben, zu hintertreiben versucht hat. In Nordrhein-Westfalen ging zwar die Kampagne »Kinder statt Inder«, was das dortige Landtagswahlergebnis betrifft, daneben, aber auch sie war ein Beweis dafür, wie verantwortungslos Politiker, die heute nach dem Verbot der NPD verlangen, punktuell die rassistische Politik genau dieser Partei betreiben.

Ich könnte noch weitere Beispiele anführen, doch will ich mich darauf beschränken, die Demontage des Asylparagraphen in der Verfassung der Bundesrepublik und die Folgen dieser auch von der SPD mitgetragenen Entscheidung als einen der Gründe zu nennen, die zum Anwachsen des Rechtsradikalismus und zum Anschwellen der Gewalttätigkeiten geführt haben. Seitdem ist der inhumane Umgang mit Asylsuchenden zur regierungsstaatlichen Praxis geworden. Mehr noch, in ihrer Alltäglichkeit erregen selbst skandalöse Vorfälle kaum noch die Öffentlichkeit. Allenfalls sind es kleine Gruppen, die Anstoß nehmen und zu helfen versuchen, indem sie Kirchenasyl gewähren, vergeblich gegen die brutale Trennung von asylsuchenden Familien protestieren oder als Schulklassen einen kurdischen Mitschüler mit Protestbriefen vor dem angekündigten Zwang der Ausweisung schützen wollen. Es ist, als habe man sich damit abgefunden, daß in Deutschland – grob geschätzt – viertausend Menschen, die nichts Kriminelles getan haben, dennoch hinter Schloß und Riegel in Abschiebehaft gehalten werden, als seien sie Kriminelle. Gelegentlich erregt ein Selbstmord auf dem Frankfurter Abschiebeflughafen ein, zwei Tage lang die Gemüter, dann herrscht wieder Ruhe im Rechtsstaat. Man beruft sich auf das Schengener Abkommen, weist auf die Praxis anderer europäischer Länder hin, will bestätigt haben, daß es in Deutschland noch relativ liberal zugehe, und unterscheidet neuerdings zwischen Asylsuchenden, die der deutschen Wirtschaft nützlich werden könnten, und solchen, die dem Volk oder, trefflicher gesagt, dem Steuerzahler zur Last fallen. »Selektieren« heißt dieses aus von Verbrechen belasteter Vergangenheit herrührende System der Auslese.

Hier fehlt die Zeit, anhand von Einzelfällen, die mir durch Notrufe bekannt geworden sind, zu belegen, wie menschenverachtend der in Deutschland praktizierte Umgang mit Asylbewerbern ist. Da werden Väter und Mütter von ihren Kindern getrennt und umgekehrt. Da werden Bosnier, die die Traumata der Verfolgungszeit in ihrer Heimat noch immer nicht überwunden haben, dennoch mit Abschiebung bedroht. Da setzt, um die Unbarmherzigkeit kurz zu fassen, der jetzige Innenminister die schreckliche Praxis seines Vorgängers fort. Da ist kein Einsehen.

So geht es in Deutschland zu. Sind die Zustände in unseren Nachbarländern besser? Ich will nicht vergleichen und Noten verteilen. Denn insgesamt ist zu sagen, daß sich die Europäische Union, inklusive zukünftiger Beitrittsländer, mehr und mehr als Festung begreift. Europa will sich dicht machen, um dem Eindringen der Elenden, die aus Afrika, Asien und Rußland kommen, kommen wollen oder bereits unterwegs sind, widerstehen zu können. Das ist nicht einfach. Die langen Meeresküsten Spaniens und Italiens, die rigorosen Schleuserbanden, die Durchlässigkeit der osteuropäischen Grenzen, all das spricht gegen den Erfolg der Festungsbauer. Noch behilft man sich mit der Abschiebepraxis. Noch glaubt man, mit – wenn auch zögerlichem und unzureichendem – Schuldenerlaß den armen Ländern genügend Hilfe zu gewähren. Doch innerhalb der Festung Europa macht sich Festungsmentalität breit. Immer neue Gesetze werden erlassen, die die demokratischen Spielräume verengen. Dem Rechtsradikalismus, der oft genug die regierungsamtliche Politik auf die brutalstmögliche Weise in die Tat umsetzt, will man, wie anfangs gesagt, mit einem Parteiverbot der NPD beikommen. Das Denken verengt sich. Ängste gehen um, die sich aus latenter und oft genug mit politischem Kalkül ermunterter Fremdenfeindlichkeit speisen. Da es aber nicht gelingt, Europas Grenzen nach außen total abzusichern, richtet sich der einmal entfesselte

Sicherheitswahn gesamteuropäisch auch gegen Minderheiten, die seit Jahrhunderten Mitbewohner unseres Kontinents sind.

Von ihnen soll hier die Rede sein. Sie stehen ständig unter Verdacht. Sie sind allerorts nur geduldet. Ihre Existenz ist von gleichbleibend starren Vorurteilen beschwert. Man hat sie diskriminiert, verfolgt und während zwölf Jahren, als nach deutschen Rassegesetzen Recht gesprochen wurde, deportiert und in Konzentrationslagern ermordet. Sie werden, wenn Schuld eingestanden wird, vergessen oder allenfalls beiläufig genannt. Ich spreche von den Sinti und Roma. Die grob geschätzt zwanzig Millionen Angehörigen dieses Volkes bilden die größte und dennoch nicht ausreichend anerkannte Minderheit Europas. Sie sind wie ohne Stimme. Das heißt: Sie sind da, doch dort, wo gesellschaftspolitische Entscheidungen getroffen werden, werden sie nicht wahrgenommen. Wenn von ihrer Kultur die Rede ist, fehlt es nicht an schwärmerischen Hinweisen auf die Zigeunermusik und deren Einflüsse auf spanische, ungarische und deutsche Komponisten. Man tut einerseits so, als bestehe das Volk der Roma aus lauter Geigenvirtuosen, ist aber andererseits nicht bereit, über Proklamationen hinaus dieser so zahlreichen Minderheit zu einem demokratischen Mitspracherecht zu verhelfen.

Ich muß mich korrigieren: In Ansätzen gibt es diese Mitsprache. In der jungen und bisher von den blutigen Wirren des Balkans verschonten Republik Mazedonien sind Abgeordnete aus vier Roma-Parteien im Parlament vertreten. In einigen Bezirken der Hauptstadt ist sogar Romanes, die Sprache der Roma, Amtssprache. Doch in Tschechien, wo selbst unter kommunistischer Herrschaft dem Parlament elf Abgeordnete der Roma-Minderheit angehörten, ist es seit der politischen Wende mit dieser Mitsprache vorbei. Als kürzlich in Prag ein Kongreß der Internationalen Romani Union stattfand und sich vierhundert Vertreter der weit zerstreuten Minderheit versammelt hatten, wurden in der ihnen gemeinsamen Sprache all die europaweit zu belegenden Ungerechtigkeiten laut, die seit Jahrhunderten dem Volk der Roma zugefügt werden: Diskriminierung, Ausgrenzung, Vertreibung, Verfolgung, Totschlag. So sind zur Zeit von den hundertfünfzigtausend Roma-Angehörigen im Kosovo nur noch fünfzehn- bis zwanzigtausend geblieben, die, in Ghettos gepfercht, zu überleben versuchen; der Großteil hat, verfolgt vom Haß und den Gewalttätigkeiten der Serben und Albaner, die Flucht ergreifen müssen. Die gegenwärtig anwesenden Kfor-Soldaten waren und sind nicht in der Lage, sie vor dem doppelten Haß zu schützen, sei es, weil sie überfordert sind, sei es, weil wieder einmal den Angehörigen des Romavolkes Schutz verweigert wird. Und dennoch wurde auf dem Kongreß in Prag kühn und aus verletztem Selbstbewußtsein von der Nation der Roma gesprochen. Ein Beschluß wurde gefaßt, nach dem demnächst in Brüssel ein Büro der internationalen Organisation eingerichtet werden soll. Denn auch dort, wo alle Interessengruppen aus Wirtschaft und Industrie kraft ihrer jeweiligen Lobby mitsprechen und Entscheidungen beeinflussen, sind die Roma ohne Stimme.

Doch das ist und kann nicht genug sein. Eine so große Minderheit, die bei uns in geringerer Zahl, doch in Spanien und Portugal, in Ungarn, Tschechien, der Slowakei, Rumänien und Bulgarien überaus zahlreich ist, verlangt aus einsichtigen Gründen nach einem demokratischen Mitspracherecht. Wo anders sollte ein solches Recht verwurzelt sein als hier in Straßburg, im Europäischen Parlament. Es ist nicht damit getan, daß dann und wann so feierliche wie gutwillige Resolutionen verabschiedet werden, die dem Volk der Roma ihre ohnehin unübersehbare Existenz bestätigen. Vielmehr ist es an der Zeit, den hochgesteckten Ansprüchen der immer größer werdenden Europäischen Union gerecht zu werden. Europa muß mehr sein als nur ein erweiterter Markt und eine auf Wirtschaftsinteressen ausgerichtete Bürokratie. Europa hat eine gemeinsame, wenn auch widerspruchsvolle und allzuoft in Krieg und Gewalt umschlagende Geschichte; seit dem fünfzehnten Jahrhundert sind die Gitanes, Gypsies, Zigeuner dieser Geschichte zugehörig, oft genug als Leidtragende und Verfolgte. Europa in seiner Vielgestalt hat eine sich wechselseitig inspirierende Kultur; wer wollte leugnen, daß insbesondere die Musik von der Musikalität der Roma beeinflußt worden ist. Und Europa hat eine gemeinsame Verantwortung. Nach einem Jahrhundert, in dem totalitäre Ideologien und Rassenwahn, Weltkriege und Völkermorde, blindwütige Zerstörung und Massenvertreibungen unseren Kontinent wiederholt an den Abgrund gebracht haben, sich aber schließlich doch ein demokratisches Selbstverständnis erprobt und endlich auch eingebürgert hat, sollte es möglich sein, der größten Minderheit in Europa, dem Volk und der Nation der Roma, im Straßburger Parlament Sitz und Stimme zu geben.

Schon bei der nächsten Europawahl könnten die Vertreter dieser Nation mit einer gemeinsamen Liste Mandate anstreben. Ich weiß, der Weg bis zu einem demokratischen Wahlgang ist mit Schwierigkeiten besonderer Art gepflastert. Nicht nur die eingefleischten Vorurteile gegenüber Zigeunern werden gegen einen solchen Entschluß wirksam werden, auch wird es nicht leicht sein, die Angehörigen des Romavolkes, unter ihnen viele Staatenlose, dazu zu bewegen, sich für eine anstehende Wahl registrieren zu lassen. Allein dieses Wort ruft bei ihnen Erinnerungen wach an Hunderttausende Familienangehörige, die registriert, das heißt schriftlich erfaßt und mit Hilfe genau geführter Listen verhaftet, deportiert, in deutschen Konzentrationslagern ermordet wurden. Also ist die Scheu vor einer Registrierung selbst dann, wenn sie für eine demokratische Wahl Voraussetzung ist, verständlich und muß doch überwunden werden. Hinzu kommt, daß Romanes, die Sprache des Romavolkes, nur in Ansätzen verschriftlicht ist. Zwar wird sie in allen europäischen Ländern neben der Landessprache von den Roma und Sinti in jeweiligem Dialekt gesprochen, aber diese innere Verständigung dringt nicht nach außen. Sie kapselt ab. Sie bot und bietet Schutz. Sie ist die Geheimsprache der Diskriminierten und Verfolgten. Doch auch diese Widerstände müssen nach und nach überwunden werden. Auf der Prager Tagung der Internationalen Romani Union wurden solche Forderungen laut. Es könnte, zum Beispiel, Aufgabe der europäischen Behörden und auch der Europäischen Investitionsbank sein, mit einem langfristigen Programm die Sprachentwicklung des Romanes zur Unterrichtssprache zu fördern. Nur so wird sich den Kindern der Roma und Sinti der Weg zu weiterführenden Schulen und in die Universitäten öffnen lassen, nur so können sie in ausreichender Zahl zu Sprechern ihres Volkes werden, nicht zuletzt und wie hier gefordert, im Europaparlament zu Straßburg.

Es mag Sie ein wenig verwundern, daß ich hier mit einem Vorschlag aufwarte, dem schier unüberwindliche Widerstände garantiert sind. Zudem komme ich aus einem Land, dessen Mißstände und Skandale zwar zum Himmel stinken, doch außer Naserümpfen bisher wenig zur Folge gehabt haben. Schließlich sind vor zwei Jahren, anläßlich eines ganz normalen Regierungswechsels, im Amt des Bundeskanzlers zwei Drittel aller Akten gelöscht, vernichtet, geschreddert worden; schließlich weigert sich in Deutschland, einem Land also, das noch immer an der Verantwortung für begangene Verbrechen während der Zeit des Nationalsozialismus trägt, eine Vielzahl von Industriebetrieben, Schadensersatz an die wenigen noch lebenden Zwangsarbeiter zu zahlen; und schließlich komme ich aus einem Land, in dem rechtsradikaler Straßenterror durch fremdenfeindliche Politik zusätzlich Auftrieb erfährt. Drei Gründe, die mich dazu bringen sollten, ausschließlich vor der eigenen Tür zu kehren. Doch das hier in Straßburg gesetzte Thema ist von grenzüberschreitender Bedeutung. Und weil es nicht damit getan ist, in wohlformulierten Erklärungen gegen den Rassismus zu protestieren, es vielmehr darauf ankommt, mutig politische Zeichen zu setzen, das heißt, tätig den Rassismus zu überwinden, wiederhole ich meinen Vorschlag als Forderung. Für das Europäische Parlament in Straßburg wäre es ein Gewinn, wenn in ihm die frei gewählten Abgeordneten des Romavolkes Sitz und Stimme hätten. Sie sind Europas beweglichste Bürger. Sie überwinden Grenzen. Sie sind mehr als alle anderen bewährte, weil leidgeprüfte Europäer.

Zukunftsmusik oder Der Mehlwurm spricht

Rede auf Einladung der Europäischen Investitionsbank

Um vor den leitenden Köpfen einer Bank, zudem einer europäischen, bestehen zu können, habe ich, mal tiefsinnig grübelnd, dann wieder die Oberfläche abfischend, nach einem Motto, tauglich für eine Überschrift, gesucht und bin schließlich bei mir fündig geworden. In meinem 1963 veröffentlichten Roman »Hundejahre« schien mir im Chor umtriebiger Nebenfiguren der einst im Weichselmündungsgebiet tätige Müller Matern geeignet, das Patronat für diese Rede zu übernehmen; als Ostflüchtling kam ihm im dritten Teil dieser gelegentlich episch ausufernden Erzählung das Verdienst zu, dem sogenannten deutschen Wirtschaftswunder die Gleise gelegt zu haben.

Das geschah in der britischen Besatzungszone, umgeben von Trümmern, doch bereits in Vorahnung der Währungsreform. Der Müller Matern wurde auf wunderbare Weise tätig. Er hatte schon in seinem Heimatdorf Nickelswalde, knapp hinterm rechten Deich der immerfort mündenden Weichsel, den Werderbauern Hagelschlag und Mäusejahre, einen Deichbruch bei Hochwasser und Preisverfall auf dem Getreidemarkt, aber auch fette Milcherträge vorausgesagt. Indem er sein linkes Ohr, das vom Säcketragen platt anlag, gegen ein Zwanzigpfundsäckchen Weizenmehl lehnte, hörte er, was bei den Untermietern des Säckchens, den Mehlwürmern, Thema war. Die Mehlwürmer sprachen. Nicht jedermann, nur dem Müller Matern sagten die gesprächigen Mehlwürmer Zukünftiges voraus. Über den vermittelnden Müller berieten sie im breitesten Werderplatt die Landwirte umliegender Dörfer, unter ihnen strenggläubige Mennoniten, die seit Jahrhunderten ansässig waren.

Als aber im Jahre fünfundvierzig der Krieg ins Land kam, machten sich Hunderttausende in Richtung Westen auf die Flucht; und zu den Flüchtlingen gehörte der Müller Matern. Auf dem Fährprahm »Schiewenhorst«, der wegen Maschinenschadens liegenblieb, dann auf einem überladenen Torpedoboot, das auf eine Mine lief und absoff, schließlich auf dem Seebäderdampfer »Schwan« erreichte er den rettenden Hafen von Travemünde, und mit ihm wurde sein einziges Flüchtlingsgut gerettet: ein Säckchen Weizenmehl der Eppschen Sorte samt innewohnenden Mehlwürmern, auf daß er weiterhin die Zukunft vorschmecken konnte.

Noch im selben Jahr nahm er in einer stillgelegten Bockwindmühle am Niederrhein Quartier. Und dort hat er alsbald gegen geringe Gebühr die sogenannten Führungskräfte der deutschen Wirtschaft beraten. Er, der, im Osten häusig, die Danziger Guldenabwertung und die Sterbestunde des Reichspräsidenten vorhergewußt, aber auch den unheilgeladenen Flottenbesuch im Danziger Hafen für den August neununddreißig vorausgesagt hatte, orakelte nunmehr dem Westen kommenden Wohlstand. Ob Otto-Ernst Flick oder Krupps Bevollmächtigter Beitz und Dr. Quandt persönlich, ob Abgesandte von Klöckner und Siemens & Halske oder von Feldmühle und Haniel, wer alles einen ramponierten Namen vertrat, kam angereist, suchte Rat, gehörte zur Kundschaft des Müllers Matern mit dem platten Ohr und dem anliegenden Säckchen voller wispernder Mehlwürmer. Es ging darum, wie man der angeordneten Demontage und dem alliierten Entflechtungsgesetz entgehen, wie man sich als Badische Anilin mit Bayer und Hoechst, obgleich als Konzern entflochten, dennoch werde abstimmen können. Es ging darum, mit der überschüssigen Potenz der Kriegswirtschaft den Frieden zu beglücken. Kurzum: Der Mehlwurm sprach, und vermittelnd gab der Müller Matern Ratschläge nach der Mehlwurmdevise: »Verzicht auf Dividende zwecks Kapitalerhöhung!«

So, mehlwurmbegünstigt, kam das deutsche Wirtschaftswunder in Gang. Wobei gesagt werden muß, daß die Funktionäre der ostdeutschen Planwirtschaft aus ideologischen Gründen nicht angereist kamen. Unberaten gingen sie leer aus. Und ihre damals oft gehörte These »Hört nicht auf den Wurm – im Wurm ist der Wurm!« hat ihren späteren Untergang wenn nicht sogleich besiegelt, so doch eingeläutet.

Als ich mit diesem Teil meines »Hundejahre«-Manuskriptes, der ein ausgewachsenes Kapitel umfaßte, glaubte fertig zu sein, suchte ich fachkundigen Rat jenseits aller Mehlwurmeinflüsterungen. Damals, Anfang der sechziger Jahre, hieß Berlins Wirtschaftssenator Karl Schiller. Da der Professor gerne, wie zur Entspannung, das Gespräch mit Schriftstellern suchte, nahm ich Gelegenheit, ihn um ein kritisches Lektorat meines mehlwurmhörigen Wirtschaftswunder-Kapitels zu bitten. Zwar gab sich Karl Schiller nach der Lektüre entzückt, beanstandete aber die Vernachlässigung der Banken. Ohne sie laufe nichts, sagte er. Mehr noch: Die eigentliche Macht im Staate liege tresorsicher bei den Banken. Allen demokratischen Bestrebungen zum Trotz sei das so. Nur wer die Banken auf seiner Seite wisse, könne regieren. Der alte Adenauer habe das gewußt und sich schlau rückversichert.

Dergestalt belehrt, beeilte ich mich, die bereits während der Nazizeit mächtige Bankpotenz Hermann Josef Abs und mit ihm die Deutsche Bank, zudem die Herren Pferdmenges und Forberg ins sonst druckfertige Kapitel zu flicken; aber die von Karl Schiller monierte Unterlassungssünde hängt dem vom Mehlwurm gerittenen Märchen vom Wirtschaftswunder dennoch an. Erst heute, den Damen und Herren der Europäischen Investitionsbank gegenüber, komme ich dazu, mit annähernd vierzigjähriger Verspätung dem Segen und der beängstigenden Machtfülle des Bankwesens versuchsweise gerecht zu werden.

Ich weiß: Heutzutage muß alles global gesehen, global begriffen und als globales Schicksal akzeptiert werden. Dennoch möchte ich vorerst im überschaubaren Bereich, das heißt vor der eigenen Tür kehren. Als beispielhaft steht mir die Deutsche Bank vor Augen. Groß. Überragend. Den Menschen und ihrem Kleinklein enthoben. Zwar gläsern gewandet, doch undurchschaubar. Welch eine Entwicklung! Wenn der bereits erwähnte Hermann Josef Abs als Vorstand dieser Bank seinen Ruf nicht nur seiner Tätigkeit als Finanzberater des Bundeskanzlers Konrad Adenauer verdankt, sondern auch seinen Machenschaften für die besagte Bank während der verruchten zwölf Jahre, als er auf die ihm eigene diskrete Weise in den von der Wehrmacht besetzten Ländern Europas tätig wurde und in jüdischem Besitz befindliche Banken arisierte, so ist es seinen Nachfolgern gelungen, diesen Makel durch beharrliches Beschweigen zu verdekken. Man hielt sich zurück. Das war zeitgemäß und galt als vornehm. Allenfalls machte einer der Abs-Nachfolger von sich reden, als er das Verhältnis der Deutschen Bank zu Erdnüssen auf den Punkt brachte, indem er von ihm zu verantwortende Verluste in stolzer Millionenhöhe als »Peanuts« bezeichnete oder besser, deren Schalen unter den Tisch fallen ließ. Jedenfalls sind nunmehr »Peanuts« in Deutschland sprichwörtlich zu genießen. Und jedes weitere Verlustgeschäft, verursacht durch korruptes Verhalten oder mangelnde Bankaufsicht, hat nunmehr seine zynische Bemäntelung gefunden; so kürzlich, als es um die konkursreife Firma Philipp Holzmann, das heißt um Tausende von Arbeitsplätzen ging. Es ist Hochmut besonderer Art, der in der Vorstandsetage der Deutschen Bank Platz genommen hat und sich bei Gelegenheit zur Schau stellt.

Zu diesem Sprechblasen-Theater der Herren auf Vorstandsebene verhält sich das so erfolglose wie irrwitzig anmutende Fusionsgehabe der Dresdner Bank wie ein Laienspiel, wenngleich das Fusionieren, bei garantiertem Verlust von Arbeitsplätzen, mittlerweile und selbstverständlich global als Gesellschaftsspiel beliebt zu sein scheint: Koste es, was es wolle. Die Betroffenen werden ohnehin nicht gefragt, allenfalls die Aktionäre. Denen ist jede Verschlankung im Personalbereich recht und billig. Wie überhaupt Aktienwerte mit realen Werten, zum Beispiel mit etwas so Altmodischem wie Arbeit, die von Menschen geleistet wird, alles andere als deckungsgleich sind. Vernunft ist derzeit ein Ladenhüter. An ihrer Stelle hat sich das Irrationale als gestaltende Kraft aus den bankrotten Ideologien des vergangenen Jahrhunderts in die Börse geflüchtet. Dort lädt es tagtäglich zu Anbetung ein. Sakrosankt gibt es sich, selbstherrlich. Es ist, als habe sich der alleinseligmachende Kapitalismus aus der Requisitenkammer des Vatikans das Dogma der Unfehlbarkeit entliehen.

Indem ich mich neugierig und fasziniert vom Geruch anstehender Pleiten – wie Schriftsteller nun einmal sind – aufs Kursniveau begebe, kommen mir wiederum die Mehlwürmer des Müllers und Ostflüchtlings Matern in den Sinn. Wäre er heute tätig, könnte er, mit dem Mehlsäckchen am platten Ohr, den Euro vom allerneuesten Tiefstand in eine den Europagedanken frisch aufpolierende Mittellage hieven, freilich auf Kosten der Exportindustrie: Selbst ein im Sinne des Neoliberalismus strenggläubig weissagender Mehlwurm kann es nicht allen recht machen.

Aber es gibt ihn nicht mehr. Mit dem Müller Matern ist er Legende geworden. Ratlos stehen wir da und müssen ohne Beistand den Euro gesundbeten, die Globalisierung wie die Benzinpreise als Faktum hinnehmen, selbst der unsinnigsten Fusion Geschmack abgewinnen und – säkularisiert, wie wir sind – das Bankgeheimnis als auf höchsten Stand entwickeltes Beichtgeheimnis achten. Wir leben nun mal in Zeiten, in denen alles möglich ist. Wer hätte jemals gedacht, daß in der deutschen Musterdemokratie bei einem normalen Regierungswechsel zwei Drittel der Akten im Bundeskanzleramt gelöscht, geschreddert, nach Stasimanier getilgt werden könnten? Wem wäre vormals in den Sinn gekommen, in einem altgedienten Bundeskanzler einen meisterlichen Jongleur mit schwarzen Konten zu vermuten? Wäre es, als wir noch, laut Verfassung, stolz einen menschenfreundlichen Asyl-Paragraphen hochhielten, möglich gewesen, nach gegenwärtiger Praxis an die viertausend Asylsuchende, die nichts Kriminelles getan haben, dennoch wie Verbrecher hinter Schloß und Riegel in Abschiebehaft zu halten? Wen wundert es noch, wenn sich rechtsradikale Glatzen am inhumanen Verhalten der bundesweit verantwortlichen Innenminister ein Beispiel nehmen und zuschlagen, tagtäglich zuschlagen?

Dennoch meine ich: Zwar leben wir in Zeiten, in denen all das, aber auch dessen Gegenteil möglich ist. Wir können den Mund aufmachen und ein deutliches Wort wagen. Gegen den Strom zu schwimmen, nenne ich eine demokratische Disziplin. Dem sich selbst und das gesellschaftliche Solidarverhalten zerstörenden Kapitalismus gilt es in den Arm zu fallen, ihm Manieren beizubringen und – jadoch! – soziales Verhalten. Wem nur Profit zählt, der kann nicht rechnen. Wem das Geld nur bloße Spekuliermasse ist, der bringt jede Währung in Mißkredit. Diese Einsicht scheint Konjunktur zu haben, denn mittlerweile gibt es Banken, die sich von ihr leiten lassen. Eine heißt Europäische Investitionsbank. Ihr verdanke ich das Vergnügen, mittels einer Rede auf meine Weise Bilanz ziehen zu dürfen.

Ich habe mich kundig gemacht und sehe, daß sich Ihre Bank auch außerhalb der EU-Beitrittsländer engagiert, zum Beispiel in Lateinamerika und Südafrika, wenngleich im Jahr 99 weniger als im Vorjahr, desgleichen mit sinkender Tendenz auf dem Balkan. Gewichtig jedoch – und hier mit steigender Tendenz – sind Sie in der Europäischen Union tätig. Soweit Statistiken Einblick gewähren, ist zu erkennen, daß die Schwerpunkte bei der Regionalentwicklung, bei der Verkehrs- und Telekommunikationsinfrastruktur, bei der Stadtentwicklung und der Erhaltung der Umwelt, nicht zuletzt im Gesundheitsbereich und mit Förderprogrammen in der Bildung liegen. Die 1999 erfolgte Erhöhung des gezeichneten Kapitals von rund zweiundsechzig Milliarden auf hundert Milliarden Euro ist gewiß ein Zeichen wachsenden Engagements auf Problemfeldern, die nach herkömmlichem Verständnis nicht profitträchtig sind und deshalb kaum von Banken betreten werden, die auf schnellen Gewinn setzen.

Doch was ist Profit? Nur das, was sich in Mark und Pfennig belegen läßt. Wie kann man Profit im Umfeld langfristig geförderter Bildung errechnen? Oder gar im so kostenintensiven und sozial unausgeglichenen, das heißt abschüssigen Gelände der Gesundheit? Indem ich Ihre vielseitigen Bestrebungen zur Kenntnis nehme, lerne ich, daß Sie auf Zukunft setzen, also bereit zum Risiko sind. Ein schillerndes Wort: Risiko. Vielleicht kann ich aus eigener Erfahrung deutlich machen, welches Risiko mir anhaftet, indem ich als Autor vom Umgang mit Verlegern berichte. Mir wird Erfolg nachgesagt. Der Umsatz meiner Bücher hat nicht nur mich, sondern auch meinen Verleger reich gemacht. Doch mein erstes Buch, das im Frühjahr 1956 erschien, war ein Band Gedichte, der unter dem vielversprechenden Titel »Die Vorzüge der Windhühner« auf den Markt kam und – wie in Sachen Lyrik üblich – nur wenige Käufer fand: ganze 735 im Verlauf von dreieinhalb Jahren. Und dennoch handelte mein Verleger richtig, obgleich er nicht ahnen konnte, daß ich mit meinem zweiten Buch, dem Roman »Die Blechtrommel«, einen Dauerrenner hinlegen würde, der sich sogar im Ausland oder wie man heute sagt, global rechnete. Mit anderen Worten: Mein Verleger hat gespürt, daß Investitionen im Bereich Verlustgeschäft Lyrik zukunftsträchtig sind und sich Risiken, wenn auch nicht immer, so doch gelegentlich auszahlen.

Und schon bin ich wieder bei der Europäischen Investitionsbank, die, so sieht es aus, diesem klugen verlegerischen Prinzip folgt, auch wenn sie nicht gerade Lyrikbände, so doch Dinge fördert, die erst einmal kosten und kosten, also alles andere als schnellen Profit bringen. Dieser Einsicht folgend, findet sich in Ihren Prospekten der schöne Begriff »Humankapital«. Im Verlauf meiner Rede will ich ihn, sobald er sich anbietet, benutzen. Da ich nicht annehmen kann, daß das gelegentlich kluge und weitsichtige Verhalten von Verlegern schöngeistiger Literatur der Europäischen Investitionsbank bei ihrer Gründung ein nachahmenswertes Beispiel geboten hat, habe ich mich in weitentlegener Historie umgeschaut und bin dabei der Geschichte einer Bank begegnet, die es immer noch gibt, deren erste Investitionen jedoch in weit zurückliegender Zeit datiert wurden.

Während der Renaissance, 1472, wurde sie in Siena gegründet: eine Kreditanstalt, die aus einer Pfand- und Leihanstalt hervorging. Da es dazumal laut kirchlichem Geheiß verboten war, auf geliehenes Geld Zinsen zu erheben, hat man allerorts Wege gesucht, dieses strikte Verbot zu umgehen, etwa durch »Freibriefe«, die es jüdischen Verleihern außerhalb päpstlicher Zucht, aber auch, gegen Ablaßzahlung, Christen erlaubte, mit Zinsen, die in der Regel Wucherzinsen waren, ihr Geschäft zu machen. Diese Form der Kreditvergabe war Bedürftigen nicht zugänglich. Deshalb wurden Leihanstalten gegründet, die gegen Pfand Kredite vergaben, so in Siena, wo es laut Beschluß des Magistrates hieß: »Unter Berücksichtigung der Ehre und des Lobes, die jeder Republik zuteil werden, die dafür sorgt, daß den armen und bedürftigen Personen Hilfe und Unterstützung zukommt, sei es in weiser Voraussicht und gottgefälliger Weise ständige Aufgabe des geordneten Pfandhauses, in Zukunft in der Stadt Siena dafür zu sorgen …«

Ja, wofür? Ging es um Wohltätigkeit? Nein. An Handwerker, Bauern, Hirten wurden Kredite vergeben, schließlich doch mit einem jährlichen Abschlag von 7,5 Prozent, einem für die damalige Zeit niedrigen Zinssatz. Das Kapital dieser frühen Bank, die sich »Monte dei Paschi di Siena« nannte, summierte sich aus den Einlagen privater Unternehmer und einem Darlehen der Stadt auf unbestimmte Zeit, das sich aus den Wein- und Ernteabgaben der Bauern umliegender Dörfer ergab, die herkömmlich mit Naturalien beglichen worden waren. Die sienesischen Behörden sollen sogar beim Päpstlichen Stuhl die Erlaubnis erwirkt haben, gegen Gewährung von Sündenablaß den Klerus zu besteuern und mit solch einem Sündengeld das Kapital dieser – so kann man heute sagen – gemeinnützigen Bank zu erhöhen. Entsprechend segensreich hat sich ihre Tätigkeit für die Stadt Siena, die umliegende Region, schließlich, im Verlauf der Jahrhunderte, über die Toskana hinaus für Italien ausgewirkt. So gegenwärtig, indem sie seit 1995 in doppelter Funktion, einerseits als Bank, andererseits als Institut des öffentlichen Rechts unter dem alten Namen »Monte dei Paschi di Siena«, im Bereich der wissenschaftlichen Forschung, im Ausbildungs- und Gesundheitswesen, aber auch die Künste fördernd tätig ist, etwa bei der Gründung einer Musikakademie und durch die Einrichtung eines Fonds, der den Schutz der Kunstschätze in den Provinzen Siena und Grosseto finanziert. Diese beispielhafte Bank ist selbst im Besitz von Kunstschätzen, deren Bestände vom dreizehnten Jahrhundert bis in die Moderne reichen.

Indem ich die Bank »Monte dei Paschi« beispielhaft nannte, behielt ich, wie Sie gewiß bemerkt haben, den Gastgeber des heutigen Abends im Auge, denn die Europäische Investitionsbank hat sich offenbar ein Beispiel genommen. Ihre Bestrebungen sind nicht auf schnellen Profit gerichtet. Ihre Bilanz läßt sich sehen. Sie plant langfristig. Sie investiert dort, wo es nottut. Europa in seiner Vielgestalt und mit seinem oft steilen Gefälle zwischen Reich und Arm bietet Anlässe genug, unterentwickelten Regionen beizustehen.

Und doch frage ich mich, warum es diese so umsichtige Bank bisher unterlassen hat, mit einem ihrer hilfreichen und – wie sich gezeigt hat – nach und nach wirksamen Programmen Europas größter Minderheit Hilfe zu leisten. In allen Ländern der Europäischen Union sind die Angehörigen dieser Minderheit einerseits anwesend, andererseits wie nicht vorhanden. Wenig bis nichts geschieht, was ihre Bedürfnisse und Rechte als Bürger der jeweiligen Staaten sichern könnte. Einzig Mißachtung ist ihnen seit Jahrhunderten gewiß. Ihre Geschichte dokumentiert lückenhaft einen Leidensweg der Verfolgung. Ihre Sprache, die die einzige gesamteuropäische ist, wird in den Schulen nicht unterrichtet. Ihre Kultur gefällt uns allenfalls als unterhaltsame Musik. Als Virtuosenkunst ist sie sprichwörtlich geworden. Im übrigen wissen wir wenig von ihnen. Weder in Brüssel noch in Straßburg haben sie eine Lobby. Viele von ihnen sind Flüchtlinge, Staatenlose, die nach Belieben abgeschoben werden, dorthin, wo sie nicht geduldet sind und abermals abgeschoben werden. Sie sind der blinde Fleck im Bewußtsein Europas. Zwar belächelt man sie und ihre Eigenart, will sie aber dennoch samt ihrer besonderen Existenz nicht wahrhaben. Hilfe wird ihnen allenfalls aus kleinem Mitleid als Almosen zuteil. Sie sind uns lästig. Sie sind das Fremde an sich. Ich spreche vom Volk der Roma, jener europäischen Minderheit, deren Angehörige auf zwanzig Millionen geschätzt werden.

Woher rührt diese ungenaue Zahl? Wir, die wir alles genau wissen und bis hinters Komma genau wissen wollen, wir, denen Statistiken und Börsennotierungen das Morgen- und Abendgebet ersetzen, wir, die gelernten Zahlenfetischisten, sind, sobald wir Genaues über das so zahlreiche Volk der Roma erfahren wollen, auf grobe Schätzungen angewiesen; selbst in Deutschland, einem Land also, in dem bekanntlich alles gezählt wird und auf jeglichem Fachgebiet studierte Erbsenzähler fleißig sind, wissen nicht, wie viele Sinti als Angehörige des Romavolkes bei uns leben. Es gibt Gründe für diese Ungenauigkeit. Ob hierzulande oder in Litauen, in Tschechien und der Slowakei, allerorts in Europa wagen es viele Roma und Sinti nicht, sich kenntlich zu machen. Ihre Erfahrung weiß von Verletzungen, die ihnen und ihren Familien zugefügt wurden, als sie kenntlich, das heißt registriert waren; zum Beispiel damals, als sie nach deutschem Recht als rassisch minderwertige Zigeuner galten, als solche auf Listen geführt und erfaßt, schließlich deportiert und Hunderttausende von ihnen sterilisiert oder in Konzentrationslagern ermordet wurden.

Und abermals weiß man nicht die genaue Zahl. Waren es fünfhunderttausend ermordete Roma oder, wie der Historiker Eberhard Jäckel meint, »nur« und allenfalls hundertfünfzigtausend, weshalb man nicht, wie bei der Vernichtung der Juden, von Völkermord sprechen dürfe? Selbst als Tote werden die Roma ausgegrenzt. So soll denn auch in Berlin ihrer nicht an der zentralen Gedenkstätte gedacht werden; nach langem und beschämendem Zaudern ist ihnen, den Ermordeten zweiter Klasse, ein eigenes Denkmal bewilligt worden.

Doch die Mißachteten melden sich zu Wort. Ende Juli dieses Jahres fand in Prag ein Kongreß statt, zu dem die 1971 in London gegründete Romani Union rund vierhundert Vertreter der zahlreichen Minderheit aus vierzig Ländern eingeladen und versammelt hatte. Diskutiert wurden die Verarmung, Ausgrenzung und Verfolgung der Roma. Emil Scuka, der derzeitige Generalsekretär der Union und Sprecher der tschechischen Roma-Bürgerinitiative, war bis zur Teilung der ČSFR einer von elf Roma-Abgeordneten im tschechoslowakischen Parlament. Heute gehört der tschechischen Volksvertretung kein einziger Vertreter der Minderheit an. Offenbar ist seit der politischen Wende die Ausgrenzung von Zigeunern ein Teil des Regierungsprogramms. Zwar hat eine Kommission der Europäischen Union die Regierungen Tschechiens, der Slowakei und Bulgariens ermahnt, die, wie es hieß, »brennenden Probleme der Minderheit« zu lösen – andernfalls werde eine Massenauswanderung zur Gefahr für den angestrebten EU-Beitritt –, aber den genannten Ländern fehlen die finanziellen Mittel, den Wunsch der reichen und um ihren Wohlstand besorgten Länder zu erfüllen. Schließlich leben, um einige grobgeschätzte Zahlen zu nennen, in Bulgarien 1,5 Millionen, in Ungarn fünfhunderttausend, in Rumänien 2,5 Millionen Roma, und unter den fünf Millionen Slowaken ist jeder sechzehnte Bürger ein Angehöriger der mißachteten Minderheit. Im Kosovo, wo einst hundertfünfzigtausend lebten, die den Haß der Serben und Albaner gleichermaßen und zunehmend gewalttätig zu spüren bekamen, soll es nur noch fünfzehn- bis zwanzigtausend Übriggebliebene geben. Die von niemand, selbst nicht von den Soldaten der Kfor gegen Brand- und Mordanschläge geschützten Roma ergriffen die Flucht und sind dennoch nirgendwo geduldet. Zu Recht werden in Holland serbische und kroatische Kriegsverbrecher vor Gericht gestellt und verurteilt. Wo aber ist der Ort, wo die im Kosovo Verantwortung tragenden europäischen Regierungen wegen unterlassener Hilfe angeklagt werden und ihren Richter finden?

Auf dem Kongreß in Prag wurde von den Delegierten, die alle die Sprache ihres jeweils ungastlichen Landes sprechen, vier Tage lang Romanes, die Sprache der Roma, gesprochen. Für kurze Zeit war die in der Zerstreuung lebende Nation beieinander. So kam es denn auch zum Beschluß, sich vehementer denn jemals zuvor als Nation zu definieren. Luminila Mihai Cioaba, eine rumänische Delegierte, sagte: »Wichtig ist, daß unsere Kinder in den Schulen Romanes lernen, vor allem das Schreiben. Eine Nation existiert dann, wenn sie schreibt.«

Aus dem Wunsch der europäischen Minderheit der Roma, als Nation anerkannt zu werden, und dem Verlangen nach Schulen, in denen Romanes Lehrfach ist, ergeben sich zwei Anregungen, die ich Ihnen, meine Damen und Herren – und damit der Europäischen Investitionsbank –, als dringliche Forderung nahebringen möchte. Zum einen wäre es erforderlich, daß Roma-Abgeordnete im Europäischen Parlament in Straßburg Sitz und Stimme finden. Was spricht dagegen, daß sie sich bei der nächsten Europawahl in allen Beitrittsländern mit einer gemeinsamen Liste um Mandate bewerben? Es gibt genügend Ansätze für solch einen demokratischen Vorgang. Zum Beispiel ist in Schleswig-Holstein die dänische Minderheit von der Fünfprozentsperrklausel befreit und wird im Kieler Landtag durch zwei Abgeordnete vertreten. Noch deutlicher bietet sich die junge Republik Mazedonien als Beispiel an. In Skopje sitzen Abgeordnete von vier Roma-Parteien im Parlament. In mehreren Bezirken der Stadt sprechen Verwaltungsbeamte und der Bürgermeister Romanes. Eine Fernseh- und Rundfunkstation sendet in dieser Sprache. Im Sinne solch überschaubarer Beispiele und durch die Fortentwicklung demokratischer Praxis müßte es Abgeordneten des Romavolkes aus allen EU-Staaten möglich werden, im Straßburger Parlament die Interessen ihres Volkes zu vertreten, das heißt auch, die Nöte einer immer noch oder abermals drangsalierten Minderheit öffentlich zu machen und für die Besonderheit ihrer Nation Anerkennung zu finden. Schließlich sind die in Europa lebenden zwanzig Millionen Roma und Sinti von ihrer Tradition her grenzüberschreitend, an kein Land ausschließlich gebunden. Sie sind geborene und gelernte, mithin mustergültige Europäer.

Einige von Ihnen mögen sich jetzt fragen, was hat unsre Bank mit den Statuswünschen der Gypsies, Gitanes, Zigeuner zu tun? Wir können in diesem Fall nicht helfen. Das wäre, falls überhaupt Aussicht auf eine so weitreichende Anerkennung besteht, Sache der Politik. Ich meine: Indem Sie, jeder für sich, die berechtigte Forderung eines Volkes anerkennen, das bislang in unseren demokratischen Gemeinwesen wie ohne Stimme war, wäre schon viel geholfen, denn die Ansichten der Europäischen Investitionsbank und ihrer Vertreter sind gefragt, werden gehört, haben Gewicht.

Nun konnte ich diesen, den politischen Teil meiner Erwartungen vor einer Woche vor dem Europarat in Straßburg während eines Kongresses zum Thema »Europäische Konferenz gegen Rassismus« vortragen; der andere und gleichgewichtige Teil soll mit Vorzug das Ohr der Europäischen Investitionsbank finden, vertrauend darauf, daß sie ein Ohr hat. Denn ganz gewiß können Sie tätig hilfreich werden, indem Sie meiner zweiten Anregung folgen. Da das Wort »Humankapital« zu Ihrem Wortschatz gehört und die Förderung von Bildung zu Ihrem Programm, sollte die Not der Romakinder nunmehr Ihre ganze Aufmerksamkeit fordern.

Sie sind in der Regel die letzten. Im herkömmlichen Schulbetrieb versagen viele aus mehreren Gründen, doch auch, weil ihnen der elterliche Beistand fehlt. Häufig sind Vater und Mutter Analphabeten. Zu Hause wird nur Romanes gesprochen. In den Regelschulen sind die Lehrer mit Romakindern oft ungeduldig, weil sie auf deren Situation nicht vorbereitet wurden. Bereits kraft Vorurteil gelten diese Kinder als Problemkinder und werden in Sonderschulen abgeschoben. Nur wenige erlangen die Mittlere Reife. Wenn es ein Romakind im Einzelfall bis zum Abitur schafft, kann ein Wunder vermutet werden. Die Folge ist, daß in Berufen, die ein Studium voraussetzen, so gut wie nie Roma präsent sind. Folglich fehlt es der Minderheit allerorts an Sprechern in eigener Sache. Erst jetzt hofft man, wie kürzlich in Prag beschlossen, ein Büro in Brüssel einrichten zu können, geeignet, sich dort bei den europäischen Behörden Gehör zu verschaffen. Das wird und kann nur ein Notbehelf sein.

Mir liegt unter dem Titel »Schattenkämpfe« ein Buch vor, das von der Ethnologin Sylvia Träbing-Butzmann und dem Pädagogen Rüdiger Wurr erarbeitet worden ist. In diesem Buch, dessen

Erkenntnisse sich aus Schulerfahrungen mit Sinti- und Romakindern vor allem in Schleswig-Holstein ergeben haben, zeigt sich die Mühsal pädagogischer Anstrengungen mit unzureichenden Mitteln und unter von Vorurteilen beschwerten Bedingungen. Empirische Untersuchungen machen deutlich, wie konstant das herkömmliche Zigeunerbild von Unterstellungen wie »Sie arbeiten nicht, stehlen, ziehen ruhelos umher, passen sich nicht an« bestimmt ist; selbst Lehrer geben Unwissenheit und Vorurteile zu erkennen.

An anderer Stelle des genannten Buches wird von Schulprojekten mit Sinti- und Romakindern in Hamm, Düsseldorf, Ravensburg, Köln und dem niederländischen Sinti-Zentrum in Best berichtet. Überall dort zeigt sich – wenn auch mit unterschiedlichen Ergebnissen –, daß kundige pädagogische Begleitung den nicht nur im Schulalltag ausgegrenzten Kindern förderlich wird. Doch all diese Bemühungen werden vergeblich bleiben, wenn es nicht gelingt, die Sprache der Roma in den Unterricht einzuführen. Das kann nur mit Hilfe eines langfristig finanzierten Förderprogramms geschehen, denn zum einen gibt es zu wenige Romaneslehrer, zum anderen ist Romanes nur ansatzweise verschriftlicht. Für diese Zurückhaltung gibt es Gründe: Die bloß mündliche Überlieferung der Muttersprache erleichterte das Überleben in einer anhaltend feindlichen Umwelt. Wer schriftlich nicht zu erfassen ist, der entzieht sich leichter seinen Verfolgern. Dennoch, meine ich, ist nunmehr die Zeit reif, den Versuch zu wagen: Nur wer seine eigene Sprache mündlich wie schriftlich vermitteln kann, ist in der Lage, sich auch in der Sprache des Landes, in dem er lebt, als gleichberechtigt zu beweisen.

Während des bereits mehrmals erwähnten Kongresses der Internationalen Roma Union in Prag wurde bekannt, daß es der tschechischen Linguistin Milana Hübschmanova gelungen ist, an der Karlsuniversität einen der weltweit wenigen Studiengänge für die Roma-Sprache auszubauen. Einige ihrer Schülerinnen, die aus erklärten Gründen nicht der Minderheit angehören, haben bereits das Universitätsdiplom erworben und unterrichten mittlerweile an einer Roma-Schule, die zu Beginn dieses Jahres in der ostböhmischen Stadt Kolin eröffnet wurde.

Diese und ähnliche Projekte gilt es zu unterstützen. Hier und anderenorts, sei es in Ungarn und Spanien, sei es in der Slowakei und in Portugal, aber auch in Frankreich und Deutschland, wo so viele Romafamilien aus dem Kosovo und aus Bosnien Zuflucht gesucht haben, kann die Europäische Investitionsbank fördernd tätig werden. Das mündliche und schriftliche Erlernen der Roma-Sprache gäbe der in ganz Europa lebenden Minderheit endlich die Möglichkeit, ihrem Anspruch, Nation zu sein, in Schulbüchern, Zeitungen und nicht zuletzt im Internet Ausdruck zu geben. Was den Schulpflichtigen anderer Minderheiten – in Deutschland den Sorben, Friesen, Dänen und auch den Kindern eingewanderter Türken – selbstverständlich ist, sollte den Kindern der Roma als Lernziel erreichbar werden: In ihrer Muttersprache und in der Sprache des Landes, in dem sie leben, mögen sie in Wort und Schrift laut, leise und, wenn es nottut, uns belehrend deutlich werden.

Nun nehme ich an, daß ich Ihnen nichts Neues sage. Vielmehr wird es so sein, daß Ihnen das unterschiedlich zu Tage tretende Elend des Romavolkes und auch dessen wie stimmlose Klage bekannt sind, nur hat sich die Europäische Investitionsbank angesichts der vielen Notstandsgebiete in Europa und aller Welt noch nicht um dieses besonders schwierige und in Zahlen nur ungenau zu benennende Problem kümmern können. Doch was versäumt wurde, kann nachgeholt werden. Auch ich habe lange gebraucht, um auf das, was ich wußte, mit einem Entschluß nach meinen Möglichkeiten zu reagieren.

Vor drei Jahren konnte ich mit dreihunderttausend D-Mark – mit »Peanuts« also, wie bekanntlich die Deutsche Bank zu sagen pflegt – den Grundstock für eine Stiftung zugunsten des Romavolkes legen. Da es mir als Schriftsteller, der noch immer und wundersamerweise das Interesse der Lcscr auf seiner Seite weiß, möglich war, zuvor mit Stiftungen – Alfred-Döblin-Preis und Daniel-Chodowiecki-Preis – ein wenig zugunsten der deutschsprachigen Literatur und der polnischen Grafik beizutragen, ging es mir nunmehr darum, mit dem Zinserlös des Stiftungskapitals das, wie es in der Satzung heißt, »Verständnis für die Eigenarten des Romavolkes zu fördern und über seine kulturelle und soziale Lage in Geschichte und Gegenwart aufzuklären«.

Vor einem Jahr hat eine unabhängige Jury im Auftrag der Stiftung den »Otto-Pankok-Preis«, benannt nach meinem Lehrer an der Düsseldorfer Kunstakademie, zum ersten Mal verliehen. Mit 20.000,– DM dotiert, wurde er Melanie Spitta zugesprochen, einer Sintezza, die mit vier Kinodokumentarfilmen von der beschädigten Existenz in Deutschland lebender Sintifamilien Bericht gegeben hat. In ihrer Dankesrede sagte sie: »Die ganzen Jahre habe ich versucht, mit Deutlichkeit und Schärfe auf die Benachteiligung, die Diskriminierung und die Verbrechen an uns Sinti aufmerksam zu machen. Für die Braungefärbten bin ich eine aufsässige Unruhestifterin, weil ich an der Wahrheit festhalte, und von den Wohlwollenden erhalte ich herablassendes Lob. In ihren Augen kann ich lesen, daß sie einer Zigeunerin nichts zutrauen. In den Köpfen fast aller sitzt das Bild von der ungebildeten, dummen Zigeunerin fest. Diese Überheblichkeit, das süffisante Lächeln begegnet mir fast ohne Ausnahme bei vielen Wissenschaftlern, bei Historikern, Anthropologen, Sprachwissenschaftlern, Soziologen und besonders bei Sozialarbeitern.« An anderer Stelle zitierte Melanie Spitta den Künstler Otto Pankok, der vor, während und nach der Naziherrschaft versucht hat, den Zigeunern zu helfen: »Hitler versank, der Rassenhaß ist geblieben.«

Ich erwähne die Preisvergabe an Melanie Spitta so ausführlich, weil sie von der Presse, wie vieles, das Roma und Sinti betrifft, kaum wahrgenommen wurde. In Zeiten der Spaßkultur und der poppig aufgemachten Events fällt es schwer, die öffentliche Aufmerksamkeit und besonders das Feuilleton der überregionalen Zeitungen von der Befindlichkeit des eigenen Ego auf etwas zu lenken, das aus schuldbeladener Vergangenheit einen Schatten in unsere Gegenwart wirft. Ich jedenfalls werde nicht aufhören, wie vor einer Woche in Straßburg, so heute vor Ihnen, für das Volk der Roma ein Wort einzulegen. Deshalb habe ich Ihnen und also der Europäischen Investitionsbank geraten, langfristig mit einem Bildungsprogramm die europaweit verbreitete Sprache des Romavolkes und dessen Unterrichtung zu fördern. Allein durch die Tatsache Ihres Beistandes hätte diese Minderheit ohne Stimme gewichtige Fürsprecher gefunden. Und welche Perspektiven täten sich auf! Zukünftig gäbe es nicht nur lernende, sondern auch lehrende Romani. Nicht nur ihresgleichen wären ihre Schüler, auch wir könnten von ihnen lernen. Zum Beispiel die bislang vergeblich geforderte Mobilität, die dem Volk der Roma von Generation zu Generation selbstverständlich gewesen ist. Als geborene Europäer sind sie aus jahrhundertealter Erfahrung in der Lage, uns zu lehren, Grenzen zu überschreiten, mehr noch, die Grenzen in uns und um uns aufzuheben und ein nicht nur in Sonntagsreden behauptetes, sondern erwiesen grenzenloses Europa zu schaffen. Dieses Europa darf nicht nach außen hin zur Festung verkommen. Im Inneren sollte zukünftig nicht Festungsmentalität herrschen, so daß, wie wir es tagtäglich erleben, allerorts der Festungskoller umgeht und Gewalt gegen Fremde schürt, indem er den Rassenhaß von der Kette läßt.

Man muß nicht, wie ich es am Anfang dieser Rede tat, den sprechenden Mehlwurm bemühen, um einen Blick in die Zukunft riskieren zu dürfen. Kein Müller Matern mit plattem Ohr und anliegendem Mehlsäckchen ist vonnöten, um der von mir vorgeschlagenen Initiative konkrete Ergebnisse in Aussicht zu stellen. Stellen Sie sich bitte vor: Endlich wäre Ihr »Humankapital«, das lernende und lehrende Volk der Roma, in der Lage, sich in seiner Sprache schriftlich mitzuteilen. Nicht mehr nur wir würden als Ethnologen, Sozialforscher, Historiker über sie schreiben, vielmehr wären nun sie imstande, von sich Bericht zu geben, von ihrer Kultur und ihrer bisher nur mündlich überlieferten Geschichte, die uns als dunkles Kapitel der europäischen Vergangenheit allenfalls aus Archivmaterial bekannt ist, das in Amtsstuben zu Papier kam: Register, Lagerplatzverbote und jene Transportlisten, mit denen vor sechzig Jahren deutsche Beamte ihre Gründlichkeit bewiesen haben, als überall im Land Zigeuner aufgegriffen und nach Polen in Konzentrationslager deportiert wurden.

Ist alles gesagt? Vielleicht zum Schluß doch noch ein Hinweis auf die besonders ausgeprägte und von aller Welt belobigte Musikalität der Sinti und Roma. Ihren Kindern den Zugang zu unseren weitberühmten Musikhochschulen zu öffnen, gäbe der Europäischen Investitionsbank die Möglichkeit, als Förderer ins Konzertprogramm zu kommen: mit Zukunftsmusik!

Lob der Vielseitigkeit

Laudatio auf Per Øhrgaard

Wie lobt man einen Freund? Wie soll das in aller Öffentlichkeit und angesichts eines Publikums geschehen, das sofort kundig jeden Mißton heraushört? Müßte ich mich nicht, weil Objektivität erwartet werden könnte, für eine Freundschaft entschuldigen, die viele Jahresringe angesetzt hat und allein deshalb meinen Lobgesang hier und dort einfärben wird? Haben Freundschaftsdienste in Zeiten strikt verordneter Coolness nicht etwas Anrüchiges? Da ich weder ein geeichter Goethe-Spezialist bin, noch mit einem Rattenschwanz Fußnoten glänzen kann, die das germanistische Soll erfüllen, mag das Eingeständnis meiner Freundschaft so befangen wie unbefangen am Anfang stehen; ihr verdanke ich meine Erfahrungen mit einem Mann, dessen Vielseitigkeit jedem Spezialisten – und derer gibt es viele – verdächtig oder gar anstößig, wenn nicht beneidenswert sein müßte, denn diese Vielseitigkeit ist Per Øhrgaards Stärke.

Allein ein Blick auf die Auswahl seiner Übersetzungen aus dem Deutschen ins Dänische gibt zu erkennen, was ich meine: Enzensbergers Essays und Adorno/Horkheimers »Dialektik der Aufklärung« stehen nebeneinander; mit seiner ersten umfangreichen Romanübersetzung »Levins Mühle« stellt er Johannes Bobrowski dem dänischen Publikum vor; er übersetzt den späten Max Frisch: »Der Mensch erscheint im Holozän«; sodann Christoph Heins erste Novelle, die in Ostdeutschland unter dem Titel »Der fremde Freund«, in Westdeutschland betitelt als »Drachenblut« erschienen ist; Stefan Heyms »Ahasver« und Erzählungen von Kafka sind neben Schillers »Über die ästhetische Erziehung des Menschen« zu nennen; Robert Walsers Prosastücke und Christa Wolfs »Kassandra« liegen in seiner dänischen Übersetzung vor; mit seiner Frau, Anneli Hoier, hat er von Botho Strauß etliche Theaterstücke sowie den Prosaband »Paare, Passanten« übersetzt.

Und in dieser Ausprägung seiner Vielseitigkeit, als Übersetzer, lernte ich Per Øhrgaard kennen. Mitte der siebziger Jahre war es mir, gewappnet mit dem abgeschlossenen Manuskript des Romans »Der Butt«, gelungen, meinen Verlag – damals noch Luchterhand – vertraglich dazu zu bewegen, auf Verlagskosten nach Erscheinen von Prosa den Kreis der Übersetzer für eine Woche um den Autor zu versammeln, auf daß er befragt, ausgequetscht, um die Geheimnisse seiner episch auswuchernden Schwellkörper gebracht werde; ein für den Autor gelegentlich schmerzhafter Vorgang.

Von Anfang an und über die achtziger und neunziger Jahre hinweg – nunmehr hatte der Steidl Verlag die Kosten zu tragen – war klug, witzig, neugierig Per Øhrgaard dabei, das heißt, er war nicht etwa nur einer von zwölf oder fünfzehn Übersetzern, vielmehr verstand er es, die immer wieder in knifflige Details verstrickte Versammlung Textstelle für Textstelle in Gang zu bringen oder, wenn die schwedische Übersetzerin noch auf Seite 437 verharrte, die italienische hingegen sich schon auf der Seite 453, Absatz zwei, ratlos gab, diese Dehnungen mit charmanter Intimkenntnis zu überbrücken, als habe er jene Methoden, nach denen der Autor seine Fallstricke gelegt hatte, schon längst und mit angeborenem Spürsinn durchschaut. Dabei entsprach sein Gefühl für Nuancen der bewundernswerten Fähigkeit, diese Einsichten den Kollegen, ohne belehrend zu wirken, wie nebenbei gesagt zu vermitteln. Ein Diplomat mit offenem Ohr für Zwischentöne. Doch zugleich ist er jemand, der beharrlich alles Fragwürdige auf den Punkt bringt.

Nun sind ohnehin die Übersetzer die genauesten Leser. Sie nehmen den Autor beim Wort. Unerbittlich sind sie ihm auf der Spur. Sie finden sich nicht bereit, Unverständliches oder dem Autor unterlaufene Ungenauigkeiten als ein nach diffuser Vieldeutigkeit verlangendes Symbol hinzunehmen. Sie wollen es genau wissen. Sie penetrieren den Autor. Und mit derlei Tugenden ist Per Øhrgaard ausgestattet.

Wahrscheinlich ist es die stille, oder besser gesagt, klammheimliche Leidenschaft des Übersetzers, die den Dozenten, dann ordentlichen Professor für deutsche Literatur an der Universität Kopenhagen befähigt hat, mit Conrad Ferdinand Meyer in der Studie »Zur Entwicklung seiner Thematik«, mit der »Sturm und Drang« genannten Literaturperiode, mit dem jungen, mittleren und alten Goethe, aber auch mit gegenwärtiger Literatur so aufs Wort bedacht, so wortgetreu umzugehen.

Zwar ist mir sein vor einem Jahr auf Dänisch geschriebenes Goethe-Buch als Leser nicht zugänglich gewesen, aber seinen Textanteil in der »Geschichte der deutschen Literatur 1740–1789«, der sich auf die »Sturm und Drang« genannte Periode und den jungen Goethe sowie dessen erste Weimarer Jahre konzentriert, habe ich mit Gewinn und angeregt zu Spekulationen gelesen, indem es mir gefiel, die Ausfälle der Stürmer und Dränger gegen den, wie es hieß, »frivolen Wieland« und Lessings Einwände gegen »Die Leiden des jungen Werthers« unseren 68ern und ihren literarischen Vätern mundgerecht zu machen. Per Øhrgaard erhellt in klarer Diktion die oft gegensätzlichen Positionen, ohne zu werten oder gar zu urteilen; es reicht ihm, festzustellen, daß die drei Versionen des »Götz von Berlichingen« die Rolle der aufständischen Bauern und deren Forderungen Mal um Mal reduzieren. Dem Leser bleibt es überlassen, die schwindende Radikalität des jungen Goethe entweder zu beklagen oder diesen Schwund mit dem späteren Gewinn klassischer Größe zu verrechnen.

Ach, wie angenehm, daß wir in unserem Preisträger einen Germanisten haben, der uns nicht mit postmodernen Daumensprüngen von der Lektüre weg in den Sekundärhandel aus zweiter Hand verlockt, wo die Texte der Autoren nur noch Vorwand für abgehobenes Gerede, für den Jargon der Beliebigkeit sind. Er hingegen bleibt dem Autor seiner Wahl und dessen Niederschrift, dem Wortwörtlichen, ich sage, radikal altmodisch treu. Das heißt aber nicht, daß er der hergebrachten und bis in den Schulunterricht schrecklich nachwirkenden Interpretationssucht der Germanisten bedingungslos folgt; wo Per Øhrgaard interpretiert, stellt er das interpretierend Festgestellte sogleich wieder in Frage, weiß er doch, daß mit der Feststellung etwas festgelegt wird, dem, wie jedem Kunstprodukt, unendliche Vieldeutigkeit Elixier ist. Wohl deshalb und mit jung gebliebener Neugierde gelingt es ihm, Goethe, diesem Arbeitgeber vieler Generationen Literaturbesessener und Literaturverwalter, eine weitere, nicht die letzte Sicht seiner Werke abzugewinnen. Ich jedenfalls habe als interpretationsgeschädigter, mithin leidgeprüfter Autor die umfangreiche Goethe-Studie »Die Genesung des Narzissus« zu Wilhelm Meisters Lehrjahren mit wachsendem Vergnügen gelesen.

In dem Kapitel »Voraussetzungen« heißt es bei Per Øhrgaard innerhalb des Absatzes »Der Interpretationsprozeß«: »Jede Interpretation wird das Werk bis zu einem gewissen Grad normalisieren. Das Werk spricht die Sprache des Symbols, der Interpret die des Begriffs. Zu einer Interpretation gehört jedoch nicht nur die Fähigkeit, Teile des Werkes in eine existierende Begriffssprache ›umzuschreiben‹, sondern auch die Fähigkeit, die Begriffe aufzuweichen, zu verflüssigen, sie im Verlaufe der mit dem Werk gemachten Erfahrungen zu korrigieren und sie freier anzuwenden, als das in der reinen Theorie geschieht. Keine Interpretation eines konkreten Werkes kann sich mit der reinen Applikation einer vorgegebenen Literaturtheorie begnügen; tut sie das, dann verdrängt sie das Erlebnismoment aus der Lektüre …«

So viel – und gewiß nicht genug – zum Germanisten Per Øhrgaard. Doch mich drängt es, ihn gleichwertig als jemanden vorzustellen, der sich in jenem ominösen Zwischenbereich, der sich zwischen Literatur und Politik ergibt, immer wieder und oft mit dem Spürsinn eines Detektivs kundig und den Leser seiner Berichte wissender gemacht hat. Zum Beispiel in einem Aufsatz über den Schriftsteller und Orgelbauer Hans Henny Jahnn als Emigranten, das heißt während seines Aufenthaltes in Dänemark auf Bornholm, wo er einen Hof erwarb, den er in den Jahren von 1934 bis 1950 zeitweilig auf naturnahe Weise, heute sagen wir, ökologisch bewirtschaftet hat. Doch schon das Wort »Emigrant« will, wie uns Per Øhrgaard zeigt, auf diesen schwierigen Autor und dessen Widersprüche nicht zutreffen, zumal Jahnn sich in Briefen und den dänischen Behörden gegenüber oft abfällig über die deutschen Emigranten geäußert hat und weder mit Juden noch mit Kommunisten etwas zu tun haben wollte. Er, dem die deutsche Staatsbürgerschaft nie aberkannt worden ist, hat also auch nie die dänische beantragt. Und so verhaßt ihm das Dritte Reich und dessen Machthaber waren, so eifrig hat er bis in die Kriegsjahre hinein versucht, in Deutschland seine Manuskripte zu veröffentlichen, allerdings vergeblich.

Per Øhrgaard geht in seinem Bericht den Widersprüchen und oft irrational anmutenden Entschlüssen dieses sich dezidiert »deutsch« nennenden Autors behutsam nach, ohne zu urteilen, vielmehr seinem sorgsam recherchierten Material vertrauend, das in seiner Fülle eine verquere und immer wieder dem Zeitgeist gegensätzliche Existenz zu erkennen gibt: die Existenz des absoluten Außenseiters. Gleichermaßen erhellend sind Per Øhrgaards Anmerkungen zu einer Reise, die die dänische Schriftstellerin Tania Blixen während der zweiten Hälfte der dreißiger Jahre als Journalistin nach Berlin führte. Dort zeigte sie sich – bei aller Distanz – fasziniert von den Anstrengungen der neuen Machthaber, die mit gigantischen Bauten und organisatorischem Geschick bei Massenveranstaltungen den teils kritischen, teils verunsicherten Nachbarn Deutschlands zu imponieren versuchten. Auch in diesem Bericht läßt Per Øhrgaard die Fakten für sich sprechen und versucht nicht im Nachhinein klüger, vorausschauender oder gar mutiger als Tania Blixen zu sein.

Ganz anders erleben wir unseren Preisträger in seinem nach der deutschen Vereinigung geschriebenen Vortrag »Zwei deutsche Literaturen – gerade jetzt?«. Das Fragezeichen in der Überschrift gibt den Ton an. Bei der Beurteilung dieses Vortrags bin ich Partei, denn genau in meinem Sinn stützt er die von mir gegen eng geschnürte Vorurteile verfochtene These von einer, trotz der staatlichen Teilung untrennbar fortwuchernden deutschen Literatur. Denn weder Mauer noch Stacheldraht haben das innerdeutsche Konzert der Gattungen, mitsamt ihren Dissonanzen, abschalten können.

Per Øhrgaard gibt in diesem Vortrag die ihm sonst übliche dänische Zurückhaltung auf und mischt sich in jenen unsäglichen Streit, der sich im Sommer 1990 an »Was bleibt«, einem eher schmalen Buch von Christa Wolf, entzündet hat. Gleich zu Beginn dieses Streites waren zwei Journalisten – Frank Schirrmacher in der »Frankfurter Allgemeinen Zeitung«, Ulrich Greiner in »Die Zeit« – bemüht, nicht nur Christa Wolf abzustrafen, vielmehr rechneten sie mit nahezu allen DDR-Autoren ab, die nicht in den Westen gegangen waren oder als erklärte Dissidenten Stellung gegen die Diktatur bezogen hatten. So begann im Bereich der Literatur der Prozeß der »deutschen Einheit«. Die

Sieger der Geschichte traten als Richter auf. Daß nebenbei auch noch jener Teil der deutschen Literatur, der sich im Westen an gesellschaftlichen Zuständen und politischen Verkrustungen gerieben hatte, dem Verdikt der beiden Journalisten unterworfen wurde, geschah in einem Abwasch; es sollte unter dem Dach der Einheit nunmehr eine dem schmutzigen politischen Alltag enthobene Ästhetik gelten, ganz gewiß nicht jene in der Regel linkslastige »Gesinnungsästhetik«, was immer auch dieser Schlagetotbegriff zu bedeuten hatte.

Zum Schluß seines bewußt als Einmischung und nur wenige Monate nach dem Auftritt der Scharfrichter gehaltenen Vortrages heißt es bei Per Øhrgaard, was Christa Wolf betrifft: »Die Autorin sollte sich über die Behandlung, die sie jetzt erfährt, nicht wundern, hat sie doch die Erzählung ›Kassandra‹ geschrieben. Die Seherin Kassandra wird von ihren eigenen Leuten drangsaliert und ausgestoßen. Ermordet aber wird sie von den anderen, den Siegern.«

Doch mit diesem Beispiel für die Ausflüge unseres gepriesenen Germanisten in kontrovers geführte Debatten ist meine Laudatio, die unter dem Titel »Lob der Vielseitigkeit« steht, nicht zum Schlußpunkt gekommen. Es fehlt noch eine Strophe. In ihr sind Per Øhrgaards gesellschaftliche Tätigkeiten gleichermaßen bezeichnend für ihn. Was war und ist er nicht alles. Präsident, Vizepräsident und Vorstandsmitglied des dänischen P.E.N.-Zentrums. Man höre und staune: Mitglied des Verwaltungsrates des Dänischen Außenpolitischen Instituts. Und seit 1993 schätze ich ihn als Kenner der Marktlage auf dem internationalen Biermarkt. Als Mitglied des Direktoriums der Carlsberg-Stiftung und des Aufsichtsrates der Carlsberg A/S ist er zwar in erster Linie mit den kulturellen Stiftungsaufgaben dieses bekannten Bierproduzenten beschäftigt, doch höre ich ihm gelegentlich gleichwohl die Sorge ab, ob demnächst der Fusionismus, als mittlerweile weltweit verbreitete Seuche, auch seinem Konzern schaden könne. So fragt er sich und mich besorgt, ob der, zum Beispiel, in Deutschland nachlassende Bierkonsum globale Folgen und somit auch Carlsbergs Produktion und mit ihr langfristig die Stiftungsmittel reduzieren könne. Man nenne mir, bitte, einen einzigen Germanisten, Übersetzer, Publizisten und literarischen Schöngeist, der so profund über das Bier an sich und im besonderen Bescheid weiß und Auskunft zu geben versteht. Dabei will mir vorkommen, daß er, der heitere, charmante, weltklug stets auf ironischen Gleisen Reisende, nie gelacht hat, wenn von Carlsbergs Getränkemarkt und dessen Zukunft die Rede war; dafür um so herzlicher, wenn er mit Anneli uns Sommer für Sommer auf Møn in unserem Vogterhus besucht hat oder wir die Gäste unserer Freunde auf Glenø waren. Ein liebenswürdiges Paar, dem die Literatur Elixier ist.

So bleibt mir nur übrig, der Alfred Toepfer Stiftung, die den Henrik-Steffens-Preis vergibt, zu gratulieren, weil sie mit Per Øhrgaard einen so belebend vielseitigen Preisträger gefunden hat, einen dänischen Weltbürger, dem der Blick über die Grenzen Sehgewohnheit ist. Dem Freund aber komme ich mit der Bitte, beim nächsten Übersetzertreffen – falls ich mal wieder einem Kind meiner Laune Auslauf gegeben habe – den Autor und seine Übersetzer mit einer Tischrede zu erfreuen; denn das kann Per Øhrgaard auch: kluge, listige bis hinterlistige Tischreden halten.

Rede zur Verleihung des Alfred-Döblin-Preises 2001

Meine Damen und Herren,

wieder einmal ist es soweit: Der Alfred-Döblin-Preis wird vergeben. Dem Preisträger, Josef Winkler, und Heike Geißler, die den Förderpreis erhält, meinen Glückwunsch. Um eine Begrüßungsadresse gebeten, erlaube ich mir, mich zurückzuerinnern: Lange ist's her, 1967 habe ich hier in den Räumen der Akademie der Künste eine Rede zum zehnten Todestag Alfred Döblins gehalten. Sie stand unter dem Titel »Über meinen Lehrer Döblin«. Denn in der Tat – ohne die frühen Anstöße durch seine Bücher ist meine literarische Arbeit nicht vorstellbar, und wie mir, so ist es nicht wenigen Autoren der Nachkriegszeit gegangen. Wolfgang Koeppen, Arno Schmidt oder, meiner Generation angehörend, Peter Rühmkorf – viele Schriftsteller haben sich zu Alfred Döblins Werk bekannt. In meiner damaligen Rede ging es im zentralen Teil um den Roman »Wallenstein«, anfangs jedoch versuchte ich, den mir vorbildlichen Autor vorzustellen. Ich zitiere einige Abschnitte:

»Wenn wir heute von Alfred Döblin sprechen – sobald wir überhaupt von Döblin sprechen –, wird zumeist vom ›Alexanderplatz‹ gesprochen. Diese Versimplung eines Schriftstellers, den ich neben wie gegen Thomas Mann, neben wie gegen Bertolt Brecht stellen möchte, diese ausschließliche Kenntnisnahme des einen einzigen Werkes hat Gründe. Die Arbeit eines Thomas Mann, mehr noch die Arbeit des Bertolt Brecht, fügte sich bewußt in den von den Autoren entworfenen und im Detail vollendeten Plan der Klassizität. Überschaubar und nicht ohne Hinweise auf die durch sie verlängerte Klassik fügten die genannten Schriftsteller Quader um Quader auf festumrissener Basis; und selbst wenn Brecht mit einem Stück wie ›Die Maßnahme‹ das Konzept umzuwerfen versuchte, gab er rasch genug auf, um späteren Interpreten die Einebnung dieser Ausbruchsphase zu erleichtern.

Die Sekundärliteratur über den einen wie über den anderen Autor sprengt Bücherregale. Bald wird uns Brecht, ähnlich wie

Kafka, weginterpretiert sein. Solche Entführung in olympische Gefilde blieb Alfred Döblin erspart. Dieser antiklassische Schriftsteller hat nie eine Gemeinde gehabt, auch nicht eine Gemeinde der Feinde; die von Walter Muschg besorgte ausgewählte Ausgabe der Werke beim Walter-Verlag liegt wie Blei.

Generationen wuchsen ›platterdings‹ mit Thomas Mann auf; das Wörtchen kafkaesk geht uns, sobald wir mit Behörden Schwierigkeiten haben, leicht vom Munde; unsere Brechtomanen sind an ihren Partizipialkonstruktionen zu erkennen; nur Alfred Döblin bewegt keine Kongresse, lockt selten den Fleiß unserer Germanisten, verführt wenig Leser. Selbst der berühmte ›Alexanderplatz‹ hat im heutigen Berlin keine Wiederkehr feiern können: Franz Biberkopf, sooft wir ihm in beliebigen Eckkneipen begegnen mögen, ist in Berlin-O geblieben, so verlockend dem gelegentlichen Verkäufer völkischer Zeitungen von damals heute der Vertrieb der ›Morgenpost‹ sein könnte.«

Und zum Schluß meines Vortrages versuchte ich noch einmal, mein vehementes Votum für diesen außerordentlichen Autor zu begründen:

»Indem ich mich auf den einzigen futuristischen Produktionsweg innerhalb des Döblinschen vielsträngigen und bis zum Schluß produktiven Arbeitssystems beschränkte, indem ich unsere Aufmerksamkeit auf den ›Wallenstein‹-Roman als Zeugnis futuristischer Romantechnik zu lenken versuchte, also den politischen, essayistischen, katholischen Döblin aussparte, indem ich aus dem Komplex ›Wallenstein‹ nur die Analyse des Feldherrn als Großbankier hervorhob, kann diese Reverenz, zehn Jahre nach dem Tod meines Lehrers, allenfalls dazu beitragen, Sie neugierig zu machen, Sie zu Döblin zu verführen, damit er gelesen werden möge. Er wird Sie beunruhigen; er wird Ihre Träume beschweren; Sie werden zu schlucken haben; er wird Ihnen nicht schmecken; unverdaulich ist er, auch unbekömmlich. Den Leser wird er ändern. Wer sich selbst genügt, sei vor Döblin gewarnt.«

Über das Brückenschlagen

Rede anläßlich des Viadrina-Preises der Europa-Universität in Frankfurt an der Oder

Von Dank ja, aber von Verdienst kann hier nicht die Rede sein. Mir wurde von einer Mutter kaschubischer Herkunft und einem deutschstämmigen Vater etwas in die Wiege gelegt, das mich als stets offener Zwiespalt bis ins zunehmend hohe Alter wachgehalten hat. Und da meine so reichlich mit Zutat belastete Wiege in einem Vorort der Stadt Danzig, genauer gesagt, im Freistaat Danzig stand, also in einem Territorium, das weder zur Republik Polen noch zum Deutschen Reich gehörte und deshalb ein begehrenswerter Zankapfel war, wuchs ich auf doppelt genähte Weise in einem Spannungsfeld auf. Zwar hatte sich die Bevölkerung der Stadt und des Umlandes nach dem Ersten Weltkrieg mit Mehrheit für die Zugehörigkeit zum Deutschen Reich ausgesprochen, aber der Versailler Vertrag wollte es anders: Nachdem Danzig schon zu Napoleons Zeit wenige Jahre lang ein Freistaat gewesen war, wurde dieser Illusion im Jahr 1920 grenzziehend abermals Kontur gegeben.

Danzig bot für solche als Kopfgeburt in die Welt gesetzte Experimente Anlaß. Im späten Mittelalter hatte sich die reiche Handelsstadt bereits von den Bevormundungen des Deutschen Ritterordens befreit, hatte dessen Burg geschleift und war danach gut dreihundert Jahre lang der polnischen Krone auf recht selbständige Weise untertänig – als der Hanse zugehörig blieb man weltläufig und als Geldgeber der polnischen Könige mit Privilegien gesegnet. Aber mit den Teilungen Polens, in deren Folge Danzig und Umland dem Königreich Preußen zugeschlagen wurden, begann der Niedergang der so prächtigen und gelegentlich selbstherrlichen Stadt.

Vorbei war es mit hanseatischem Großtun, bürgerlicher Selbstverwaltung und republikanischen Träumen. Fortan herrschte Ordnung nach preußischem Maß. Weshalb – um ein Beispiel für den Wandel zu geben – der Kaufmann Schopenhauer, dessen philosophierender Sohn Arthur später berühmt werden sollte, mit seiner Familie die Stadt verließ und sich als erklärter Republikaner in Hamburg ansiedelte, fern der preußischen Herrschaft. Die hielt in Danzig an, bis die Stadt mit der Wiedergeburt Polens als Staat allerlei Begehrlichkeiten ausgesetzt wurde.

Soviel vorerst zum historischen Hintergrund des Standortes meiner Wiege. Dort aufzuwachsen war für den späteren Schriftsteller von Vorteil. Meines unziemlichen Benehmens wegen wiederholt von einer auf die nächste Oberschule verwiesen, lernte ich die Stadt und ihre Vororte, sämtliche Gassen und noch den letzten Winkel kennen. Und weil der Kontakt zu den kaschubischen Verwandten, die außerhalb des Freistaates, mithin in Polen, auf wenig Morgen Kartoffeläckern der Landwirtschaft nachgingen, bis in die den Krieg ankündigenden Krisenjahre bestehenblieb, kamen mir auch die Kaschuben, ein altslawisches Restvolk, näher. Von den Deutschen verachtet, vom zentral regierten polnischen Staat als Minderheit nicht ausreichend anerkannt, lebten sie wie zwischen Baum und Borke. Und weil sie dies schon lange taten, waren sie, seßhaft seit Jahrhunderten, im Überleben geübt. Immer wieder ging die Geschichte über sie hinweg. Wenn es schlimm kam, duckten sie sich. Wahrscheinlich leitet sich mein bis heute anhaltendes Eintreten für Minderheiten – etwa für Roma und Sinti – von diesen Frühprägungen ab. Da ich nun mal aus einer deutsch-kaschubischen Mischehe stamme, weiß ich, wie lachhaft das »reine Deutschtum« und das »reine Polentum« sind; mehr noch, mir ist vertraut, wie nahrhaft, besonders, was kulturelle Feldfrüchte betrifft, Mischböden sind.

Sie haben also in mir jemanden, der nicht lupenrein ist. Sollten ihm, auf die Folter gespannt, Bekenntnisse zu Deutschland oder Polen abgefordert werden, käme ihm allenfalls eine Bejahung kaschubischer Lebensart über die Lippen. Ähnlich, das heißt, listig ausweichend, reagierte ich vor mehr als zwanzig Jahren, als in Gdańsk eine polnisch-deutsche Gesprächsrunde mit intellektuellem Anspruch über eine, wie man glaubte, welterhellende Frage disputierte: Es ging darum, ob Kopernikus Deutscher oder Pole gewesen sei. Man geriet heftig in Streit. Nation stand gegen Nation. Und jedermann glaubte, auf höchstem Niveau recht zu haben. Ich hörte mir diese national bemäntelten Dummheiten lange Zeit an und übte, wie gelernt, Geduld. Bis mir dann doch der Faden riß und es mir dank meines schriftstellerischen Vermögens gelang, einen weit verzweigten Stammbaum zu entwerfen und bis ins verästelte Detail nachzuweisen, daß Nikolaus Kopernikus kaschubischer Herkunft sei. Daraufhin hatte ich die soeben noch zerstrittenen Nationalisten deutscher wie polnischer Machart gegen mich aufgebracht. Sie eiferten. Und schon ahne ich, daß es mir auch im Verlauf dieser Rede gelingen könnte, den absoluten Vertretern des Deutsch- und Polentums zum vaterlandslosen Ärgernis zu werden.

Doch hier, in Frankfurt an der Oder, besteht diese Gefahr nicht; schließlich spreche ich an der Viadrina vor Studierenden aus zwei Ländern, die sich mit Bedacht eine Universität ausgeguckt haben, die den Brückenschlag übt. Ich sehe Studentinnen und Studenten, denen sich grenzüberschreitend die Möglichkeit bietet, einander zu begegnen oder sich aus dem Wege zu gehen. Erwarten Sie, bitte, von mir keinen Aufruf, das eine zu tun, das andere zu lassen. Sonntagsreden, die das Verständnis füreinander, die Versöhnung miteinander, das Dauergespräch übereinander fordern, gibt es im Übermaß. Sie, meine jungen Damen und Herren, sind unabhängig genug, sich eigenmächtig und geradewegs auf Umwegen zu verlaufen; selbst der Irrweg ist noch Ihr gutes Recht. Doch da es nun einmal unausweichlich um das Verhältnis von zwei Völkern, um Polen und Deutsche geht, ist mir als Präambel meiner Rede der Satz vorgeschrieben: Am Anfang stand das Verbrechen.

Der militärisch sachkundig vorbereitete, infam begründete und auf einen Schlag beginnende Überfall der Wehrmacht des Großdeutschen Reiches auf die Republik Polen hat uns mit dem 1. September 1939 ein nicht zu verrückendes Datum gesetzt. Danach herrschten auf deutschen Befehl Willkür, Entrechtung, Vertreibung, Enteignung, Zerstörung, Mord, Ausrottung. Wenn ich jetzt von sechs Millionen ermordeten Polen und polnischen Juden spreche, weiß ich, daß ich nur grob geschätzte, abstrakt anmutende, den einzelnen Tod verdeckende Zahlen nenne. Das Ausmaß dieses Verbrechens, das über Polen hinaus seine Schreckensortschaften hatte und mit wechselnden Zahlenkolonnen bilanziert wurde, ist bis heute nicht zu begreifen; es entzieht sich wiederholt wohlmeinenden Bemühungen, die Sühne, Wiedergutmachung oder gar Entschädigung heißen. Der im Dritten Reich aufgewachsenen Generation oder den nach dem Krieg geborenen Kindern, die ohne Schuld sind, haben ihre Väter und Großväter – die Mütter und Großmütter nicht vergessen – eine bedrückende Erblast hinterlassen, die, im Gegensatz zum erwarteten Wohlstandserbe, kaum zu mindern sein wird. Sie ist Teil der deutschen Geschichte, gehört auf immer zu unserem nationalen Selbstverständnis; wer meint, diese Last abwerfen zu können, gibt sich zugleich als Deutscher auf.

Als mit dem nahenden Kriegsende den Verbrechen der Okkupationsmacht militärisch ein Ende bereitet wurde, begann mit der Flucht und schließlich durch die Vertreibung von grob geschätzt zehn Millionen Deutschen neues Unrecht Gesetz zu werden. Nicht selten wurde Verbrechen mit Verbrechen vergolten. Darüber ist lange geschwiegen worden, doch jetzt ist es an der Zeit, diese Geschehnisse der ersten Nachkriegsjahre als Teil und Erblast der polnischen Geschichte zu begreifen: Zwar ist die Vertreibung der Deutschen erklärbar, doch haften ihr zugleich alle Erkennungszeichen einer »ethnischen Säuberung« an.

Sinnlos und weiteres Unrecht herbeiredend wäre es, jetzt die vielen Millionen Ermordeten einerseits mit den andererseits Hunderttausenden zu verrechnen, die während Flucht und Vertreibung ihr Leben verloren. Gewiß ist einzig, daß sich die beiden Völker, Deutsche und Polen, immer noch verletzt oder mißtrauisch gegenüberstehen: die Alten aus leidvoller Erfahrung, die Jungen mit überliefertem Urteil und Vorurteil gerüstet. Selbst wenn die uns handlichen Klischeevorstellungen, der sprichwörtliche »deutsche Ordnungssinn«, die sprichwörtliche »polnische Wirtschaft«, Festschreibungen sind, die inzwischen mittels Anführungsstrichen ironisiert werden und sich hier wie dort, sei es durch die Unpünktlichkeit der Deutschen Bahn, sei es durch die günstige Tendenz polnischer Handelsbilanz, widerlegen lassen, wird der Zustand des sich nahen Fremdseins noch lange anhalten. Vernarbte Wunden jucken.

Soweit mein Rückblick auf die Verbrechen der jüngsten Gegenwart, die sich vergeblich bemüht, Vergangenheit zu sein oder zu werden. Doch ist das Verhältnis von Polen und Deutschen schon immer so gegensätzlich gewesen? Ich habe da meine Zweifel. Unsere gemeinsame Geschichte mißt länger als die zwölf Jahre des nachwirkenden Schreckens.

Vielleicht hilft uns ein noch tieferer Griff in die Kostümkisten der Historie ein wenig weiter. Absurd ging es zu! Zum Beispiel wurde der Deutsche Ritterorden vom polnischen König ins Land gerufen, worauf diese aufs Christianisieren spezialisierte Einsatztruppe zu handeln begann und im deutschpolnischen Interesse die heidnischen Pruzzen, mithin die Ureinwohner der später Ostpreußen genannten Region, systematisch ausrottete. Sobald aber die herbeigerufene Hilfstruppe zu mächtig wurde, arrogant auftrat und mit Baugeschick und Organisationstalent Burg nach Burg ins Land setzte und wirtschaftliche Abhängigkeiten schuf, suchten die polnischen Könige Verbündete. Sie fanden diese in pommerellischen Städten, voran in Danzig, dessen überwiegend deutschstämmige Bürger gleichfalls das Zuchtsystem des Ritterordens als bedrückend und ihren Handel hemmend empfanden. Als schließlich die größte Ordensburg, die Marienburg, belagert wurde und fiel, sind es polnische Krieger und die Bürgersoldaten der Hansestadt Danzig gewesen, die aus verschiedenem und gleichem Interesse die Vorherrschaft des Deutschen Ritterordens beendet haben.

Indem ich die Hanse erwähne, versuche ich, deutlich zu machen, in welchem Ausmaß und über wie lange Zeit hinweg Deutsche und Polen von dieser übernationalen Handelsorganisation profitiert haben. Wenn es Streit gab – und den gab es, wie heute in Brüssel, oft genug –, ging es nicht um Nationalität, um das Deutsch- oder Polentum, sondern feilschend um Zölle, das Münzrecht, Stapelplätze und ähnlich handfeste Dinge. Eine farbige, gegensätzliche, gelegentlich sogar harmonische und vor allem nie von wechselseitigem Haß bestimmte Historie hat während Jahrhunderten, genau gesagt, bis zur Aufteilung Polens und zum Entstehen der Nationalstaaten, das Zusammenleben von Deutschen und Polen möglich gemacht.

Ich behaupte: Nur mit Hilfe solch weiträumiger Erinnerungen lassen sich die gegenwärtigen Befindlichkeiten, sobald sie verhärtet erscheinen, ein wenig auflockern. Wir erkennen, daß wir wechselseitig reicher ausgestattet sind, als wir bisher wahrhaben wollten. Nicht nur was viele unserer deutlich sprechenden Familiennamen betrifft, sind wir mehr oder weniger nahe Verwandte. Zwei seltsam begabte Mischvölker, denen von Zeit zu Zeit Dummheit eingibt, vom reinen Deutschtum, vom reinen Polentum daherzureden; wobei ich nicht bezweifeln möchte, daß es den reinen Polen, den reinen Deutschen mit entsprechend dummstolzen Ansprüchen gibt. Doch ziehe ich es vor, weder dem einen noch dem anderen zu begegnen: Als Halbkaschube hat man seine Erfahrungen gemacht.

So haben wir, so schüren wir unsere Ängste. Einige herkömmliche oder neuartige Befürchtungen sind zu begreifen. Wie schützt man sich, um ein Beispiel zu nennen, vor dem Aufkauf polnischer Äcker, Grundstücke, wildreicher Waldgebiete? Durch Gesetze. Ich habe als Menetekel eine Erzählung unter dem Titel »Unkenrufe« geschrieben: Dort geht es um sich friedfertig gebenden Rückgewinn in Gestalt einer deutschpolnischen Friedhofsgesellschaft. Aber ist der Erwerb von Grund und Boden der einzige zu befürchtende Ausdruck deutscher Begehrlichkeit?

Mit blankem Erstaunen habe ich zur Kenntnis nehmen müssen, daß es einer süddeutschen Zeitung mit Namen »Passauer Neue Presse« gelungen ist, wie in Tschechien zuhauf, so auch in Polen eine wachsende Zahl von Zeitungen aufzukaufen. Ein einzelnes Journal mag harmlos sein, doch viele Zeitungen in einer Hand wachsen sich zu einem Machtinstrument aus. Deshalb nutze ich hier die Gelegenheit, Sie als wissensdurstige Studenten und Studentinnen deutscher und polnischer Zunge über die jüngere Vorgeschichte des Konzerns »Passauer Neue Presse« aufzuklären.

Er gehört der Familie Kapfinger. Der Aufkäufer der tschechischen und polnischen Zeitungen ist der Sohn. Der Vater jedoch wurde vor vierzig Jahren nicht müde, mit seinem Presseorgan den damaligen Regierenden Bürgermeister von Berlin und späteren Bundeskanzler, Willy Brandt, andauernd zu diffamieren. Diese gezielte Verleumdungsstrategie wurde vom Haus Kapfinger bis in die siebziger Jahre fortgesetzt und sollte einen Mann treffen, der eine neue Ostpolitik forderte und im Dezember 1970 den Mut hatte, in Warschau endlich einen deutschpolnischen Vertrag zu unterzeichnen, der die Unverletzbarkeit der polnischen Westgrenze anerkannte.

Heute nun erleben wir, daß das Geschlecht der Kapfinger in Polen Fuß gefaßt hat. Zu dieser absurden Landnahme fällt mir nur und abermals jener polnische König ein, der, zum blutigen Wohle der heidnischen Pruzzen, den Deutschen Ritterorden ins Land rief. Wie heißt es doch? Die Tragödien der Geschichte wiederholen sich gelegentlich als Farce.

Nein, so werden sich Polen und Deutschland nicht näherkommen. Auch sollte der demnächst erweiterten Europäischen Gemeinschaft nicht als Aufgabe zugemutet werden, was den beiden benachbarten Ländern bisher nur unzureichend gelungen ist. Das erwünschte gutnachbarliche Verhältnis wird sich nicht allein durch wohlmeinende Reden beschwören lassen. Es verlangt Tatkraft und Brückenschläge, die nicht nur aus rhetorischem Stützwerk bestehen. Zum Beispiel wird sich das häßliche Wort »Beutekunst« nur dann entkräften lassen, wenn Deutsche und Polen bereit sind, von nationalen Besitzansprüchen abzusehen und gemeinsam – um konkret zu werden – ein Museum zu bauen, in dem die umstrittenen Bilder, Skulpturen, Manuskripte, Partituren und Bibliotheken ihren bleibenden Ort finden. Ein solches Museum sollte in Grenznähe, womöglich beiderseits der Oder und – warum nicht – den Fluß überbrückend Gestalt gewinnen.

Die Europa-Universität Viadrina, ihre Lehrer und Studenten könnten, wenn nicht die Baumeister, dann doch die unermüdlichen Handlanger eines solchen brückenschlagenden Objektes sein. Ein kühner Entwurf ist gefragt. Ich sehe das Bauwerk vor mir: den großen Bogen über den Fluß. So stellt sich ein Stück zukünftiges Europa dar. Denn nicht den Nationen allein gehört die Kunst. Kunstwerke sind, so ortsgebunden sie sein mögen, von ihrer Wirkung her grenzüberschreitend. Sie dürfen nicht länger Kriegsbeute sein.

Ich weiß, nun klopft die beliebte Frage nach dem Geld an. Wer greift in die Tasche? Könnten nicht die Unesco-Organisation »Weltkulturerbe«, aus Brüssel ein Euro-Segen und – nicht zuletzt – die jüngst gegründete Bundeskulturstiftung behilflich werden? Auch sollte – um meinen Vorschlag zu würzen – das aufkaufwütige Haus Kapfinger ein Bußgeld zahlen, mithin Tribut zollen.

Genug der Reden, doch vielleicht ist ein Aufruf fällig: Laßt uns für die den Menschen aus Willkür enteignete Kunst ein gemeinsames Haus bauen, in dem Polen und Deutsche einladende Gastgeber und die restlichen Völker gern gesehene Gäste sind. Ich, der Halbkaschube, käme mit Freuden zur Einweihung des den Grenzfluß überwölbenden Brückenschlags.

Meine kurz gefaßte Dankesrede für die Verleihung des Viadrina-Preises 2001 begann mit einem Rückblick auf meine Kindheit und Jugendzeit in Danzig. Wie ich dort zu Hause gewesen bin, so gefällt es mir gelegentlich, besuchsweise in Gdańsk zu Hause zu sein. Sie wissen, ich lasse von diesem Thema nicht; oder ist es das Thema, das nicht von mir lassen will?

Parzivâl, der andere Simplex

Laudatio auf Adolf Muschg

»Was habe ich mit Parzivâl zu tun?« fragt Frau Orgelûse auf Seite 830 der weiterhin anschwellenden Legende, die Adolf Muschg unter dem Titel »Der Rote Ritter« im Jahr dreiundneunzig des verflossenen Jahrhunderts erscheinen ließ. Und dann will Frau Orgelûse auch noch wissen, was Parzivâl mit ihr zu tun habe. Eine Frage, die nicht nur der gestrengen Dame über die Lippen gekommen ist; denn als der gut tausend Seiten dicke Schmöker vorlag, mögen sich gleichfalls etliche Leser, die das kurzatmige Auf und Ab unserer zeitgenössischen Heldendarsteller auf der Mattscheibe verfolgen, gefragt haben: »Was geht mich dieser Parzivâl an?« Sogar die treuen Mitglieder der Fangemeinde Muschgs dürften erstaunt gewesen sein, als ihnen ihr Autor so gewichtig das Mittelalter als wochenlangen Therapieaufenthalt verschrieb. Bislang war er ihnen mit näher gelegenem Lesestoff zur Hand gewesen. Allenfalls hatte er sich Rückgriffe in die Geschichte der Schweiz und einen anhaltend genauen Blick auf den Kollegen Gottfried Keller und dessen eidgenössische Mühsal erlaubt. Aber in eine Zeit, in der als Touristen nur fahrende Ritter auf der Suche nach irgendwas unterwegs waren, hatte er seine Leser noch nie entführt.

Etwas Sperriges lag vor. Selbst jetzt, zu Beginn einer Laudatio auf den Autor der tausend und mehr Seiten, ist angesichts taumeliger Börsenkurse, nachwirkender Terroranschläge und todsicherer Streubombenabwürfe zu fragen: Was geht uns heute noch Parzivâl an? Unser Gral heißt Wall Street. Unsere Artusrunde tafelt zu Frankfurt am Main und spekuliert über Wohl und Wehe des uns demnächst beglückenden Euro. Typen wie Herzeloyde und Sigûne sind allenfalls in Krankenhausserien und sonstigen Seifenopern geschäftig. Herr Gâwân ist Chefredakteur des »Playboy«. Und Parzivâl, dieses Muttersöhnchen, das sich anfangs bei den Zeugen Jehovas versuchte, dann einige Zeit lang bei »Greenpeace« aktiv war, ist kürzlich abgetaucht, wird seitdem auf globaler Spielwiese gesucht, bleibt aber, außer im Internet, wo er hinter der Website »www.tropfen-im-schnee.de« vermutet wird, nicht zu fassen. Nur so, zeitgemäß verpackt und ihren Resttext nuschelnd, wie sich Shakespeares Helden und Schillers Räuber auf unseren subventionierten Theaterbühnen geben, wäre uns die entlegene Legende süffig, das heißt konsumierbar.

Doch Adolf Muschg spielt beim Zeitgeistspiel nicht mit. Es reicht ihm die Fabel und deren Löcher. Er weigert sich, Ritterrüstungen gegen Astronautenlook zu tauschen. Ihm genügt das Vergangene, das er kunstvoll beredt macht. Seine Sprache bedarf keiner Verjüngungskur. Nur ab und zu erlaubt er sich ironische Akzente, etwa, wenn er Schiônatulander, dem armen Jungen, gestattet, zu Fräulein Sigûne Rührmichnichtan »Okeeh« zu sagen, mehr nicht. Und doch ist unser Autor, den wir heute feiern dürfen, imstande, aus seinem Rollenspiel auszusteigen und auf offener Bühne vernehmlich ganz gegenwärtig zu sein. Das tut er von Zeit zu Zeit. Es bedarf der Anstöße.

So hörten und lasen wir ihn im Herbst dieses Jahres, als er eine Rede zu Papier gebracht hatte, die er, seitdem der 11. September die Welt zu verändern schien, neu formuliert hatte. In seinem Text steht zwar: »Das Datum hat die Welt verändert«, doch sogleich fragt er sich und uns: »Oder hat es sie zur Kenntlichkeit entstellt?«

Und weitere Fragen, wie nur er sie stellen kann, entnehme ich jener Rede, die übrigens als Laudatio gedacht war: »Glaubt man im Ernst, daß der fatalen Regie des 11. September dieser Special Effect, ein totaler Kurzschluß unseres Zeichensystems, gelungen wäre, hätte der Stoff, aus dem die Türme waren, nicht geballte Energie dazu hergegeben? Auch ihrem Fundament ist ein frommer Glaube eingeschrieben, der sich zum glasharten Fundamentalismus ausgewachsen hat.«

Ein Befund und Urteil zugleich. Doch verharrt der Redner nicht beim getroffenen Abbild des global und absolut herrschenden Kapitalismus. Ihm ist der geläufige Hinweis auf die sanktionierte Ungerechtigkeit, auf die reiche, die arme Welt, auf Ursache und Wirkung nicht genug. Im eigenen Bereich fahndet er nach Zündstoff: »Auch eine Rede über Gewalt kann gewinnbringend nur von Menschen geführt werden, die bereit sind, die wahren Konflikte nicht erst draußen in der Welt, sondern zuerst bei sich selbst anzuerkennen ...«

Zudem berichtet er im Verlauf seiner Rede von einer Reise nach Teheran, wo man landete, als die ersten Bomben und Marschflugkörper auf Kabul fielen. Und schon ergeben sich neue Bezüge, denn Adolf Muschg wäre nicht derjenige, dem wir seit Jahren zuhören, wenn ihm nicht inmitten zeitgenössischer Krise – und deren Ursachen auf der Spur – Rückhalt aus der Vergangenheit zuwüchse. So nimmt er den persischen Dichter Hafis beim Wort, und zwar bei zwei von Goethe übersetzten Zeilen: »Fühlst Du nicht an meinen Liedern / Daß ich eins und doppelt bin?« Worauf er mit sorgsam gewähltem Zitat sogleich die Politik unserer Tage auf ihre Fähigkeit prüft, dergleichen Widerspruch auszuhalten. Zum Schluß kommt er auf das Theaterstück »Die Perser« des Aischylos zu sprechen, der seinen griechischen Mitbürgern zugemutet hat, »das Unglück ihres großen Feindes Xerxes zu betrachten, als wäre es ein Stück von ihnen«.

So ist er. Er denkt den anderen mit. Es ist ihm, als sei er der andere. Nicht nur in seinen Reden, deren jüngste ich zitierend skizziert habe. Hinter dem frühen Roman »Im Sommer des Hasen«, in dem ein schweizerisches Industrieunternehmen eine Gruppe zukünftiger Werbemanager probeweise auf Japanreise und in die Wirrnis eigener Befindlichkeit schickt, wie im zuletzt erschienenen Roman »Sutters Glück«, der dem Leser keinen gerundeten Schluß gönnt – es sei denn, der dem vorausgesetzten Freitod der Frau quälend verzögerte folgende Freitod des Mannes ließe sich als konsequentes Ende akzeptieren –, verbirgt sich ein Autor, der in all seinen Figuren, selbst in der »Sutters Glück« überlebenden Katze präsent ist.

Jemand, so scheint es, dem das eigene Gegenüber als Fixierpunkt der Welt samt ihren Kantonen genügt. Ihm wurde niemand zur Seite gestellt. Nicht doppelt, wie einst Frisch und Dürrenmatt, trat er auf, vielmehr löste er sich aus deren breit fallenden Schatten, zögernd zuerst, dann Buch nach Buch unverkennbar eigen; und selbst sein Leiden an der Schweiz – dieser besondere Ausdruck liebevoller Zuneigung – teilt sich seinen leicht zu empörenden Eidgenossen anders mit, als wir es von beiden großen Schattenspendern gewohnt waren.

Was Adolf Muschg sagt, trifft zu, ohne zu verletzen. Sein Reden überredet den erklärten Feind, sich mit der zivilen Rolle des bloßen Gegners zu bescheiden. Eher behutsam rückt er die Begriffe gleich zerbrechlichen Gegenständen zurecht und hinterläßt in der Regel kein Scherbengericht. Mir, dem solche Tugenden, wenn überhaupt, dann nur unzureichend gegeben sind, ist er, sobald es von Zeit zu Zeit galt, gemeinsam mit dem politischen Gegner zu streiten, ein verläßlicher Genosse gewesen, zudem als Freund ein Wegweiser: jemand, der mir die Schweiz als Möglichkeit erschlossen hat.

Nun aber gilt es allen Ernstes, möglichst spielerisch zwei Autoren ins Verhältnis zu bringen. Der Anlaß verdankt sich dem Entscheid einer gewiß hintersinnigen Jury: Adolf Muschg wird mit dem Grimmelshausen-Preis geehrt. Zwei Namen, die nicht leichthin auf Reihe gebracht werden können. Doch stellt sich mir die Frage, was hat Hans Jakob Christoffel von Grimmelshausen mit unserem Preisträger zu tun, nicht aus jener schroffen Pose, die zu Beginn meiner Laudatio die gestrenge Frau Orgelûse einnimmt – »Was habe ich mit Parzivâl zu tun?« –, eher baut mir ein Zweizeiler, den der Schultheiß von Renchen seinem Hauptwerk auf den Weg gegeben hat, »Es hat mir so wollen behagen / mit Lachen die Wahrheit zu sagen«, eine Brücke, auf der sich beide begegnen könnten.

Aus feuchtem Moddergrund, dem Humor, steigen gleichermaßen – im »Abenteuerlichen Simplicissimus« des Autors, der sich lange hinter vielerlei Namen verborgen hatte, und in der nacherzählten, hier raffenden, dort Lücken füllenden Legende vom »Roten Ritter« Parzivâl – Luftblasen, die platzend Gelächter freigeben.

Es ist ein unterschwelliges Lachen, das sich in passenden und unpassenden Situationen entlädt. Selbst dem Schmerz und der Klage ist es als Melodie unterlegt. Und dieses grundlegende Lachen hebt beide Bücher aus den Zwängen der jeweils geschilderten Zeit: dort aus der Drangsal des Dreißigjährigen Krieges, hier aus dem unwegsamen Gelände des Mittelalters; man ahnt den fernen Glanz des Stauferreiches und erlebt dennoch die Fabel wie gegenwärtiges Geschehen.

Jeweils geht es realistisch wie im Märchen zu. Beide Autoren haben es mit Sprichwörtern und Redensarten. Beide schicken ihre närrischen Helden zu Einsiedlern in die Schule. Dem einen Autor wird zutreffend und mit Germanistenfleiß nachgesagt, er habe seine Erzählkunst dem spanisch-maurischen, dem »pikaresken« Roman abgefiltert, dem anderen sind Zuordnungen dieser Art bislang erspart geblieben. Ich bin hingegen sicher, daß Grimmelshausen, bei aller spöttischen Abneigung gegenüber der nahbei seßhaften »Aufrichtigen Tannengesellschaft« zu Straßburg, auch bei Moscherosch und dessen »Gesichten Philanders von Sittewald« in die Lehre gegangen ist. Zudem wird er sich in den umliegenden Bibliotheken, sei es in Offenburg, sei es im nahen Kloster Allerheiligen, nicht nur mit Pikaro-Romanen, sondern auch mit Wolfram von Eschenbachs »Parzival« gesättigt haben; wie späterhin Adolf Muschg – gewiß kundig des Mittelhochdeutschen – zum Kostgänger der Sankt Galler Handschrift geworden ist.

Und schon ist unser Trio komplett. Die Kupplerin Literatur hat's möglich gemacht. Über Zeiträume hinweg heckt ein Buch das nächste und führt, während es noch zeugt, ein drittes im Sinn. Nicht zu vergessen, daß Eschenbach bereits aus französisch-provenzalischer Quelle, bei Chrétien de Troyes geschöpft hatte, ohne zum Plagiator zu werden. Man war so frei, selbstbewußt das Überlieferte aufzugreifen. So zeigt denn der Autor der Sankt Galler Handschrift keine Scheu, sich wiederholt namentlich in sein Epos zu flechten, etwa Kritik an der Schminkpraxis der Frauen oder am zeitgenössischen Minnegeträller zu üben: »Ich bin Wolfram von Eschenbach und weiß vom Gesange ...« Ganz anders Grimmelshausen, der das Versteckspiel liebt. Oder gar unser Zeitgenosse Muschg, der beim distanzierten Umgang mit der Legende dem Erzähler eine plurale Kompetenz zuschreibt: »Uns gefällt es«, sagt er, auch: »Wir erlauben uns ...« Zudem läßt er drei ominöse Eier, die Dipekâ, Pekadî, Kadipê heißen und mit unterschiedlicher Wahrnehmungsgabe ausgestattet sind, als Geist der Erzählung walten.

Dieser zuletzt angedeutete Befund könnte Thema einer Magisterarbeit sein, die sich fußnotenreich befleißigt, anhand dreier gewichtiger Bücher den jeweiligen Autoren auf die Schliche zu kommen. Mir aber ist geboten, mich kurz zu fassen. Es gilt, im detailreichen Gesamtbild des preisgekrönten Autors nach dem verrutschten Mittelpunkt zu fahnden. Und da ich die Frage, was hat Muschg mit Grimmelshausen zu tun, noch nicht hinlänglich beantwortet und überdies an dem Tausendseitenwälzer einen Narren gefressen habe, wird weiterhin in dieser und jener Gestalt von Parzivâl zu reden sein: von dessen barocker Ausprägung und von jener, die uns neuerdings süchtig nach weiteren Abenteuern macht. Es wäre ja nicht damit getan, des pilgernden Simplex eher kurzen Aufenthalt in der Schweiz als einziges Bindeglied zu schmieden, wenngleich es reizvoll ist, ihn nun an der Seite seines Weggenossen Herzbruder mit einem Zitat aus der Kriegswüstenei über die Grenze zu begleiten: »Das Land kam mir so fremd vor gegen andern teutschen Ländern, als wann ich in Brasilia oder in China gewesen wäre; da sahe ich die Leute in dem Frieden handlen und wandlen, die Ställe stunden voll Viehe, die Baurn-Höfe liefen voll Hühner, Gäns und Enten, die Straßen wurden sicher von den Reisenden gebrauchet, die Wirtshäuser saßen voll Leute, die sich lustig machten; da war ganz keine Furcht vor dem Feind, keine Sorge vor der Plünderung und keine Angst, sein Gut, Leib noch Leben zu verlieren …«

An dieser Bilderbuchschweiz mag sich, bei trutzig gewahrtem Bankgeheimnis, bis heutzutage nur wenig geändert haben, doch jene Pilgerreise ins Eidgenössische, auf der Simplex bereits in Schaffhausen – »allwo mir die Füßen von den Erbsen sehr weh täten« – die der Frömmigkeit dienenden Hülsenfrüchte heimlich weichkochen läßt und so seinen Herzbruder, der weiter auf harten Erbsen läuft, beschummelt und so nach »Zürch« kommt, später nach Einsiedeln, um dann im Kurort Baden zu überwintern, diese friedvolle Episode ist kaum geeignet, dem Ziehvater zweier Autoren, dem Herrn von Eschenbach, die Reverenz zu erweisen und dann auch noch im Muschgschen Parzivâl den Simplex zu entdecken.

Besonders nahe sind sich die beiden während und in ihrer weltfremden Kindheit. Was dem einen das bäuerliche Herkommen aus dem Spessart und also sein Vater, Knan genannt, ist, ergibt sich dem anderen aus der herrischen Willkür der Mutter Herzeloyde, die den Sohn fern aller ritterlichen Kunststücke, das heißt abseits der Welt und ihrem Getriebe aufwachsen läßt. Kein Wunder, daß beide – kaum hat der eine den »sehr verachten Bauernstand« vielstrophig besungen und ist von einem Trupp Kürassiere ins Kriegsgeschehen entführt worden, und kaum hat die Mutter des anderen den verhätschelten Sohn in Sacktuch eingenäht und schmerzensreich in die arge Welt entlassen – gleich Narren durch die Fremde stolpern.

Ob bei Grimmelshausen oder bei Muschg: Naive Rede und närrische Weltfremdheit zeichnet ihre Helden aus und erlaubt ihnen ihr Anderssein. So darf sich der eine ständig ob der alltäglichen Schrecknisse und Greuel verwundern, dabei alle Gefahr als Abenteuer überstehen, bis er sich gar als Jäger von Soest einen Namen macht; so bestellt der andere allerorts Grüße von seiner Frau Mutter und stürzt sich gleichfalls in Abenteuer, die sozusagen am Wege liegen und ihn, das Unschuldslamm, zum Frauenschänder und Mörder werden lassen, auf daß er sich gleichfalls einen Namen macht: vorerst als Roter Ritter.

So nahe sind sich Grimmelshausens Simplex und Muschgs Parzivâl oder: So genau haben beide Autoren ihren Wolfram von Eschenbach gelesen, ausgebeutet, gegen den Strich gebürstet und jeweils in die ihnen eigentümliche Sprache übersetzt: Denn was uns Grimmelshausen mit kühner Wortakrobatik vorturnt, meidet jedes höfische Getänzel – parodiert es allenfalls –; und was uns Muschg auf über tausend Seiten an Wortfluß bietet, kommt zwar ohne barocke Girlanden aus, nutzt aber gleichfalls die Effekte der Parodie, indem er die paarweise gereimten Viertakter mittelalterlicher Versromane abschnurren läßt. Hier ist er mit erzählerischen Volten der überlieferten Legende voraus, dort, wo die Fabel aus nur wenigen Zeilen spricht oder gar ein Loch läßt, verharrt er in aller Breite.

Um nur ein Beispiel zu nennen: Weitausschweifend bietet er uns mit dem sinnestollen und doch in Askese verbundenen Paar Sigûne und Schiônatulander ein Liebesduett, dessen Wortwitz den Lesenden dergestalt mit Charme und beredter Leidensfähigkeit verzaubert, daß er den Auftritt des so ausweglos dem Unglück verschriebenen Paares immer dann vermißt, wenn wieder einmal die Ritter, laut Kampfvorschrift und bei Handlungsbedarf, auf ihr Eisenblech einhauen müssen.

Unumwunden sei gesagt: Als ich mich in Adolf Muschgs erstaunliches Kunststück »Der Rote Ritter – Eine Geschichte von Parzivâl« lesend vergrub und mir Bêne, die Tochter des einstigen Turnierritters, dann aber geschäftstüchtigen Fährmanns Plippalinôt, mit all ihrer Anmut ans Herz ging, ahnte ich, daß meine Laudatio womöglich unter Schieflage leiden werde, wenn ich mich so übergewichtig auf nur dieses eine Buch bezöge; denn selbst wenn ich jetzt auf »Sutters Glück« käme, müßte ich sogleich auf die in diesem katastrophensüchtigen Roman dominierende Katze kommen und sie im Vergleich zu jenem Kater anschmiegsam sein lassen, der Gurzgri heißt und zu Beginn der Parzivâl-Story durch Sigûnes Kemenate streicht.

Also bleibe ich weiterhin auf Gralssuche. Es geht um diesen nur kopfgroßen Stein, der, wie Parzivâl vermutet, dem stürzenden Erzengel Luzifer aus der Krone gefallen sein soll, weshalb er Leid bringt und Ursache ist für die Suche nach Leid. Aber aus Sicht des überaus jovialen Königs Artus und seiner ambulanten, schnell gelangweilten, sich deshalb angestrengt amüsierenden und stets der neuesten Mode folgenden Tafelrunde ist das im Gemäuer der Gralsburg gepflegte Dauerleid »unflätiger« Natur und gewiß »kein Zeichen von Lebensart«. Bei Muschg liest sich das so: »Freilich besaß man von dieser (Lebensart) selbst ausreichend, um sich über einen Mangel nicht allzulange lustig zu machen. Er (der Gral) war ehrwürdig, aber barbarisch; wer nur noch leiden konnte an der Welt, der mochte es eben tun. Man war ja freisinnig und tolerant, aber auch heilfroh, daß Übertreibungen dort bleiben, wo sie hingehörten: hinter allen Wäldern. Eine Zeitlang war es wohl Mode gewesen, nach dem Gral zu suchen. Als ruchbar wurde, daß sich der Gral nicht suchen, nur finden lasse, hatte dieser den Anreiz der Abenteuer sogar noch erhöht. Aber als der Gral der Suche offenbar spottete, entschied man sich, die Suche danach einem Mangel an bon sens zuzuschreiben. Man nannte sie pubertär, der Gral wurde zum peinlichen Gegenstand reiferer Konversation. Man entdeckte das Maß in allen Dingen. Davon wußte der Gral offenbar nichts und mußte sich gefallen lassen, überholt zu sein, ein Traumziel für Dümmlinge.«

Mit diesem Zitat wird, außer dem, was über die arrogante Abgehobenheit der Artusrunde zu erfahren ist, deutlich, wie betont Adolf Muschg seinen Parzivâl jenseits des damals herrschenden Zeitgeistes auf Suche schickt. Er ist der Narr, der aus Sicht der Tafelrunde – und bei allem Respekt vor den Glanztaten des Roten Ritters – zum Dümmling wird, der nicht aufgibt, der sogar die düstere Gralsburg nach getaner Arbeit halbwegs bewohnbar, schließlich überflüssig macht, nachdem ihm im Verlauf eines ironisch funkelnden Gesprächs mit seinem Erzfeind Lähelîn, dem Meister der geschaffenen Tatsachen und Förderer des bürgerlichen Wohlstandes, eine Lektion erteilt worden ist, die den zum Abheben neigenden Gralssucher sozusagen auf den Teppich bringt.

Vom König Anfortas bis zum Einsiedler Trevrizent: Es ist eine Sippschaft besonderer Art, die den Leser in Bann schlägt. Und wenn gegen Ende des Buches Parzivâls Ehefrau Condwîr Âmûrs, die jahrelang auf die Rückkehr ihres streunenden Gatten hat warten müssen, uns und dem heimkehrenden Vater ihre erfrischend unerzogenen Zwillingssöhne vorstellt, gibt sich der eine, der partout nicht seinen Namen nennen will und unbedingt wie sein Bruder Kardeiz heißen möchte, als eine Figur zu erkennen, deren weitere Geschichte in einem anderen Buch steht; so konnte sich Richard Wagner des Schwanenritters bemächtigen, lange bevor es ihm einfiel, die Stoffmasse Parzivâl bühnengerecht zu stutzen.

Oder die komischen Auftritte jener anderen Zwillinge, die anfangs atemlose Vorausläufer ihres geltungssüchtigen Herrn sind, dann in Parzivâls Dienste treten und als zwei wahre Aufklärrichte immer und oft gleichzeitig guten Rat wissen; sie sind – wenn auch nach Adolf Muschgs Machart – von jenem Stoff, der schon in Kafkas »Schloß« Zwillinge hergab, die uns wider Willen lachen machen.

So bietet Kapitel nach Kapitel ein Lesefest. Ich könnte ein Dutzend weitere nennen, in denen unser Autor aus der Vorgabe der Legende literarisches Kapital schlägt. Herr Gâwân zum Beispiel. Er läßt sich, so meint man schließlich, auf all seine Abenteuer nur ein, um seiner verehrten Tante kapitellang wohlformulierte Briefe zu schreiben. Er, der bindungsscheue Frauenheld, der die Emanzenburg Schastelmarveile vom bösen Zauber befreit und endlich doch bei Frau Orgelûse Bindung erfährt, er, der gepflegte Melancholiker, dem zwar das Siegen, aber nicht das Töten von der Hand geht, er, Herr Gâwân, der verläßliche Freund, wirft, um Parzivâls Gedankenstarre aufzuheben, seinen Mantel über die drei Bluttropfen im Schnee. Welch reich gefächerte, gebrochene, in ihrem Widerspruch lebende Person wird uns hier geboten und nahegebracht! Und welche Zwischentöne, leise beiseite gesprochen, erlaubt ihr der Autor! Ist nicht zu vermuten, daß ihm, während er über den tausend und mehr Seiten saß, Herr Gâwân zeitweilig näher gewesen ist als der Rote Ritter?

Und weil der Laudator des heutigen Festtages zu Renchen ganz und gar im Fadengespinst des hier zu lobenden Meisterwerks verstrickt bleibt, wagt er den Hinweis auf ein Produkt eigener Grimmelshausen-Hörigkeit, in dem sich eine Szene ergibt, auf die Parzivâl, wenn auch nur kurz, seinen Schatten wirft. Im »Blechtrommel«-Kapitel »Schaufenster« geistert er, als während des Vorkriegswinters siebenunddreißig Oskar Matzerath mit seiner glaszersingenden Stimme kreisrunde Löcher in das Schaufenster eines Juwelierladens singt und so seinen mutmaßlichen Vater Jan Bronski zum Juwelendieb macht: »... er stand in seinem eleganten, wie vom Warschauer Schneider angefertigten Wintermantel, wurde zum Denkmal seiner selbst, so versteinert, versinnbildlicht wollte er mir vor der Scheibe stehen, den Blick gleich Parzival, der im Schnee stand und Blut im Schnee sah, auf die Rubine des goldenen Colliers geheftet.«

In dieser Szene gibt es leider keinen Herrn Gâwân, der seinen Mantel über das kostbare, Bluttropfen fassende Collier werfen könnte. Schließlich soll Oskars Mama mit dem Diebesgut beschenkt werden, auf daß es zu weiteren Geschichten kommen kann.

Oh, heiliger Simplex! Zwar beginnt Deines großen Buches erster Satz mit dem Introitus »Es eröffnet sich zu dieser Zeit (von welcher man glaubt, daß es die letzte seie) ...«, doch hast Du unter vielen Namen, schließlich als Grimmelshausen diese und jene letzte Zeit überlebt, weshalb ein Preis nach Dir benannt ist und Dir zu dieser Stunde ein Preisträger zur Seite gestellt wird, den seine Landsleute gelegentlich für einen widerborstig zungenfertigen Narren halten. Das Schreiben ist ihm von A bis Z dergestalt geläufig, daß er Dir, falls es zum erzählenden Wettlauf käme, nur aus ihm eigener Höflichkeit um den Schritt einer Satzlänge hinterdrein bliebe. Mit seinem ersten Roman »Im Sommer des Hasen«, der uns aus schweizerischer Enge in ein enggeführtes Japan schickt, hat er sogleich seinen Ton gefunden. Seitdem hören wir ihm lesend zu. Von Buch zu Buch. Seinen Romanen, Erzählungen, Liebesgeschichten, seinen »Vernünftigen Drohreden« und seinen »Erinnerungen an mein Land«, in denen die Schweiz am Ende zu sein scheint, sich am Ende jedoch wiederum als Tatsache behauptet. Als notorischer Nestbeschmutzer ist er zugleich Patriot. Doch auch über die Grenzen seines so selbstgenügsamen Landes bleibt er vernehmbar, etwa in jener anfangs zitierten Rede, die von den Veränderungen nach dem 11. September handelt und die Heiligen Kriege, gleich welcher Glaubensrichtung, entzaubert. So lesen wir: »... der heiligste ist immer derjenige gewesen, der zuerst jeden Verdacht, ein Bürgerkrieg zu sein, niederschlagen muß; der mit der Waffe in der Hand bestreitet, daß er mit einem verleugneten, verdunkelten Teil seiner selbst zu kämpfen hat. Dafür sind ihm die schärfsten Waffen gerade gut genug – und haben noch nie getaugt, wenn ihr Zweck wirklich darin bestehen sollte, einen Feind zu besiegen. Denn dieser Feind wird eben durch die Kriegserklärungen unbesiegbar, auch wenn er tausendmal in Blut gebadet wird; er lebt so lange, wie er gebraucht wird.«

So kann nur jemand sprechen und schreiben, der mit Parzivâl in die Schule der Widersprüche gegangen ist, der mit ihm das Fragen gelernt hat. Das tut Adolf Muschg ohne Unterlaß: Er stellt sich und uns in Frage.

Nach dreißig Jahren

Rede anläßlich der Gründung der Kulturstiftung des Bundes in Halle

»Gut Ding braucht Weile« heißt eine Schneckenweisheit, die meinem Tun und Lassen eingeschrieben ist. So ging mir zu Beginn der siebziger Jahre ein erster Versuch von der Hand, tastend gewagt, ein wenig ungeschickt festen Grund suchend. Zwar nahm Willy Brandt als Bundeskanzler meine briefliche Anregung, eine der Kulturnation verpflichtete Nationalstiftung ins Leben zu rufen, spontan auf; er verankerte sie sogar am 18. Januar 1973 in seiner Regierungserklärung, aber dann wußte er nicht, wohin damit. Im Kanzleramt war niemand zuständig. Also wurde das Innenministerium bemüht. Dort blieb liegen, was querlag. Schon nach zweitem und drittem Schritt verlief sich die Sache, reif für die Ablage. Ein Unding, hieß es, diese Nationalstiftung, allenfalls Futter für den Zank der Länder, bald vergessen.

Wenn also heute, nach drei Jahrzehnten, ein Beschluß vorliegt, das Stiftungskapital bewilligt ist und die Stadt Halle an der Saale sich freut, zukünftiger Sitz der Nationalstiftung zu sein – ein Grund, Händels Feuerwerksmusik anzustimmen –, ist dennoch die Frage vonnöten: Was hat mich dazumal geritten, inmitten alles übertönender Verbalschlachten, Walter Ulbricht, Franz Josef Strauß und der APO zum Trotz, von der deutschen Kulturnation zu reden und ihr, so geteilt das Land war und fortzubestehen gedachte, eine Nationalstiftung einzureden?

Zuallererst war es wohl das Mißvergnügen am Unvermögen der Deutschen, sich als einer Nation angehörend zu begreifen und dieser Selbstverständlichkeit nachzukommen, ohne im Wiederholungsfall dem Nationalismus Stimme zu geben. Ein folgenreiches Versagen und zugleich ein altes Lied, in dessen Strophen Goethe zitiert und Herder als Nothelfer herbeigerufen werden könnten, denn unsere Geschichte ist reich an Wechselfällen: Mal sind es die separaten Sonderinteressen der Fürsten gewesen, wie sie uns, mal lauthals und ständig quengelnd vorgetragen, die Klippschule der Kleinstaaterei überliefert hat, dann ist es jäh und unsere Nachbarn erschreckend nationalistische Hybris gewesen, die kurze Zeit gewährt, aber – wie zu erleben war – andauernde Folgen hatte.

Wir finden das Maß nicht. Was anderen Völkern mehr oder weniger geglückt ist, geriet uns Mal um Mal zur Spottgeburt. Erinnern wir uns doch bitte an den Untergang der Weimarer Republik, diesen kurzlebigen, von nur wenigen Parteien getragenen Versuch, Deutschland als aufgeklärten Nationalstaat zu festigen. Als Hitler, kaum an der Macht, zu deren uneingeschränkter Ausübung ein Ermächtigungsgesetz forderte, stimmten einzig die Sozialdemokraten dagegen. Ob es heute Herr Stoiber, Herr Merz und Jung-Westerwelle hören wollen oder nicht: Die allerchristlichste Zentrumspartei fiel um, stimmte, wie die Deutschnationalen, dafür, desgleichen die Liberalen. Ich gebe kein Geheimnis preis, wenn ich unsere gegenwärtigen Freidemokraten daran erinnere, daß Theodor Heuss, der erste Präsident der Bundesrepublik Deutschland, dazumal für Hitlers Ermächtigungsgesetz gestimmt hat; und was die kommunistischen Reichstagsabgeordneten betraf: Sie konnten, weil mittlerweile in KZ-Haft oder ins Ausland geflüchtet, an dieser folgenschweren Abstimmung nicht teilnehmen.

Als dann, nur zwölf Jahre später, das Tausendjährige Reich in Trümmern lag, war der Begriff Nation zuschanden geworden. Vorerst wollte ihn niemand in den Mund nehmen. Sogar der politischen Rechten paßte er nicht in den Redefluß. Und die Linken – von Kurt Schumacher abgesehen – glaubten, das Wort »Nation« durch das beliebig zu deutende Wort »Gesellschaft« ersetzen zu können; notfalls rettete man sich in den Europagedanken. Europa, das zukünftige, wird alles richten! Dann wird es keine Nationen mehr geben, nur noch ein einiges, starkes, grenzenloses und so weiter und so weiter.

So spekuliert manch einer noch heute. Und so ergab sich ein Vakuum, das seit einigen Jahren – kaum stand die deutsche Einheit auf dem Papier – mit altbekanntem Geschrei und dem Müll nationalistischer Devotionalien aufgefüllt wird. Dem ist kein Verbot gewachsen. Denn auch außerhalb der NPD fehlt es nicht an Biedermännern, denen die Nation nur mit Hilfe der Meßlatte »deutsche Leitkultur« gemäß wäre. Gewiß, man kann sagen:

Nur ein Rüpelspiel! Doch wäre es nicht das erste Mal im Verlauf unserer Staats- und Theatergeschichte, daß ein zappeliger Hanswurst die Bühne besetzt und auf Teufelkommraus mit dem Volk tümelt.

Das darf und muß nicht so sein. Wer gewillt ist, den nicht nur in Wahlkampfzeiten hausierenden Demagogen zu widersprechen, dem wird es nicht an Argumenten fehlen. Wir haben Substanz genug, um den immer noch vagen Begriff Nation vor Mißbrauch zu schützen und mit demokratischer Erfahrung, wie auch mit kultureller Vielfalt zu beleben.

Was der Frühaufklärer Johann Gottfried Herder unter Kulturnation verstand, kann – fortentwickelt – noch heute Geltung haben. Deshalb ist er beim Wort zu nehmen. Von ihm angestiftet und von der Fülle seiner Gedanken motiviert, war ich vor dreißig Jahren so kühn, von dem mißachteten Begriff Nation Besitz zu ergreifen und eine Kulturstiftung anzuregen, gewidmet den in Deutschlands Grenzen lebenden Bürgern, gleich welcher Herkunft, welchen Glaubens, welcher Hautfarbe.

Wenn es nun endlich soweit ist und in Halle an der Saale die Nationalstiftung ihren mit Bedacht gesuchten Ort gefunden hat, möchte ich nicht versäumen, dem ersten Kulturminister der Bundesrepublik, Michael Naumann, und seinem Nachfolger Julian Nida-Rümelin zu danken, weil sie eine längst abgelegte Idee wiederbelebt, keine Angst vorm Bohren dicker Bretter gehabt haben und nicht müde wurden, die leider immer noch abseits stehenden Bundesländer für ein im Sinne des Föderalismus notwendiges Zusammenwirken zu gewinnen. Doch was nicht ist, kann ja – und sei es nach Gangart der Schnecken – noch kommen.

Zugleich nehme ich Gelegenheit, einige Gedanken, Vorschläge und Erwartungen zu reihen, die sich im Verlauf der Jahre verändert ergeben, gestaut haben und auf Abruf warteten.

Die Nationalstiftung sollte, so meine ich, aus Kenntnis deutscher Vergangenheit den gegenwärtigen Handlungsspielraum nutzen und Projekte fördern, die auch in Zukunft tragfähig zu sein versprechen. Deutsche Vergangenheit bedeutet: Schande und Glanz, Verbrechen, die uns nach wie vor in Verantwortung nehmen, und kulturelle Überlieferungen, die den uns anhängenden Zivilisationsbruch dennoch überdauert haben. Zur deutschen Vergangenheit gehört aber auch der unwiederbringliche Verlust von Provinzen und Städten. Ich spreche von Ostpreußen, Hinterpommern, Schlesien, von Danzig und Breslau.

Wie schon zu Beginn der siebziger Jahre bin ich auch heute der Meinung, daß wir zwar Land verloren haben, Vertreibung erleiden mußten, aber nirgendwo, in keinem Potsdamer Abkommen steht geschrieben, daß die kulturelle Substanz dieser Provinzen und Städte in Vergessenheit geraten muß. Die Landsmannschaften als sogenannte Vertriebenenverbände, deren Wortführer selbst heute noch nur einseitig das zuletzt uns, nicht aber das zuallererst den Polen zugefügte Unrecht werten, sind von der nationalen Aufgabe überfordert, solch kulturelle Verlustbilanz zu ziehen. Die Nationalstiftung sollte versuchen, dieses im Grunde skandalöse Versäumnis auszugleichen. Schließlich hat von Königsberg und Danzig wegführend die deutschsprachige Philosophie ihren Ausgang genommen; in Breslau hat die Schlesische Schule deutscher Barockdichtung ihren Ort gehabt. Diese nur beispielhaft erwähnten Wurzeln der Kulturnation sind nicht als Verlust abzuschreiben, es sei denn, wir stechen sie selber ab.

Daraus ergibt sich ein weiterer Vorschlag, den, wer mag, als Marotte abtun könnte. Ich bleibe dabei: Nicht nur Land haben wir durch eigene Schuld verloren, vielmehr wurde – einzig auf materiellen Gewinn bedacht – während der Nachkriegsjahre zugelassen, daß mit der schlesischen Mundart, dem pommerschen und ostpreußischen Platt drei literaturfähige Ausbildungen der deutschen Sprache nach und nach abstarben. Denn wo ist der Ort, an dem man mit Geduld und wissenschaftlichem Eifer die Reste verklingender Redeweise gesammelt, forschend immer wieder ergänzt, in Tonbandaufzeichnungen bewahrt hätte?

Anstatt uns mit einer so armseligen wie hausbackenen Rechtschreibreform zu verunsichern, wäre es sinnvoll gewesen, der bislang jedem zu engen Regelwerk spottenden deutschen Sprache ihre Vielfältigkeit zu erhalten und einen wissenschaftlichen Dienst zu erweisen, der dem auf föderalen Besonderheiten fußendem Staatswesen freudige Pflicht sein sollte. Ist es dafür zu spät? Ich meine, nun, endlich könnte und sollte die Nationalstiftung den verschollenen oder bisher mißachteten Reichtum suchen und mehren, dem Klang einst uns eigener Dialekte und Mundarten ein verspätetes Echo erlauben.

Landauf, landab ist in Leitartikeln und Rundfunkkommentaren viel von Identität die Rede. Von verlorener, beschädigter, von fehlender. Wo, wenn nicht in der Vielstimmigkeit deutscher Redeweise – vom Küstenplatt bis zu Bayerns Urlauten – findet sich, was uns durch Sprache kenntlich macht. Dazu eine, wie ich finde, nicht nur amüsante Legende: Von Hegels berühmten Berliner Vorlesungen ausgehend, die der so großräumig denkende Philosoph unüberhörbar als Schwabe dem jeweils überfüllten Hörsaal geboten hat, soll einst Martin Walser behauptet haben, man solle das in Schriftdeutsch gedruckte Werk des Großmeisters dialektischer Verwirrspiele in dessen angestammt schwäbische Mundart zurückübersetzen, auf daß es dem Volk verständlicher werde und anheimelnd menschlicher klinge.

Soviel zur mißachteten Vielstimmigkeit deutscher Zungen und meinem Vorschlag, den Mundarten und Dialekten hier in Halle, dem Ort europäischer Frühaufklärung, ein forschendes Zentrum zu stiften. Eine weitere Anregung, die ich mir bei so günstiger Gelegenheit vorzutragen erlaube, geht auf eine Rede zurück, die ich vor einigen Monaten in Frankfurt an der Oder vor Studenten der Universität Viadrina gehalten habe. In deren Verlauf ging es um das leidige Thema »Beutekunst«. Ich sagte:

»Das erwünschte gutnachbarliche Verhältnis zwischen Deutschen und Polen wird sich nicht allein durch wohlmeinende Reden beschwören lassen. Es verlangt Tatkraft und Brückenschläge, die nicht nur aus rhetorischem Stützwerk bestehen. Zum Beispiel wird sich das häßliche Wort ›Beutekunst‹ nur dann entkräften lassen, wenn, anderen voran, Deutsche und Polen bereit sind, von nationalen Besitzansprüchen abzusehen und gemeinsam – um konkret zu werden – ein Museum zu bauen, in dem die umstrittenen Bilder, Skulpturen, Manuskripte, Partituren und Bibliotheken ihren bleibenden Ort finden. Ein solches Museum sollte in Grenznähe, womöglich beiderseits der Oder und – warum nicht – den Fluß überbrückend Gestalt gewinnen... Ich sehe das Bauwerk vor mir: den großen Bogen über den Fluß. So stellt sich ein Stück zukünftiges Europa dar.

Denn nicht den Nationen allein gehört die Kunst. Kunstwerke sind, so ortsgebunden sie sein mögen, von ihrer Wirkung her grenzüberschreitend. Sie dürfen nicht länger Kriegsbeute sein.«

Auch diesen Gedankengang, der dem oft nur rhetorisch geübten »Brückenschlag« Gestalt und Inhalt zu geben versucht, bitte ich zu prüfen; wer, wenn nicht die Nationalstiftung, könnte ihn umsetzen!

Und wiederum sind wir bei dem umstrittenen Begriff, bei der oft geleugneten oder mit Pathos beschworenen, bei der mit Fahne und Hymne eher verschämt gefeierten Nation. Vergeblich blieb Herders Bemühung, ihr mit dem Stützwort Kultur behilflich zu werden. Vielmehr hat sie nationalistische Übersteigerungen durchlebt, und als sie zuschanden wurde, schien selbst der Anspruch, nunmehr Kulturnation sein zu wollen, durch bewiesene Barbarei widerlegt zu sein. Wenn mit der heute hier ausgerufenen Stiftung ein neuer Ansatz gesucht wird, muß der Begriff Nation weiträumiger als jemals zuvor bemessen sein. In den Regionen der Bundesrepublik Deutschland leben sieben bis acht Millionen Menschen ausländischer Herkunft, von denen viele, hier geboren, mittlerweile Staatsbürger sind oder es mit Hilfe eines kürzlich auch endlich verabschiedeten Gesetzes werden wollen. Mithin umfaßt die Nation gegenwärtig viele uns fremde Kulturen, die den einen oder anderen verstören mögen und die uns dennoch bereichern könnten, sobald wir bereit sind, von unseren tatsächlichen und den herbeigeredeten Ängsten abzusehen.

Aufgabe der Nationalstiftung wird es sein, diesen kulturellen Zuwachs wahrzunehmen, zu fördern und zu schützen. Das wird gegen Widerstände geschehen müssen. In einer Zeit, in der, wie gegenwärtig, das seit Jahren überfällige Zuwanderungsgesetz aus schäbigen, einzig dem Wahlkampf zugeordneten Gründen zu scheitern droht und Deutschland Gefahr läuft, zu einem ungastlichen Land zu verkommen, stehen der Nationalstiftung Gegner im Wege, die alles Fremde ausgrenzen oder den Richtlinien eines Treppenwitzes unterwerfen wollen.

Ich habe Vorschläge gemacht. Sie sind der Vergangenheit gewidmet und der Zukunft ins Auftragsbuch geschrieben. Zwar habe ich vor langer Zeit, als »der große Sprung« angesagt war, behauptet, »der Fortschritt ist eine Schnecke«, doch ist zu hoffen, daß es nicht abermals dreißig Jahre dauert, bis meine Vorschläge Gestalt gewinnen; es könnte zu spät sein.

Laudatio auf Christa Wolf

Nichts schöner, liebe Christa, als Dir diesen immerhin gewichtigen Preis für Dein noch nicht abgeschlossenes Lebenswerk zu überreichen. Nur flüchtige drei Minuten des Lobes sind mir von der Festleitung des Börsenvereins zugestanden worden. Und da wir – allem Anschein zum Trotz – uns nicht in Hollywood befinden, sondern Leipzigs immer noch standhafte Buchmesse Dir zu Ehren den Schauplatz bietet, will ich sogleich zur Sache kommen.

Die Autorin von Weltrang ist zu Hause immer umstritten gewesen. Hier wie drüben. Mir ging und geht es im geteilten wie ungeteilten Land ähnlich. Das ehrt uns beide und stellt Dich wie mich, wenn nunmehr auch auf feierlich erhöhtem Podest, zwischen die Stühle. Vom ersten, mir dazumal greifbaren Buch, »Der geteilte Himmel«, an, dann, als »Nachdenken über Christa T.« erschien, danach »Kindheitsmuster«, und später, beim Erscheinen eines schmalen Bandes unter dem Titel »Was bleibt«, schieden sich an Dir und Deinen Büchern die Geister. Östliche Zensurschneider und westliche Scharfrichter gaben Dir über die Jahrzehnte hinweg ein gesamtdeutsches Geleit. Spaltsucht machte sie umtriebig. Nur Deine Leser, zu denen ich mich zähle, ließen sich nicht teilen. Weil Deine Bücher, bis hin zu »Kassandra« und »Medea«, ihnen wichtig und Überlebensmittel waren, blieb ihnen ihr öffentlicher Streitwert nebensächlich. Sie folgten nicht dem ideologischen Gezänk, wußten sie doch, daß sie sich auf Deine Zwischentöne und auf die Dringlichkeit Deiner Gleichnisse verlassen konnten.

Wir gehören beide einer Generation an, die mit anhaltend lastendem Gepäck auf die Reise geschickt wurde. Daß Du nie müde geworden bist, diese Last zu tragen, sie nie abgeschüttelt hast, daß es Dir vielmehr immer wieder gelungen ist, die deutschen Wackersteine über die Grenze, auch über die Sprachgrenze zu retten und sie uns, Deinen Lesern, als dem Gedächtnis hilfreiche Beschwernis zuzumuten, ist Dir zu danken.

Was Dir gemäß ist: die Wunde offen halten. Die Fragen immer wieder stellen. Selbst den flüchtigen Augenblick nicht unreflektiert entkommen lassen. Dich selbst mit der Schärfe kühl gehaltener Sprachkunst prüfen. Den Widerstand des zur Müllandschaft gehäuften Materials suchen. Störfälle wahrnehmen. Überlieferte Mythen beleben, auf daß sie uns gegenwärtig sind. All das zeichnet Dich aus.

Und nun der Schmerz, wie er hellsichtig macht und erinnernd die Erinnerung an durchlittenen Schmerz aufscheucht. Ich spreche von Deinem jüngsten Buch, der Erzählung »Leibhaftig«. Mit Deinen Worten gesagt, betreibst Du, Schicht nach Schicht abtragend, »innere Archäologie«. Ein Schreibprozeß, der den Schmerz nach wiederholter Operation als Stimulanz nutzt, um die andere Pein, die nicht körperlich ist, zu erfahren. Beim Lesen ging es mir wie vermutlich vielen Lesern Deiner Erzählung: Ich folgte Dir durch Mauerdurchbrüche in ein Tunnelsystem, als wäre es mein eigenes. Ein verführendes, zu uns selbst führendes Buch, dem nicht auszuweichen ist. Aber das trifft auf Dein Gesamtwerk zu, dem heute Ehre widerfährt.

Die Wiedervereinigung als andauernde Aufgabe

Rede anläßlich eines Symposiums über die Wiedervereinigung in Seoul

Mit Erfahrungen im Gepäck habe ich diese Reise nach Seoul angetreten. Und so werde ich wohl mit in Korea gesammelten neuen Erfahrungen zum Thema Wiedervereinigung nach Deutschland zurückkehren.

»Reisen bildet« heißt eine Redensart. Das gilt auch für Schriftsteller. Sie sind in der Regel der Vergangenheit und ihren bruchstückhaften Hinterlassenschaften auf der Spur. Doch so sehr meine Bücher von deutscher Vergangenheit und ihrer Folgelast handeln, so deutlich sind sie jeweils aus der Gegenwart heraus geschrieben worden. So auch der Roman »Ein weites Feld«, der 1995 erschien und doppelbödig, also auf komplexe Weise nicht allein die Folgen der fünf Jahre zurückliegenden Vereinigung der beiden deutschen Staaten, sondern auch die Zeit der Reichsgründung im Jahr 1871 erzählend reflektiert.

Dieser Roman rief bei seinem Erscheinen nicht nur, wie ich es gewohnt war, Kritik, sondern bis zur Wut gesteigerte Empörung hervor. Was war der Anlaß? Ich hatte mir erlaubt, aus der Sicht der von der Wiedervereinigung betroffenen Ostdeutschen zu erzählen, die zwar vierzig Jahre Diktatur hinter sich hatten, aber doch meinten, sich nicht als Verlierer der Geschichte und – aus westdeutscher Sicht – Besiegte an der Wiedervereinigung erfreuen zu dürfen. Dennoch erlebten sie sich bevormundet. Ihr frisches, wie unverbraucht wirkendes Verständnis von Demokratie war nicht gefragt. Die Westdeutschen, also ihre vielberufenen Brüder und Schwestern, begegneten ihnen allzuoft besserwisserisch, gelegentlich herablassend wie Kolonialherren und zunehmend als raffgierig, als gelte es, aus der Konkursmasse der Deutschen Demokratischen Republik Gewinn zu ziehen. Eine schleunigst eingerichtete Treuhandanstalt war ihnen dabei behilflich. Ohne ausreichende demokratische Kontrolle, dafür gelegentlich mit krimineller Energie, wurde der Industrie- und Wirtschaftsbereich der ehemaligen DDR, wie es damals hieß, »abgewickelt«. Zudem maßte der Westen sich an, Personen in leitender Position – vom Fabrikdirektor bis zum Hochschulprofessor – zu überprüfen, das heißt nach eigenen Maßstäben zu evaluieren. Diese Wörter – »abwickeln« und »evaluieren« – waren damals nicht nur in Mode, sie bedeuteten vielmehr harte Praxis und zeigen Folgen bis heutzutage. Wieder einmal wurde die »richtige« Gesinnung peinlich erfragt.

Mit anderen Worten: Die übereilte Einführung der westdeutschen Währung und die Übereignung des ostdeutschen Wirtschaftspotentials an zu nichts verpflichtete neue Besitzer verhinderten eine eigenständige und gewiß langsam voranschreitende Gesundung des ehemaligen Staatswesens, hatten eine bis heute anhaltende, erschreckend hohe Arbeitslosigkeit zur Folge und führten dazu, daß im Zuge einer Enteignung ohnegleichen etwa neunzig Prozent des Produktionsbesitzes nunmehr in westdeutscher Hand ist.

Mein Roman »Ein weites Feld« breitet nur den Beginn dieser Entwicklung aus, verkehrt ihn ins Tragikomische bis Absurde, stellt das sich fürsorglich gebende Spitzelsystem der DDR, aber auch das geldfixierte Denken des Westens bloß. Die weitere Entwicklung verlief schlimmer, als ich, der angeblich notorische Schwarzseher, vorausblickend erkennen konnte. Zwar hatte die westdeutsche Verfassung im Schlußartikel des Grundgesetzes zwingend vorgeschrieben, daß im Fall einer Wiedervereinigung dem gesamten deutschen Volk eine neue demokratische Verfassung gegeben werden müsse, aber dieses Gebot wurde mißachtet, die Chance vertan. Einzig der Beitrittsartikel blieb wirksam. So ist die Möglichkeit einer Verfassungsdiskussion, an der die Bürger beider Staaten sich hätten beteiligen können, nicht genutzt worden. Bevor man sich einig war, stand die Einheit auf dem Papier.

Da steht sie, uneingelöst, noch immer. Eine Daueraufgabe, der kein Ende abzusehen ist. Und dennoch sind wir Deutsche zu beglückwünschen, weil uns die Chance zur Wiedervereinigung gegeben worden ist. Alleine, nur auf uns angewiesen, hätten wir es nicht geschafft, zueinander zu finden. Michail Gorbatschow hat mit seiner in der Sowjetunion wirksamen Glasnost- und Perestroika-Politik diese Möglichkeit eröffnet, unterstützt, schließlich geduldet. Den ersten Anstoß dazu haben Mitte der sechziger Jahre die Tschechen und Slowaken mit ihrem durch den Panzerkommunismus unterdrückten Reformversuch gegeben. Und später war gleichfalls die polnische Solidarnosc-Bewegung hilfreich. Erst ganz zum Schluß wurden auch die Ostdeutschen protestierend aktiv. Der Westen hat dieser Entwicklung abwartend zugeschaut und schließlich, als das östliche Machtgefüge in sich zusammenfiel, zugegriffen.

Eine Ausnahme ist dennoch von Gewicht. Ohne den westdeutschen Beitrag zur Entspannungspolitik wären die Voraussetzungen für eine Wiedervereinigung wohl kaum möglich geworden. Es ist der sozialdemokratische Bundeskanzler Willy Brandt gewesen, der erste Verträge mit der sowjetischen Regierung in Moskau geschlossen hat. Es sind Willy Brandt und der liberale Politiker Walter Scheel gewesen, die gegen den Widerstand der christdemokratischen Opposition den tiefen Graben zwischen Deutschen und Polen überbrückten, indem sie in Warschau die Oder-Neiße-Linie als endgültige Grenze zwischen Deutschland und Polen anerkannt haben. Dennoch hat es annähernd dreißig Jahre gedauert, bis die Mauer fallen konnte und der nicht nur Deutschland, sondern ganz Europa teilende »Eiserne Vorhang« dem geschichtlichen Schrott zugerechnet werden durfte.

Rückblickend stellt sich das Ganze als Sisyphus-Arbeit dar, also als etwas Unvollendetes. Nie bleibt der Stein oben liegen. Immer wieder wartet er im Tal und will aufwärts bewegt werden. Und solch eine Sisyphus-Arbeit steht nun den beiden koreanischen Staaten bevor. Aber läßt sich, frage ich mich, der eine, in Deutschland noch nicht abgeschlossene Vorgang mit dem sich nun in Korea anbahnenden Prozeß vergleichen?

Immerhin steht soviel Gemeinsames fest: Die Teilung Koreas und die meines Landes sind gleichermaßen Folgen des Zweiten Weltkrieges und des danach ausbrechenden, ideologisch bestimmten kalten Krieges. Doch bereits hier zeichnet sich ein gravierender Unterschied ab. In Europa und mithin in Deutschland ist der kalte Krieg zu keiner Zeit als heißer ausgetragen worden, wohl aber stellvertretend für die gesamte Welt in Korea. Über drei Millionen Tote zeugen davon. Auch ist zur Zeit schwer zu erkennen, ob außerhalb Koreas eine Großmacht bereit ist, einen die Bürger dieses Landes vereinigenden Prozeß zu fördern. Wie uns Deutschen Michail Gorbatschow behilflich wurde, müßte nunmehr der amerikanische Präsident willens sein, die angestrebte Einigung wenn nicht zu fördern, dann doch zu dulden. Danach sieht es gegenwärtig nicht aus. Mister Bush hat, neben anderen Staaten, Nordkorea zum Schurkenstaat erklärt. Die Großmacht USA fühlt sich von einem der ärmsten Länder der Welt bedroht. Offenbar bedürfen die Vereinigten Staaten von Amerika eines immer wieder neu ausgepinselten Feindbildes, um sich ihrer Größe und Allmacht zu vergewissern. Dennoch wird – aus meiner deutschen Erfahrung gesprochen – der Wunsch und Wille nach Wiedervereinigung, wenn er denn wach bleibt, den einen oder anderen amerikanischen Präsidenten überdauern und eines noch ungewissen Tages den Bürgern des dann vereinten Korea, neben der schnell vorübergehenden Freude über die Wiedervereinigung, neue und ungewohnte Probleme zumuten.

Dem vorbeugend könnte sich unser Gespräch und Gedankenaustausch jetzt schon als nützlich erweisen. Erfahrungen sind zu vermitteln, die gewiß nicht eins zu eins übertragen werden können. Doch muß es ja nicht sein, daß im Verlauf der sicher mühsamen koreanischen Wiedervereinigung die Fehler des gleichfalls mühsamen deutschen Prozesses wiederholt werden. Dazu einige Anmerkungen:

Erstens: Den Westdeutschen hat es an Respekt gefehlt gegenüber ihren östlichen Landsleuten und deren Biographien, die gezeichnet waren von vierzig Jahren autoritärer Parteiherrschaft und von den Folgen des Zweiten Weltkrieges, denen sie ohne ausländische Hilfe – zum Beispiel dem in Westdeutschland wirksamen Marshallplan – ausgesetzt waren. Diese Respektlosigkeit hat dazu geführt, daß sich, aus verkürzter Sicht abgeschätzt, nur arme und reiche Deutsche gegenüberstanden. Arme Verwandte, die ständig klagen und auf Dauer lästig werden. Folge bis heute ist, daß sich die Ostdeutschen in ihrer Mehrzahl als Deutsche zweiter Klasse erfahren. Eine ähnlich andauernde Problematik könnte sich in Korea entwickeln, wenn der reiche Süden den armen Norden in ein vergleichbares Muster zwänge und sich als Sieger in dominierende Position brächte.

Meine zweite Anmerkung warnt davor, die Wiedervereinigung, wenn sie denn eines Tages möglich wird, übereilt zu vollziehen. Meiner Meinung nach hätte dieser Prozeß auch in Deutschland schrittweise mit einer Überbrückungsphase als Konföderation zweier Staaten beginnen müssen. Die voreilige Einführung der harten westdeutschen Währung hat viel zerstört und ein nur kurz anhaltendes Glücksgefühl vermitteln können. Hierzulande könnte, im Verfassungsrahmen einer Konföderation, der nordkoreanische Staat dank anhaltender Hilfe des Südstaates wirtschaftlich regenerieren, so daß deren Bürger zu einem späteren Zeitpunkt im gänzlich vereinigten Korea als zumindest annähernd gleich starke und gleichberechtigte Partner auftreten könnten. »Wandel durch Annäherung« hieß die Devise, nach der der Bundeskanzler Willy Brandt die angestrebte Einheit der Nation vorbereitet hat; leider ist später diese behutsame Handlungsweise mißachtet worden.

Meine dritte Anmerkung bezieht sich auf die kulturellen Grundlagen eines in zwei Staaten geteilten Volkes. In Deutschland hat sich gezeigt, daß sich, trotz der ideologischen und ökonomischen Unterschiede sowie der jeweils einem anderen gegensätzlichen Blocksystem zugeordneten militärischen Verpflichtung, die kulturelle Substanz des Landes allen Versuchen zum Trotz nicht teilen ließ. Als uns dann im Jahre 90 die Stunde der Einheit schlug, wurde zwar von westlicher Seite versucht, alles künstlerische Geschehen, die ostdeutsche Literatur einbegriffen, als bloße Staatskunst zu diffamieren und als Müll auf die Schutthalde der Geschichte zu kippen, doch hat sich diese westliche Zensurpraxis nicht durchsetzen können; sogar der östliche und westliche P.E.N.-Club haben sich nach langen Debatten schließlich geeinigt. So wird es auch in Korea Aufgabe der Künstler und Schriftsteller sein, den kulturellen Zusammenhalt des noch geteilten Landes zu betonen und sich wechselseitig – und bei aller Kritik – mit Respekt zu werten. Entgegen allen ideologischen und ökonomischen Zwängen hat sich die Kultur noch immer als grenzüberschreitend bewiesen, zumal in einem Land, dessen Bürger eine Sprache sprechen.

Zuletzt

Nachwort zu dem Buch »In einem reichen Land«

Zuletzt ist zu sagen, daß uns der Soziologe Pierre Bourdieu mit seinem die Ränder der französischen Gesellschaft ausleuchtenden Buch »Das Elend der Welt« angestoßen hat, etwas Vergleichbares dem eigenen Land anzutun, wenngleich die Methode der Infragestellung – dort ein Team sozialpolitisch engagierter Wissenschaftler, hier eine Vielzahl Autoren mit jeweils individueller Sicht – unterschiedlicher nicht sein konnte. Im Verlauf von zwei Jahren kam Beitrag zu Beitrag. Immer mehr Schadstellen im wohlständigen Gehäuse verlangten nach schriftlichem Nachweis. Als Herausgeber des Buches richteten Daniela Dahn und Johano Strasser, ihrem Herkommen gemäß, mit unseren Mitarbeitern bewußt den Blick auf ost- und westdeutsche Zustände; ein gesamtdeutsches Unternehmen zog Bilanz und legte, wie nebenbei, die anhaltende soziale Spaltung des Landes offen.

Was nun vorliegt, erlaubt den Lesern unterschiedliche Verhaltensweisen: etwa die Flucht in eingeübte Gleichgültigkeit oder den Versuch, gedanklich mit mehr oder weniger halbherzigen Verbesserungsvorschlägen im Detail der offensichtlichen Mißstände zu stochern, oder aber das anhaltende Bestreben, die Ursache für die soziale Schieflage der Gesellschaft in deren Mangel an Gemeinsinn zu suchen. Wie auch immer das vielgestalte Unrecht wahrgenommen wird, ob aus christlicher, moslemischer, jüdischer oder – fern den Religionen – rein humanistischer Sicht: Die hier nachgewiesenen Nöte sind nicht hinzunehmen oder gar als Ausrede mit Hinweisen auf die viel größere Not in den sogenannten Ländern der Dritten Welt zu relativieren. Die Armut dort ist umfassender und nicht zu übersehen; hier jedoch vollziehen sich Verarmung und Vereinzelung im Schatten einer Wohlstandskulisse, die selbstbewußt zur Schau gestellt wird und sich in der Tat sehen lassen kann.

Wie ließe sich dennoch der Ansatz für die Beurteilung der hier dargestellten Zustände finden? Ein Blick in die Verfassung der

Bundesrepublik könnte, so beschädigt sie mittlerweile ist, hilfreich werden. Mit dem dort auf das »Wohl der Allgemeinheit verpflichteten Eigentum« und der »Gleichheit vor dem Gesetz« wurden Maßstäbe proklamiert, die allerdings der Politik und der Wirtschaft aus dem Blick geraten sind. Noch bis Ende der siebziger Jahre verstand sich die Bundesrepublik als Sozialstaat. (Mag sein, daß die während Jahrzehnten andauernde Existenz zweier deutscher Staaten und der damit verbundene und ideologisch zugespitzte Wettbewerb zweier Systeme diesem Selbstverständnis auf die Sprünge geholfen hat.)

Aus dieser Zeit ist die Aufforderung des Bundeskanzlers Willy Brandt »Habt Mut zum Nächsten!« in verblassender Erinnerung. Seitdem die Ost-West-Spannung aufgehört hat und der Nord-Süd-Konflikt die Gegenwart belastet, ist es dem Neoliberalismus gelungen, sich mit Rückgriff auf die rüden Methoden des Frühkapitalismus in allen Parteiprogrammen, auch verschämt im sozialdemokratischen, breitzumachen und den Freiheitsbegriff auf das ungehemmte Ausleben individueller Bedürfnisse, mehr noch, auf das Recht des Stärkeren, den sanktionierten Egoismus zu verkürzen. Seitdem ist das einst angestrebte Ziel »Sozialstaat« zum Schimpfwort verkommen. Die Distanz zwischen Arm und Reich hat sich zur wie ein Naturereignis hingenommenen Kluft ausgewachsen.

Auf 10 Prozent vermögender Haushalte entfallen 42 Prozent des gesamten Privatvermögens; die untere Hälfte aller Haushalte muß sich mit 4,5 Prozent zufriedengeben. Dieses statistisch bezifferte Unrecht schreit nicht einmal mehr zum Himmel, wird vielmehr stumm ertragen. Und hingenommen wird gleichfalls, daß sich ein Zwei- oder Dreiklassensystem in vielen Lebensbereichen, besonders bei der medizinischen Versorgung und in der Bildung, eingebürgert hat.

Wie aber ließe sich das erfolgreiche Allgemeinverständnis zurückliegender Jahrzehnte, der Sozialstaat, erneuern? Das wird nur möglich sein, wenn sich die Politik wieder handlungsfähig macht und mit dem Bundestag als Gesetzgeber der Wirtschaft und deren mächtiger Lobby gegenüber fordernd, gegebenenfalls strafend auftritt. Steuerflucht, Bilanzfälschungen, Mißmanagement und das Kapital und Arbeitsplätze vernichtende Irrsinnsspiel der Börse, all das und die ungehemmte Sucht nach schnellem Profit haben das nunmehr alleinherrschende kapitalistische System, und mit ihm die sich frei nennende Marktwirtschaft, weg von den eigenen Prinzipien zu einem Selbstzerstörungsprozeß verleitet, dessen Folgen mit Vorzug der spärlich bemittelte Teil der Gesellschaft, Arbeiter und Angestellte, alte Menschen und Kinder, zu spüren bekommt. Deshalb kann nur die Zivilisierung des außer Kontrolle geratenen Kapitalismus einige Voraussetzungen dafür schaffen, daß soziale Gerechtigkeit wieder zum Maßstab politischen und wirtschaftlichen Handelns wird. Unser Buch soll Anstoß geben, auf daß Solidarität, ein gegenwärtig als Ladenhüter gehandelter Wert, wieder zur Geltung kommt.

Die in zahlreichen Reden und Aufrufen verlangte Orientierung nach Werten, neuen und altbackenen – Fleiß, Leistung und Opferbereitschaft, zudem Mobilität, sind schnell gereiht –, macht vergessen, daß es an Werten nicht mangelt, zum Beispiel an solchen, die uns die Verfassung der Republik zum Gebot macht. Also gilt es, unverdrossen, ja, gebetsmühlenhaft die Sozialverpflichtung des Eigentums, die Gleichheit vor dem Gesetz, die unantastbare Würde des Menschen in Erinnerung zu rufen. Denn diesen Verfassungszielen entspricht nicht die Verfassungswirklichkeit innerhalb der bundesdeutschen Gesellschaft.

Unser Buch handelt davon, wie würdelos es an den Rändern und mitten unter uns zugeht. Wenn Kinder hungrig zur Schule gehen, andauernde Arbeitslosigkeit alte und junge Menschen zermürbt, Asylanten, die nichts Kriminelles getan haben, in Abschiebehaft gehalten werden, wird Mal um Mal die Würde des Menschen verletzt.

Unser Buch konnte nur beispielhaft Fälle reihen, die nicht Ausnahme, sondern mittlerweile Regel sind. Die Zwänge, sich ständig an die gegebenen Verhältnisse anpassen zu müssen, entmündigen den einzelnen in einer Gesellschaft, die sich gerne als mündig darstellen läßt.

Jeder einzelne Bürger ist gefordert, sich der Herabstufung zum bloßen Konsumenten zu widersetzen. Als Schriftsteller habe ich mir den Blick für Verluste und minimale Veränderungen aller Art bewahrt. Das mögen entschwundene Möbel oder verrutschter Zimmerschmuck sein: So hängt in Deutschland der Haussegen schief; die vererbte Truhe, in der unser soziales Gewissen lagerte, ist verschwunden.

Das Haus in der Stadt der sieben Türme

Rede anläßlich des zehnten Todestages von Willy Brandt

Nehmen wir Abstand. Unsere Gegenwart verlangt immer wieder Rückschau in die Abgründe der Geschichte. Im Februar 1937 reiste der emigrierte Journalist Herbert Frahm unter dem Decknamen Willy Brandt von Oslo aus über Paris nach Barcelona. Er reiste im Auftrag der norwegischen sozialistischen Arbeiterpartei, um die Lage im Spanischen Bürgerkrieg zu erkunden. Vierundzwanzig Jahre war er jung, doch die Flucht aus Deutschland und der unablässige Kampf gegen Faschismus und Nationalsozialismus hatten ihn mit Erfahrung gesättigt. Er war reifer, als sein Alter vermuten ließ. Grundsätzliche, seine Existenz prägende Entscheidungen waren ihm abgenötigt worden; hatte er doch gesehen, wie ein Volk, seines, in die Irre ging.

Nun aber erlebte er im Mai des Reisejahres, wie in Barcelona die Kommunisten, auf Befehl der sowjetisch dominierten Komintern, also aus dogmatischer Sicht, innerhalb des linken Lagers, mitten im Krieg einen Krieg gegen Anarchisten, Trotzkisten und weitere Abweichler führten. Säuberungen nannte man solche Aktionen. Wie der Schriftsteller George Orwell, dem er kurz vor dessen Verwundung begegnete, wurde auch Willy Brandt Zeuge des Massakers. Während Francos Falange Madrid bedrängte, wurden Tausende Republikaner von den Kommunisten liquidiert. Von diesem Verbrechen handelt George Orwells Buch »Mein Katalonien«. Desgleichen gab Willy Brandt, kaum hatte er Spanien verlassen, in Paris seinen Genossen Bericht. Eine Erfahrung mehr war von Dauer.

In Paris jedoch zögerten viele, solch deprimierende Erkenntnisse zu akzeptieren. Im Kreis deutscher Emigranten begegnete der reisende Journalist dem Schriftsteller Heinrich Mann. Der sah den jungen Sozialisten, wenngleich politisch ahnungslos, mit Wohlwollen, zumal er von dessen Lübecker Herkunft erfuhr. Man kam ins Plaudern. Willy Brandt hat später von dieser Begegnung gerne und anekdotenhaft erzählt. Erinnerlich ist mir sein Lachen geblieben, sobald er zu des berühmten Schriftstellers Frage kam: »Sagen Sie, junger Mann, stehen denn immer noch die sieben Türme unserer gemeinsamen Heimatstadt?« Heimweh mag dem Autor des »Untertan« diese Frage eingegeben haben. Sein Bild von Deutschland wankte. Vorausahnend sah er seines Vaterlandes Zerfall. Deshalb die Sorge um die vieltürmige Heimatstadt. Und deshalb heißt meine Rede, die zu halten ich heute die Ehre habe: »Das Haus in der Stadt der sieben Türme«.

Es steht schon lange in der Königstraße, und es steht leer. Doch fortan soll es als »Willy-Brandt-Haus« vom fortwirkenden politischen Nachlaß eines Staatsmannes von Weltrang belebt werden, der am 18. Dezember 1913 in Lübeck geboren wurde, hier vaterlos aufwuchs, bereits als Schüler des Johanneums erste Zeitungsartikel schrieb und sich an seinem politischen Ziehvater, dem Sozialdemokraten Julius Leber, gerieben hat. Schon früh sprach aus ihm der kompromißlose Antifaschist. In der Nacht vom 1. zum 2. April 1933 mußte er seine Heimatstadt verlassen: Von Travemünde aus brachte ihn ein Fischkutter zur dänischen Insel Falster. Aus Herbert Frahm wurde notgedrungen Willy Brandt. Doch in den Räumen des Hauses in der Königstraße kann sich fortan beweisen, daß er endlich heimgekehrt ist.

Ich begegnete Willy Brandt im Spätsommer 1961. Als Regierender Bürgermeister von Westberlin war er zugleich und zum ersten Mal Kanzlerkandidat der SPD, denn wenige Wochen nach dem Beginn des Mauerbaus quer durch die Stadt fanden Bundestagswahlen statt. Der vaterlose Emigrant und die Reise nach Barcelona boten als biographische Fakten noch Jahrzehnte später Willy Brandts politischen Gegnern Stoff und Manipuliermasse genug, um eine lange anhaltende, unter anderem von der »Passauer Neuen Presse« und Zeitungen des Springer-Konzerns gespeiste Diffamierungskampagne zu beginnen. Der damalige Bundeskanzler Konrad Adenauer und sein Eleve Franz Josef Strauß machten den Anfang, indem sie die uneheliche Herkunft und das Emigrantenschicksal ihres Gegners, den sie wie einen Feind niedermachen wollten, überaus wirkungsvoll für ihre Wahlkampfreden benutzten; zwei Christen besonderer Art.

Den Diffamierten, den in jenen Tagen die unmittelbaren Wirkungen des Mauerbaus viel Kraft kosteten, haben diese und weitere Verleumdungen anhaltend verletzt. Damals fiel es leicht, mit solch schäbigen Hinweisen und Verdächtigungen auf Stimmenfang zu gehen. Der versuchte Rufmord blieb ungeahndet. Die Öffentlichkeit reagierte lau. Allenfalls war in bezug auf die Verleumder von »Kavaliersdelikten« die Rede. Mich jedoch haben diese üblen Nachreden angestoßen und motiviert, als Schriftsteller meiner Bürgerpflicht zu folgen und laut und deutlich für den Verleumdeten einzutreten. Ich schraubte das Tintenfaß zu, verließ mein Stehpult, ergriff Partei.

Wenige Jahre später sahen wir uns als befreundet an. Dabei hätten wir verschiedener nicht sein können. Doch auch abgesehen von unserer auf Nähe und Distanz bestehenden Freundschaft verdanke ich Willy Brandt viel. Was mir im Literarischen leicht von der Hand ging und selbstverständlich war, nämlich aufs unscheinbare Detail zu achten und dennoch verwirrenden, widersprüchlichen, oft verdeckten Zusammenhängen zu folgen, lernte ich nun im Bereich der Politik zu erkennen und in öffentlichen Reden zu benennen. Er war mir tätiges Beispiel, nicht etwa kritiklos gesehenes Vorbild; von Hausaltären dieser Art hielten wir beide nicht viel.

Willy Brandt, der Pragmatiker, dem das Machbare wichtiger sein mußte als das Wünschenswerte, ließ dennoch nicht davon ab, ferne, utopische Ziele im Auge zu behalten. Ob als Bundeskanzler oder später, als Vorsitzender der Nord-Süd-Kommission, vor neue Aufgaben gestellt, stets war er von langem Atem, begriff dabei die Menschen in ihrer unmittelbaren Not und zeigte Wege auf, dieser Not – und sei es nur schrittweise – zu entkommen. Ihm waren begrenzte Siege und spürbare Niederlagen vertraut. Die Kehrseite des Fortschritts, die Melancholie, war ihm oft genug Tischgenosse. Auf seiner politischen Wegstrecke hat er viele Hürden erst im dritten Anlauf übersprungen. Oft habe ich mich fragen müssen, was trägt ihn, treibt ihn an zu solch wiederholter Mühe. Erst heute, zehn Jahre nach seinem Tod, beginnen wir zu begreifen, welch politische Weitsicht, wieviel vorweggenommene Zukunft ihn einerseits ausgezeichnet, andererseits vorausschauend mit Sorgen belastet hat, die uns gegenwärtig als die Welt erschütternde Krise eingeholt haben. Davon wird noch zu reden sein.

So sehe ich denn das Haus in der Königstraße mehr als Wirkungs- denn als Gedenkstätte dergestalt: Wer Willy Brandts politischer Arbeit gedenken möchte, wird sie, zehn Jahre nach seinem Tod, fortsetzen müssen, weil sie zukunftsweisend war und deshalb als nicht abgeschlossen anzusehen ist.

Der knappe Wahlsieg der rotgrünen Koalition verpflichtet beide Parteien, ihre mühevolle pragmatische Alltagsarbeit zu ergänzen, indem sie die von Willy Brandt entwickelten Konzepte zur Grundlage ihrer politischen Arbeit machen und von seiner visionären Kraft zehren. Es gilt, die deutsche Einheit zu vollenden, damit doch noch »zusammenwächst, was zusammengehört«, und es gilt, die Erkenntnisse der von Willy Brandt geleiteten Nord-Süd-Kommission nach jahrelanger Ignoranz endlich wahrzunehmen und Entwicklungspolitik zugunsten der unter Verelendung und Ausbeutung leidenden Völker der Dritten Welt mit Vorrang als Beitrag zur Bekämpfung des Terrorismus zu begreifen.

In beiden Bereichen, beim schrittweisen Verringern der Ost-West-Spannung und in der Voraussicht auf den eskalierenden Nord-Süd-Konflikt, ging es Willy Brandt um die Erhaltung des Friedens durch mehr Gerechtigkeit und den Abbau dogmatisch verfestigter Gegensätze. Vielleicht ist es nützlich und erhellend, von weit weg und fern den deutschen Selbstbetrachtungen jetzt einen Blick auf jenen langwierigen Prozeß zu werfen, der mit dem vagen Begriff Entspannungspolitik und dem Namen Willy Brandt verbunden ist.

Vor vier Monaten besuchte ich Südkorea, eingeladen vom Goethe-Institut und einer Universität in Seoul, die ein Symposium im Programm hatte, das auf die landeseigenen Probleme der anhaltenden Zweistaatlichkeit konzentriert war. Man hatte mich mit dem Hinweis auf meine kritischen Kommentare zum Prozeß der deutschen Einheit gebeten, eigene Erfahrungen vorzutragen. Man wolle, so hieß es höflich, lernen, die deutschen Fehler nicht zu wiederholen, wolle vielmehr die Einigung vor der Einheit anstreben.

Also reiste ich an, und mit mir machte sich gleichfalls, vermittelt durch das Goethe-Institut in Seoul, der ostdeutsche Schriftsteller Uwe Kolbe auf die Reise.

Zwei Tage lang wechselten Vorträge und Debatten. Doch nicht nur von Korea-Süd und Korea-Nord und der doppelt bewachten Distanz zwischen beiden Landesteilen war die Rede. Überrascht nahmen wir zur Kenntnis, wie detailliert die vortragenden Politiker und Politologen mit der Deutschland-Politik der frühen siebziger Jahre vertraut waren. Egon Bahrs These »Wandel durch Annäherung« blieb nicht nur Zitat, sondern wurde im Verhältnis zu den koreanischen Schwierigkeiten als Möglichkeit erkannt. Man wies mehrmals darauf hin, daß Willy Brandt, indem er so gut wie nie von der Vereinigung der beiden deutschen Staaten sprach, diese dennoch vorbereitet habe. Mehr noch: Indem er jeweils das Nächstliegende tat – Familienzusammenführung, Reiseerleichterungen, Ausbau der Transitstrecken und dergleichen mehr –, doch niemals die Einvernahme des anderen Staates, so wie es später ruckzuck geschehen ist, zum Ziel seiner Bemühungen erhob und – die Gegenseite verschrekkend – in den Vordergrund rückte, wurde Schritt nach Schritt möglich, was im Jahre 1990 leider im Eilverfahren und mit entsprechender Rücksichts-, weil Gedankenlosigkeit vollzogen wurde.

Vom gegenwärtigen Zustand der einerseits vom Glück begünstigten, andererseits durch westliche Dominanz beschädigten deutschen Einheit war in Korea nicht die Rede. Man steht dort am Anfang. Erste Rückschläge sind kaum verwunden. Seitdem der amerikanische Präsident Nordkorea als »Schurkenstaat« und Teil der »Achse des Bösen« bezeichnet, tun sich die Machthaber des abgeschotteten Staates schwerer, als es die ökonomische Not des Landes erlaubt. Stellvertretend suchte man in Seoul Zuspruch von außen, zog ferne Erfahrung zu Rate, hoffte auf Belebung der wegsuchenden Debatte; und inzwischen bewegt sich dort einiges, indem die so nützliche wie mühsame »Politik der kleinen Schritte« auf koreanische Gangweise versucht wird.

Und damit bin ich beim Willy-Brandt-Haus in Lübeck. In seinen Räumen sollte das begonnene Gespräch fortgesetzt werden. Einzuladen wären nord- und südkoreanische Politiker, Ökonomen, Intellektuelle. Mit ostdeutscher Erfahrung könnte Wolfgang Thierse das Gespräch leiten. Wünschenswert wäre es, wenn gleichfalls Egon Bahr dabei wäre. Nur mit Respekt vor dem jeweils anderen ist Einigkeit zu verhandeln, notfalls zu erstreiten; denn die Mühsal der Einigung ist Voraussetzung für jene Einheit, die hierzulande nur auf dem Papier steht; allenfalls hat das Süd-, Ost- und Norddeutschland treffende Hochwasser erkennen lassen, was uns Deutschen gemeinsam ist.

Doch damit nicht genug. Dem Willy-Brandt-Haus zu Lübeck wachsen weitere Aufgaben zu. Denn er, der Namensgeber des Hauses, dem das Steinewälzen nach dem Sisyphos-Prinzip lebenslange Disziplin gewesen ist, hat Beispiele weltweit fortwirkender Politik hinterlassen. Als er 1973 vor den Vereinten Nationen als erster deutscher Bundeskanzler sprach, war ihm auch das wachsende Elend in den Ländern der Dritten Welt Thema. Der Zufall wollte es, daß ich damals in New York war und Gelegenheit fand, im UNO-Gebäude seiner erstaunlichen Rede zuzuhören, die in dem Satz »Auch Hunger ist Krieg!« ihren Höhepunkt hatte. Ein Befund, der kurzerhand vom Beifall erschlagen wurde. Weiteres geschah nicht. Man ging zur Tagesordnung über, wie üblich, wenn direkt ausgesprochene Wahrheit den Konsens zu stören droht.

Doch er ist beim Thema geblieben. Nicht mehr als Bundeskanzler, wohl aber als Vorsitzender der Nord-Süd-Kommission hat er die Zusammenhänge zwischen dem Wettrüsten in den ost-westlichen Militärbündnissen und der Armut in den Entwicklungsländern offengelegt. Die Weltbank gab dazu den Auftrag, die Vereinten Nationen zeichneten als Schirmherr. In einer Zeit, in der, selbst nach dem Abflauen des »kalten Krieges«, der Ost-West-Konflikt die Politik dominierte, hat Willy Brandt versucht, das Weltinteresse auf die verdrängte, doch tagtäglich vorhandene und auf jeden Fall unheilvoll zukunftsträchtige Konfliktlage im Süden zu lenken, auf den skandalösen Gegensatz zwischen Arm und Reich, auf Überfluß hier, Hunger dort, aber auch auf die wachsende Erbitterung in den armen Ländern Asiens, Afrikas und Lateinamerikas über die Arroganz des reichen Nordens, der nicht bereit war und ist, auf einen Teil seines überschüssigen Reichtums und seiner ökonomischen Macht zu verzichten.

Vergeblich forderte Willy Brandt eine »neue Weltwirtschaftsordnung«, die den Entwicklungsländern die Märkte des reichen Nordens öffnen sollte. Vergeblich mahnte er eine »Weltinnenpolitik« an, der die nationalen Interessen sich hätten unterordnen müssen. Vergeblich warnte er vor den Folgen wortreicher Untätigkeit. Niemand mochte auf seine Forderungen, Mahnungen, Warnungen hören. Selbst seine eigene Partei, deren Vorsitzender er war, stellte sich taub.

Als vor einem Jahr die Terroranschläge in New York und Washington besonders den kleineren, aber großmächtig reichen Teil der Welt erschreckten, hätte uns Rückbesinnung auf Willy Brandts Nord-Süd-Bericht, auch auf sein im Jahr 1985 erschienenes Buch »Der organisierte Wahnsinn – Wettrüsten und Welthunger« behilflich werden können, in den armen Ländern die Ursachen für Enttäuschung, Verbitterung, Zorn und Haß, der in schließlich vergeltenden Terror umschlägt, zu erkennen. Das Gegenteil war die Folge. Auf militärische Gewalt glaubte man setzen zu können, auch auf neue Gesetze, die mehr und mehr den eigenen demokratischen Freiheitsraum einschränken. Als hätte jemals Krieg ein Problem gelöst, den Hunger gemildert, der Verarmung abgeholfen, der Kindersterblichkeit entgegengewirkt, Wasser in Dürrezonen geleitet, den Handel – außer mit Waffen – gefördert.

Und dennoch steht neuer Krieg bevor. Weil Terror nach des Irrsinns Logik Gegenterror bedingt. Weil die einzig verbliebene Großmacht einen Feind benötigt. Weil der gegenwärtige Präsident der Vereinigten Staaten die Kritik der Verbündeten wie Majestätsbeleidigung wertet: »Wer nicht für uns ist, ist gegen uns!«, und weil sich der »organisierte Wahnsinn« immer wieder aufs neue bestätigt. Oder wäre doch Abhilfe möglich? Kann sich das oft berufene »Umdenken« nicht nur auf Papier ereignen? Das Willy-Brandt-Haus lädt dazu ein. Nach gewonnener Wahl sind die Sozialdemokraten zuallererst dazu aufgerufen, gemeinsam mit den Grünen Versäumtes nachzuholen, den politischen Nachlaß des großen Vorsitzenden, all das, was der Nord-Süd-Bericht einklagt, endlich als ihre Aufgabe zu begreifen. Wer sich zu Recht der Teilnahme an dem drohenden Präventivkrieg verweigert, der muß die Alternative zur gegenwärtigen Kurzschlußpolitik als langfristiges Programm entwickeln und Schritt für Schritt solange realisieren, bis es den Menschen in der sogenannten Dritten Welt möglich ist, gleichberechtigt in einer einzigen Welt zu existieren, unbehindert Handel zu treiben, über die eigenen Rohstoffe zu verfügen, über sich selbst zu bestimmen, also menschenwürdig zu leben, auf daß ihnen mit der Not und Verzweiflung schließlich der Haß vergeht. So, nur so werden Terror und Gegenterror ein Ende finden.

Das war Willy Brandts Überzeugung. Pragmatisch dem Alltag verpflichtet, ging er dennoch utopisch anmutende Ziele an. Was er uns hinterließ, verlangt danach, fortgesetzt zu werden. Das gilt im nationalen Bereich für die deutsche Einheit; das gilt weltweit für den eskalierenden Nord-Süd-Konflikt. Im Haus in der Königstraße sollten vordringlich diese beiden Aufgaben auf der Tagesordnung stehen. Willy Brandt bedarf keiner Gedenkstätte, wohl aber einer Werkstatt, die geräumig genug ist, seine immer noch tragfähigen Gedanken mit den Problemen unserer Tage zu belasten.

Ich erinnerte anfangs an die Pariser Begegnung zwischen dem jungen und dem alten Emigranten, zwischen Willy Brandt und Heinrich Mann. »Ja«, bestätigte der eine des anderen Frage, »Lübecks sieben Türme stehen noch.« Doch sonst war im Jahr 1937 nichts Gutes oder Beruhigendes aus Deutschland zu berichten. Die Nationalsozialisten hatten ihr Macht- und Terrorsystem ausgebaut. Kein Widerstand regte sich. In Spanien erprobten Teile der deutschen Wehrmacht als »Legion Condor« ihre neuesten Waffen. Es sollte noch Jahre dauern, bis der junge Mann aus Lübeck heimkehren konnte. Und als er heimkehrte, sah man ihn und andere Emigranten mit Mißtrauen, schlimmer noch, mit Haß. Es hat Jahrzehnte gedauert, bis dem Staatsmann von der Mehrheit im eigenen Land jene Anerkennung zukam, die ihm weltweit schon lange zuteil wurde. Selbst als ihm der Friedensnobelpreis verliehen wurde, verweigerte ihm im Bundestag die Opposition den Respekt. Seine Heimatstadt jedoch wird ihm und seinem zukunftsweisenden politischen Nachlaß ein Haus bereiten. Die Bürger Lübecks, der Stadt der sieben Türme, dürfen stolz sein auf Willy Brandt.

Mit einem Gedicht, das ich geschrieben habe, als der Freund und überragende Politiker von seinem Amt als Bundeskanzler zurücktrat, will ich schließen:

Federn blasen

Das war im Mai, als Willy zurücktrat.
Ich hatte mit Möwenfedern den sechsten tagsüber
mich gezeichnet: ältlich schon und gebraucht,
doch immer noch Federn blasend,
wie ich als Junge (zur Luftschiffzeit)
und auch zuvor
soweit ich mich denke (vorchristlich steinzeitlich)
Federn, drei vier zugleich,
den Flaum, Wünsche, das Glück
liegend laufend geblasen
und in Schwebe (ein Menschenalter) gehalten habe.

Willy auch. Sein bestaunt langer Atem.
Woher er ihn holte.
Seit dem Lübecker Pausenhof.
Meine Federn – einige waren seine – ermatten.
Zufällig liegen sie, wie gewöhnlich.

Draußen, ich weiß, bläht die Macht ihre Backen;
doch keine Feder,
kein Traum wird ihr tanzen.

Zwischen den Kriegen

Das vergebliche Warnen vor drohender Kriegsgefahr gerinnt mittlerweile zur Routine; und dennoch gilt weiterhin zählebig, was Matthias Claudius zu seiner Zeit reimte:

»'s ist Krieg! s' ist Krieg! O Gottes Engel wehre,
Und rede Du darein!
's ist leider Krieg – und ich begehre
Nicht schuld daran zu sein!«

Viele Ausrufzeichen stützen die erste Strophe dieses Gedichtes, dem die Vergeblichkeit seiner Warnung Dauer garantiert hat. Deshalb, weil es so viele Schlachten überdauert hat, setze ich es an den Anfang meiner Warnung – »Und rede Du darein!« –, die als Dreinrede, wie ich befürchte, überhört werden wird.

Krieg droht. Wieder einmal droht Krieg. Oder wird nur mit Krieg gedroht, damit es nicht zum Krieg kommt? Bedeutet das einschränkende Wort »nur«, daß der seit Wochen auf der Arabischen Halbinsel und im Roten Meer inszenierte Aufmarsch nordamerikanischer und englischer Truppen und Flottenverbände, der die Medien mit Bildern militärischer Überlegenheit füttert, eine bloße Drohgebärde ist, die schließlich – sobald der eine von zwei Dutzend weltweit herrschenden Diktatoren sich ins Exil verkrümelt hat oder wünschenswert tot ist – als friedensichernde Machtdemonstration verbucht und abgeblasen werden kann?

Wohl kaum. Dieser drohende Krieg ist gewollt. In planenden Köpfen, auf den Börsen aller Kontinente, in wie vordatierten Fernsehprogrammen findet er bereits statt. Der Feind als Zielobjekt ist erkannt, benannt und eignet sich, neben anderen noch zu erkennenden und benennenden Feinden auf Vorrat, für die Beschwörung einer Gefahr, die alle Bedenken nivelliert. Wir kennen die Machart, nach der man sich einen Feind, sollte er fehlen, erfindet. Bekannt ist gleichfalls jene bildgesättigte Spielart des Krieges, nach der zielgenau daneben getroffen wird. Geläufig sind uns die Wörter für Schäden und Verluste an Menschenleben, die als unvermeidbar hinzunehmen sind. Es ist uns üblich geworden, daß nur die relativ wenigen Toten der herrschenden Weltmacht gezählt und betrauert werden, während die Masse der toten Feinde samt deren Frauen und Kindern ungezählt bleibt und keiner Trauer wert ist.

Also warten wir auf den Wiederholungsfall. Diesmal sollen neue Raketensysteme noch genauer danebentreffen. Ein uns als Bildauswahl vertrauter Krieg droht. Weil wir seine vom detaillierten Schrecken gesäuberte Bilderflut kennen und auch die Fernsehrechte an den uns bekannten Sender der drei abkürzenden Buchstaben vergeben sind, erwarten wir eine Fortsetzung des Krieges als Seifenoper, unterbrochen nur von Werbespots für friedliche Konsumenten. Am Rande geht es zur Zeit allenfalls darum, wer beim schon stattfindenden kommenden Krieg lautstark oder halbherzig mitmacht oder nur ein bißchen dabei sein mag, wie die Deutschen, denen zwangsläufig das Kriegführen vergangen ist oder sein sollte.

Gegen wen wird dieser Krieg, der so tut, als drohe er nur, geführt? Es heißt: gegen einen schrecklichen Diktator. Aber Saddam Hussein war, wie andere Diktatoren auch, einst Waffenbruder der demokratischen Weltmacht und ihrer Verbündeten. Stellvertretend – und mit Hilfe des Westens hochgerüstet – führte der Irak acht Jahre lang Krieg gegen den Iran, weil im Nachbarland des Diktators ein Diktator herrschte, der dazumal Feind Nummer eins war.

Aber, heißt es weiter, Saddam Hussein verfügt – was nicht bewiesen ist – mittlerweile über Massenvernichtungsmittel. Das sagt der Westen, der – was zu beweisen wäre – über Massenvernichtungsmittel verfügt. Zudem wird versprochen: Nach dem Sieg über den Diktator und sein System soll im Irak die Demokratie eingeführt werden. Doch die dem Diktator benachbarten Länder Saudi-Arabien und Kuwait, die dem Westen verbündet sind, und ihm als militärische Aufmarschbasis dienen, werden gleichfalls diktatorisch beherrscht. Sollen diese Länder Ziel der nächsten demokratiefördernden Kriege sein?

Ich weiß, diese Fragen sind müßig; die Arroganz der Weltmacht gibt Antwort auf jede. Doch jedermann kann wissen oder ahnen, daß es ums Öl geht. Oder genauer: Es geht wiederum ums Öl. Das Gespinst der Heuchelei, mit dem die zuletzt verbliebene Großmacht und der Chor ihrer Verbündeten ihre Interessen zu verdecken pflegen, ist im Laufe der Zeit so verschlissen, daß sich das Herrschaftsgefüge nackt zeigt; schamlos stellt es sich dar und gemeingefährlich in seiner Hybris. Der gegenwärtige Präsident der USA gibt dieser Gemeingefährlichkeit Ausdruck.

Ich weiß nicht, ob die Vereinten Nationen standhaft genug sind, dem geballten Machtwillen der Vereinigten Staaten von Amerika zu widerstehen. Meine Erfahrung sagt mir, daß diesem gewollten Krieg weitere Kriege aus gleichem Antrieb folgen werden. Ich hoffe, daß die Bürger und die Regierung meines Landes unter Beweis stellen werden, daß wir Deutschen aus selbstverschuldeten Kriegen gelernt haben und deshalb Nein sagen zu dem fortwirkenden Wahnsinn, Krieg genannt.

»Was sollt' ich machen, wenn im Schlaf mit Grämen
Und blutig, bleich und blaß
Die Geister der Erschlagnen zu mir kämen,
Und vor mir weinten, was?«

Diese Frage stellt die zweite Strophe des Gedichtes »Kriegslied« von Matthias Claudius. Eine Frage, die wir im Rückblick auf unsere Kriege und deren »Erschlagne« bis heute nicht gültig beantwortet haben. Jener ferne, drohende Krieg, der bereits stattfindet, der nie aufgehört hat, stellt sie uns abermals.

»s' ist leider Krieg – und ich begehre
Nicht schuld daran zu sein!«

Rede anläßlich der Verleihung der Ehrendoktorwürde der Universität Lübeck

Meine Damen und Herren!

Wie kann ich mich für die mir heute erwiesene Ehre bedanken? Alles, was Professor Arnold lobend erwähnt hat, ist für mich das Selbstverständliche. So hieß auch meine erste Sammlung politischer Reden, Aufsätze, Polemiken, die Mitte der sechziger Jahre unter dem Titel »Über das Selbstverständliche« als Buch erschien. Dennoch ist es ungewöhnlich, daß eine medizinische Universität einen Literaten so hochherzig auszeichnet, aber da die Germanisten, zumindest in Deutschland, leidenschaftlich der internen Information verpflichtet sind und mit Ausdauer einzig ihren eigenen Standpunkt erwärmen, spricht einiges dafür, daß den lehrenden und lernenden Medizinern ihr Fachwissen nicht genug ist und sie erkannt haben, daß die Literatur ein Überlebensmittel ist, besonders heilsam für Patienten, denen nach gelungener Operation eine längere Liege- und Ruhezeit verordnet bleibt, geeignet für entspannende Lektüre.

Diesen Eindruck gewann ich, als mir durch freundliche Einladung 1998 Gelegenheit geboten wurde, vor den Studenten dieser Universität an sechs Abenden einen Werkstattbericht vorzutragen. Der Hörsaal war jeweils überfüllt, ich sah nicht nur Studenten; auch Assistenz- und Chefärzte, Krankenschwestern und einige Patienten gehörten zu den Zuhörern, so daß ich zum Schluß Anlaß genug hatte, auf die Anziehungs- und Heilkraft der Literatur hinzuweisen, auch daß es in der deutschsprachigen Literatur nicht an bedeutenden Autoren fehlt, die zugleich als Arzt und Schriftsteller tätig gewesen sind. Ich nannte beispielhaft Gottfried Benn und Alfred Döblin.

Zudem war und bin ich der Überzeugung, daß schon die Medizinstudenten, und um so mehr die späteren Ärzte, literaturgebildet sein sollten. Sei es zur Bereicherung der eigenen Person, sei es, um in der Lage zu sein, ihren späteren oder bereits gegenwärtigen Patienten geeignete, das heißt, den Heilungsprozeß unterstützende Literatur zu empfehlen. Was böte sich da alles an!

Etwa der kunstvoll ironische Roman »Siebenkäs« unseres großen, doch leider in Vergessenheit geratenen Jean Paul; gewiß auch Anton Tschechows leichtfüßig daherkommende und doch so tief gründende Erzählungen. Auch stelle ich mir Patienten vor, denen während für längere Zeit verordneter Bettruhe die Essays des französischen Moralisten Michel de Montaigne behilflich werden könnten, weil dessen aus Erfahrung gewonnene Lebensweisheiten bis heute frisch und wirksam geblieben sind.

Und was ließe sich von Thomas Mann empfehlen? In beschwerlicher Lage gewiß nicht »Der Tod in Venedig«, aber doch die Bekenntnisse des liebenswerten Hochstaplers Felix Krull und auch »Lotte in Weimar«, dieser Witz und Ironie sprühende Roman, der uns Goethe näher bringt, als es der Geheimrat je vorgehabt hätte.

Und was die Gegenwartsliteratur betrifft, so könnte ich, wenn Geduld als Voraussetzung für Gesundung gefragt ist, Sten Nadolnys »Die Entdeckung der Langsamkeit« empfehlen, ja, weiterhin eine Liste lesenswerter, spannender, unterhaltsamer und, wie ich meine, den Heilungsprozeß fördernder Buchtitel herunterbeten; doch soll hier niemand verschreckt werden. Mir kommt es nur darauf an, sachte und doch eindringlich auf einen Mißstand hinzuweisen, dessen Folgen sich nicht nur durch die vielzitierte PISA-Studie belegen lassen: die bis in die intellektuellen Berufe hinein nachweislich fehlende Allgemeinbildung, die kümmerliche Zeitweil überinformierter Analphabeten.

Ein Grund dafür mag in der zunehmenden Spezialisierung der Ausbildung liegen. Für die wird es Gründe geben, aber es gibt auch Gründe genug, den sich so früh spezialisierenden Studenten – und unter ihnen den Medizinstudenten – zum Ausgleich Vorlesungen und Seminare anzubieten, die geeignet sind, gegengewichtig zu wirken. Literatur und Philosophie sind geeignet, zudem lehrreiche Hinführungen zu den sichtbaren Produkten der Künste. All diese Angebote könnten, wenn man sie nutzen wollte, behilflich werden, wenn es darum geht, den demnächst so tüchtigen Spezialisten nicht in seinem Spezialistentum vereinsamen zu lassen.

Ich weiß keine bessere Form des Dankes für die heute mir erwiesene Ehre, als Ihnen diese Anregung zuzumuten. Da es mir ermöglicht wurde, hier, im Hörsaal des Klinikums, an sechs Abenden meinen Werkstattbericht über fünf Jahrzehnte Arbeit am Stehpult vorzutragen, darf ich annehmen, daß meine Anregung nicht für die Katz ist. So will ich denn meinen Dank nicht mit weiterer Rede abrunden, sondern Ihnen einige in letzter Zeit entstandene, noch unveröffentlichte Gedichte vortragen.

Nach Abschluß der Arbeit an meinem letzten größeren Prosatext, der Novelle »Im Krebsgang«, in der es um Krieg, das heißt um die Zerstörung von Menschenleben und konzentriert um den Untergang eines Schiffes ging, hatte ich das Bedürfnis, mich einem heiteren Stoff zuzuwenden; und da ich nach Abschluß einer Arbeit, um nicht der Routine zu verfallen, gern das Werkzeug wechsle, begann ich aus feuchtem Töpferton tanzende Paare zu formen. Parallel dazu entstanden Zeichnungen, Lithographien und schließlich auch Gedichte unter dem versammelnden Titel »Letzte Tänze«.

Das Unrecht des Stärkeren

Erklärung zum Irak-Krieg

Ein Krieg hat begonnen, der seit langem gewollt und geplant war. Gegen alle Bedenken und Warnungen der Vereinten Nationen ist völkerrechtswidrig einem übermächtigen Militärapparat der Befehl zum präventiven Angriff erteilt worden. Kein Einspruch half. Das Votum des Sicherheitsrates wurde mißachtet und als irrelevant verhöhnt. Seit dem 20. März 2003 gilt nur noch das Recht des Stärkeren. Und gestützt auf dieses Unrecht hat der Stärkere die Macht, Kriegswillige zu kaufen und zu belohnen, Kriegsunwillige zu mißachten oder gar zu bestrafen. Das Wort des derzeitigen amerikanischen Präsidenten »Wer nicht für uns ist, ist gegen uns« lastet als Nachhall aus barbarischer Zeit auf allem gegenwärtigen Geschehen. So kann es nicht verwundern, wenn sich die Sprache des Angreifers der Wortwahl seines Feindes mehr und mehr angeglichen hat. Religiöser Fundamentalismus ermächtigt beide Seiten, den allen Religionen eigenen Begriff »Gott« zu mißbrauchen und nach jeweils fanatischem Verständnis »Gott« in Geiselhaft zu nehmen. Selbst die leidenschaftliche Warnung des Papstes, der aus Erkenntnis weiß, welch fortdauerndes Unheil christliche Kreuzzugsmentalität und -praxis zur Folge gehabt haben, blieb ohne Wirkung. Verstört, ohnmächtig, aber auch voller Zorn sehen wir dem moralischen Niedergang der einzig herrschenden Weltmacht zu, ahnend, daß dem organisierten Wahnsinn eine Folge gewiß ist: die Motivierung zu anschwellendem Terrorismus, zu weiterer Gewalt und Gegengewalt.

Sind das noch die Vereinigten Staaten von Amerika, die uns aus vielerlei Gründen gut in Erinnerung sind? Der großmütige Spender des Marshallplanes? Der langmütige Lehrmeister im Schulfach Demokratie? Der freimütige Kritiker seiner selbst? Das Land, dem einst der Prozeß der europäischen Aufklärung behilflich wurde, die Kolonialherrschaft zu überwinden, sich eine beispielhafte Verfassung zu geben, und dem die Freiheit des Wortes unverzichtbares Menschenrecht war?

Nicht nur wir erleben, wie dieses Bild, das im Verlauf der Jahre mehr und mehr Wunschbild wurde, verblaßte und nun zum Zerrbild seiner selbst wird. Auch viele amerikanische Bürger, die ihr Land lieben, sind entsetzt über den Zerfall der ureigenen Wertvorstellungen und über die Hybris der hauseigenen Macht. Ihnen sehe ich mich verbündet. An ihrer Seite bin ich erklärter Proamerikaner. Mit ihnen protestiere ich gegen das brutal ausgeübte Unrecht des Stärkeren, gegen die Einschränkung der Meinungsfreiheit, gegen eine Informationspolitik, wie sie vergleichsweise nur von totalitären Staaten praktiziert wird, und gegen jene zynische Rechnung, nach der der Tod vieltausender Frauen und Kinder hinzunehmen ist, wenn es um die Wahrung ökonomischer und machtpolitischer Interessen geht.

Nein, nicht Antiamerikanismus beschädigt das Ansehen der USA, nicht der Diktator Saddam Hussein und sein weitgehend abgerüstetes Land gefährden die stärkste Macht der Welt; es sind der Präsident Bush und seine Regierung, die den Verfall demokratischer Wertvorstellungen betreiben, die ihrem Land Schaden bringen, die die Vereinten Nationen ignorieren, und die nun durch einen völkerrechtswidrigen Krieg die Welt in Schrecken versetzen.

Man hat uns Deutsche oft gefragt, ob wir stolz seien auf unser Land. Die Antwort fiel schwer. Und es gab Gründe für unser Zögern. Ich kann sagen, daß mich die Ablehnung des jetzt begonnenen Präventivkrieges durch die Mehrheit der Bürger meines Landes ein wenig stolz auf Deutschland gemacht hat. Nach zwei von uns zu verantwortenden Weltkriegen mit verbrecherischen Folgen haben wir, was schwer genug fiel, aus der Geschichte gelernt und die uns erteilten Lektionen begriffen.

Seit 1990 ist die Bundesrepublik Deutschland ein souveräner Staat. Zum ersten Mal hat die Regierung von dieser Souveränität Gebrauch gemacht, indem sie den Mut hatte, dem mächtigen Verbündeten zu widersprechen und Deutschland vor einem Rückfall in unmündiges Verhalten zu bewahren. Ich danke dem Bundeskanzler Gerhard Schröder und seinem Außenminister Joschka Fischer für ihre Standhaftigkeit; allen äußeren und inneren Anfeindungen und Verleumdungen zum Trotz sind sie glaubwürdig geblieben.

Viele mögen gegenwärtig verzagt sein. Es gibt Gründe dafür. Dennoch dürfen unser Nein zum Krieg und unser Ja zum Frieden nicht verhallen. Was ist geschehen? Der Stein, den wir bergauf wälzten, liegt wieder am Fuße des Berges. Also wälzen wir ihn abermals bergauf, auch wenn wir ahnen, daß er uns, kaum liegt er oben, wieder am Fuße des Berges erwarten wird. Das, immerhin das, der nie endende Protest und Widerspruch, ist und bleibt menschenmöglich.

Walter Höllerer nachgerufen

Ein schief in der Gegend stehender Vogel,
der sich aus Bayern
nach Preußen verflogen hatte, lachte,
daß den Bäumen im März schon
die Knospen sprangen, lachte mit Echo
und notfalls die Linden frühzeitig gelb.

Fuhr meist auf Nebengleisen,
hielt an verkrauteten Bahnhöfen,
die Grabbe, Kleist, Niebergall und Jean Paul hießen.
Ich stieg mit ihm aus, verweilte,
während er schon woanders.

War mal hier, mal da,
spuckte reimlos gereimt Kirschkerne,
aber auch Vierzeiler, Langzeiler,
raffte Gedichte aus aller Welt,
die praktisch nicht Sinn machten,
aber – schrecklich und schön –
transit ihren Weg suchen.
Hatten später gedruckt ihren Preis.

Als Berlin vermauert am Tropf hing,
hüpfte er quicklebendig
in die Schwangere Auster
und verkündete lauthals
des Überlebenskünstlers Poesie
saalsprengenden Auftritt.
Er lehrte uns hochstapeln
und tanzen auf einem Seil,
aus Wörtern gezwirnt.

Und sparte nie.
Geld gab er aus, zwölfhändig.

War aus Prinzip Verschwender.
Und alle zehrten von ihm:
heillose Dichter, fromme Buchhändlerinnen,
die Stadt, die nicht wußte,
wie ihr geschah.

Ach, wie sie ihm zu Füßen saßen,
wenn er die Götter – frisch- und altbacken –
vereinzelt oder in Gruppen auftreten ließ;
denn alle kamen, gelockt
von Schrägvogels Ruf.

War zugleich Projektemacher, Akzentesetzer, Silbenstecher,
Stifter, Gründer und Freund.
Viele Kostüme trug unser Vogel,
der Walter hieß,
dem im Ticktack der Elefantenuhr
die Zeit und schließlich die Laune verging,
doch dessen Lachen uns glauben machte,
es gäbe – mit violetter Tinte geschrieben –
das Paradies und in ihm ungezählt viele Vögel,
darunter seltsam schräge.

Zu Tisch mit Legenden

Wer in Lübeck redet, darf darauf bauen, daß in der Literatur und gar in ihrer zwielichtigsten Sparte, der Dichtung, die Verfertigung von glaubwürdigen Lügengeschichten geeignet ist, der Wahrheit oder, besser, den Wahrheiten auf die Sprünge zu helfen. Zum Beispiel: Wie geht man erzählend mit Personen um, die man annähernd gekannt hat, sich ihnen sogar befreundet sah und die bereits vor ihrem Tod – um so verbürgter danach – zu Legenden wurden. Gut, man erinnert sich. Aber an was erinnern wir uns? Das Gedächtnis selektiert, schwächt ab, verschärft im Detail, färbt schön, reißt Wunden auf, verliert sich in Anekdoten, die mal so, mal so zu erzählen sind.

Heute will ich mit personifizierten Legenden zu Tisch sitzen. Ob Linseneintopf, Schweinekopfsülze, ein mit Backpflaumen gefülltes Rinderherz oder Fischsuppe; ich koche gerne für Gäste. Aus freundschaftlichem Gelüst oder auf literarischer Spurensuche werden Lebende, aber auch Tote zu Tisch gebeten; was die Lebenden betrifft, nicht ohne listige Hintergedanken. So geschah es vor langer Zeit, im Herbst 68. Auf den Straßen wurde die Revolution geprobt. In Vietnam sollte die Demokratie mit Napalm herbeigebombt werden. In Prag hatten die Panzer gesiegt. Während bewegter Zeit also hatte ich etwas Revisionistisches im Sinn, das sich nach Schneckenart auf Kriechsohlen bewegte. Eine sozialdemokratische Wählerinitiative sollte bundesweit aufgebaut und im Wahlkampf des folgenden Jahres nützlich werden. Bis dahin bloßes Papier. Noch sträubte sich einer der führenden Genossen gegen eine solch spontane, nicht von der Partei organisierte Initiative, die womöglich ketzerisch dem Godesberger Programm spotten könnte. Also lud ich nach Berlin in die Friedenauer Niedstraße zur Fischsuppe ein. Und sie kamen. Nicht nur der Vorsitzende Willy Brandt und der Erfinder der »Konzertierten Aktion«, Karl Schiller, die beide dem Vorhaben unserer überschaubaren Gruppe geneigt waren. Vorerst abweisend saß mit obligater

Pfeife auch Herbert Wehner am langen Tisch, auf dem bereits die Suppenteller standen.

Das geschah an einem Freitag. Mein restlicher Katholizismus hatte bei der Wahl des Gerichtes den Löffel geführt. Der Fischsuppe gaben Ostseedorsch, Rotbarsch aus der Nordsee sowie eine Makrele die Grundlage. Der Dorschkopf und der Rotbarschkopf wurden mit Lorbeerblättern und Senfkörnern vorgekocht, um einen kräftigen Sud zu gewinnen. Kartoffeln, Möhren, Lauchzwiebeln und nur zwei Knoblauchzehen kochte ich in dem Sud, legte dann erst die kopflosen Fische dazu, ließ sie auf kleiner Flamme garen, nahm sie aus dem Topf und – abgekühlt – von den Gräten, gab nun Kapern an den Sud und einen Schuß Weißwein, legte die entgräteten Fische in Stücken dazu, ließ alles bei wenig Hitze ziehen und grünte, kurz bevor die Gäste kamen, das Ganze mit frisch gehacktem Dill. Wenn ich mich recht erinnere, rührte ich zum Schluß, weil die Makrele ein wenig vorschmeckte, ein Achtel Sahne an die Suppe.

Das Essen tat Wunder. Klug und zivilisiert eitel kommentierte Schiller unser Vorhaben. Herbert Wehner sah sich offenbar nicht von Feinden und Verrätern umgeben. Willy Brandt sagte einerseits, andererseits. Und wir, die Initiatoren, nahmen Gelegenheit, wie beiläufig unseren kühnen Plan auszubreiten. Sozialdemokratische Wähler, die durchaus nicht geneigt waren, Parteimitglied zu werden, wollten in pechschwarzen, aber landschaftlich lieblichen Wahlkreisen und auch dort, wo Direktmandate knapp zu gewinnen waren, Wählerinitiativen anregen, die der Partei von außen her helfen sollten, endlich und nach so viel vergeblichen Anläufen eine sozialliberale Regierung zu bilden, auf daß die von uns nur mühsam tolerierte Große Koalition ihr Ende fände.

Einen zweiten Schlag Fischsuppe teilte ich mit gerecht schöpfender Kelle aus. Alle nahmen. Die Suppe wurde gelobt und unsere Initiative als bedenkenswert gewichtet; aber erst Wochen später, bei einer Gegeneinladung im schlichten Haus Herbert Wehners in Bad Godesberg – es kamen allerlei schwedisch marinierte Heringe auf den Tisch –, gab der allzeit mißtrauische Kärrner der Partei aufgrund eines sich produktiv auswirkenden Mißverständnisses – er murmelte etwas von Leninscher Bündnispolitik, hielt uns also für nützliche Idioten – seinen Segen zu unserem Unternehmen. Man erinnere sich, daß ein Jahr später knapp, aber doch die Wahl gewonnen und Willy Brandt Bundeskanzler wurde. Das ist lange her, will mir aber, mitsamt der Fischsuppe, die Wunder wirkte, nicht aus dem Sinn. Warum wohl?

Heutzutage wüßte ich nicht, wen ich so konspirativ zu Tisch bitten könnte, wenngleich es Anlaß genug gäbe, als Bürger in das diffuse Geschehen unserer Tage einzugreifen, etwa das gesellschaftliche Vehikel auf abschüssiger Bahn zu bremsen und so der allgemeinen Beschleunigung, die den Stillstand kaschiert, zuwiderzuhandeln. Zwar fehlt es nicht an hilfsbedürftigen Politikern, doch Mangelware sind politischer Weitblick und der Wille, die Ursachen unserer vielfältigen Misere freizuschaufeln. Es fehlt der Mut zu dem, was Willy Brandt einst, in Anlehnung an Ernst Bloch, »konkrete Utopie« genannt hat.

Seitdem das sowjetische Herrschaftssystem zusammengebrochen, Europa zwar nicht mehr geteilt ist, sich jedoch ohnmächtiger denn je begreift, erleben wir die Vereinigten Staaten von Amerika als dominierende Weltmacht in ständiger Überforderung. Entsprechend ungehemmt greift die kapitalistische Marktwirtschaft auf brutale, man glaubte, längst überwundene Methoden zurück, läßt sich als »neoliberal« etikettieren und betreibt die Globalisierung als alternativlose Zwangsläufigkeit. Indem sie beherrscht sind, werden Märkte vernichtet. Die Börsenkurse spiegeln den Prozeß dieser schier unaufhaltsamen Selbstzerstörung. Mangels anderer Widerstände ist sich der Kapitalismus selbst zum Feind geworden. Und was die Selbsteinschätzung der USA betrifft, gibt sich die Hybris des Hegemon neuerdings gottgewollt.

So konnte es nicht verwundern, daß die alleinherrschende Weltmacht auf den Wahn islamistischer Eiferer mit christlichem Fundamentalismus und auf den Terror der Fanatiker, der sich methodisch der Globalisierung angepaßt hat, so machtvoll wie ohnmächtig mit Gegenterror, mit Krieg auf Krieg reagierte. Sicher, es gab Gegenstimmen. Gewohntes Mitmachen wurde verweigert. Doch nirgendwo wird in den politischen Zentren unserer verrückt spielenden Welt nach den Anlässen für so viel

Haß und selbstmörderische Gewalt gefragt. Die zunehmende Verarmung in den ohnehin ärmsten Ländern ist allenfalls ein Thema am Rande. Scheinbar will niemand die Gründe wissen, warum wachsender, bislang mit passiver Leidensfähigkeit ertragener Hunger und die permanente Demütigung sogenannter »unterentwickelter« Völker plötzlich in Zorn und nahbei oder weit entfernt in Gewalttätigkeit umschlägt. Der Haß kennt keine Grenzen. Wer ihn bekämpfen will, muß nach seinen Ursachen fragen. Doch in der Regel sind es hausbackene Interessen, die die Politiker der reichen Länder daran hindern, die Wurzeln des von ihnen geförderten, wenn nicht verursachten Unheils freizulegen, denn das hieße, radikal zu handeln.

Dabei gab es einst Politiker von solch weitblickendem Format. Sie haben eine Zeitlang die europäisch-amerikanische Egozentrik aufgehoben. Ich wünschte, man würde sich ihrer besinnen. Während noch der andauernde Ostwestkonflikt alles politische Denken und Handeln bündelte und das Wettrüsten die finanziellen Möglichkeiten beider Blocksysteme erschöpfte, haben sie auf die ungerechte Weltwirtschaftsordnung, auf den todbringenden Zusammenhang von Rüstung und Verelendung, von nördlichem Reichtum und südlicher Armut hingewiesen. Sie haben Berichte erarbeitet und Vorschläge gemacht, die hochgelobt, auf Konferenzen beklatscht und dann anhaltend mißachtet wurden. Nicht daß man ihre Ermahnungen gänzlich vergessen hat. Ehrenwerte, aber politisch einflußlose Forschungsinstitute erinnern uns gelegentlich mit Denkschriften an die Existenz des inzwischen legendären Nord-Süd-Berichtes. Und auch ich beschwöre in meiner Ratlosigkeit immer wieder diese papiergebliebene Großtat, zuletzt in einer Rede, die ich vor knapp einem Jahr gehalten habe, als sich die Bürgerschaft der Hansestadt Lübeck endlich entschlossen hatte, ein Willy-Brandt-Haus einzurichten.

Heute nun wiederum. Ihn, den großen Vorsitzenden, möchte ich herbeizitieren, auf daß er uns, vom Strickwerk emsiger Legendenbildung befreit, wieder deutlich werde. Und weil mir mit Tinte und Feder auf weißem Untergrund dieses und jenes, sogar das Beschwören von Wunschbildern möglich ist, lade ich ihn abermals ein und bitte mit ihm zwei weitere Politiker von dazumal zu Tisch. Die drei kennen sich gut. Zwei von ihnen befreundeten sich zur Zeit der Emigration in Stockholm. Den Dritten und Jüngsten hat gleichfalls, weil schwedischer Herkunft, das skandinavische Klima geprägt. So unterschiedlich sie ins Bild treten könnten, eint sie doch so viel: Alle drei sind demokratische Sozialisten.

Ob sie kommen werden? Diesmal gibt es Linsensuppe. Ich weiß, sie sind der vielen, oft steif offiziellen Essen müde. Ein einfaches Gericht könnte ihnen jedoch verlockend sein. Denn da sie nun mal sozialdemokratischer Herkunft sind, werden sie meine proletarischen Hülsenfrüchte nicht verachten. Mit Hammelfleisch und Sellerie habe ich die Linsen gekocht. Den besonderen Geschmack gibt gerebelter Majoran. Auf meinem einladenden Papier, das nicht nur sprichwörtlich geduldig ist, sondern auch weite Sprünge, zum Beispiel den Ausflug in biblische Landschaft erlaubt, habe ich meine Gäste daran erinnert, daß Esau – auch so ein Revisionist – seine Erstgeburt für einen Teller Linsen hergegeben hat.

Noch zögern die Drei. Zwar werden übervolle Terminkalender nicht mehr hinderlich sein, aber womöglich hält sie die Vermutung zurück, sie könnten dem gegenwärtig tonangebenden Zeitgeist nicht entsprechen. Für mehr Gerechtigkeit oder, wie Brandt seinerzeit sagte, »für ein bißchen mehr Gerechtigkeit« zu plädieren oder gar zu kämpfen, hat mittlerweile den Beigeschmack des Altmodischen. Man würde sich im Klima wohltemperierter Coolness als »Sozialromantiker« lächerlich machen.

Dann, nachdem ich auf meinem einladenden Papier diese und jene Hemmschwelle abgehobelt und meinen vermessenen Anspruch gesteigert habe, kommen sie doch noch. Als erster und unbekümmert selbstbewußt, als repräsentiere er nicht das kleine Österreich, sondern die großmächtige k.u.k. Monarchie, sitzt Bruno Kreisky am Tisch. Dann nimmt ein wenig zerknittert, aber mit immer noch jungenhaftem Charme, Olof Palme Platz. Schließlich nähert sich mit entschuldigender Geste Willy Brandt: Es sei nicht einfach, in Lübeck einen Parkplatz zu finden.

Und während ich noch in tiefe Teller die aufgewärmte Linsensuppe schöpfe, beginnen die drei personifizierten Legenden zu plaudern. Anfangs geht es anekdotisch zu: Gemeinsam gelebte skandinavische Jahre geben einiges her. Dann, unvermeidlich, wird die unaufgeklärte Mordgeschichte getischt: lückenhafte Berichte der Stockholmer Polizei. Kreisky nörgelt lästerlich über seine Amtsnachfolger. Brandt weigert sich, nochmals seinen Rücktritt zu begründen, und erzählt ersatzweise einen Witz, in dessen umständlichem Verlauf sich Herbert Wehner und Walter Ulbricht im Himmel treffen. Endlich kommen sie zur Sache. Oder will nur ich, daß sie endlich zur Sache kommen? Zum Beispiel, wie man gemeinsam erfolgreich war, als sie zu dritt den überall tätigen Henry Kissinger hinderten, die bis dahin unblutige portugiesische Revolution nach chilenischem Muster zu befrieden. Dann aber stehen Scheitern und Vergeblichkeit auf der Tagesordnung: der Nord-Süd-Bericht. Selbst in den eigenen Parteiorganisationen habe es kaum ein Echo gegeben. In der Presse, oder, wie man heute sage, in den Medien sei alles zerredet worden. Nachfolgende Kongresse und Gipfeltreffen hätten nur unverbindliche Erklärungen zu Papier gebracht. »Außer Spesen nichts gewesen!« Noch immer, wenn auch mit allerneuesten Waffensystemen, herrsche der »organisierte Wahnsinn«.

Kreisky, der Wert darauf legt, schon immer skeptisch gewesen zu sein, tröstet die beiden anderen Tischgenossen mit dem Hinweis, daß mittlerweile Begriffe wie »Weltinnenpolitik« und »globale Verantwortung« überall geläufig seien und in jeder politischen Rede Verwendung fänden, wenn auch nur floskelhaft. »Ironischerweise seid ihr es gewesen, die mit der Globalisierung angefangen haben. Ist leider was anderes dabei rausgekommen.«

Gemeinsam beklagen sie, daß sich während der kurzen Phase der Abrüstung die erhoffte »Friedensdividende« nicht ausgezahlt habe. Alles sei wieder rückläufig. Zuwachsraten gäbe es nur in den statistischen Sparten Armut, Verelendung, Hunger. So dünge man den Nährboden für Haß, religiösen Wahn und mittlerweile alltäglich gewordenen Terrorismus. Ein Ende sei nicht abzusehen.

Doch während noch meine drei Gäste als überlebende Legenden den zweiten Teller Linsensuppe löffeln, Kreisky darauf besteht, die selbstmörderische Wechselwirkung von Terror und Gegenterror, Israel betreffend, vorausgesagt zu haben, Brandt und Palme noch einmal die wirksame Entschuldung der ärmsten Entwicklungsländer fordern und ich gehört habe, was ich hatte hören wollen, vergeht mir meine herbeigewünschte Tischgesellschaft; und auch von der Linsensuppe ist nichts mehr übrig.

Bleibt also in unserer beschlußarmen Gegenwart das Scheitern die einzig beschlossene Sache? Wird weiterhin alles bergab rollen, was, mühsam genug, auf halbe Höhe gebracht wurde? Und um der beliebten Frage nicht auszuweichen: Wo bleibt – außer der heutigen Preisvergabe – das Positive?

Es liegt zwar nicht auf der Hand, wohl aber unter dem Müll unserer kleinmütigen Bedenken und egozentrischen Interessen begraben. Denn eigentlich spricht alles für ein erfolgreiches Bemühen: Noch nie war die Menschheit so gut informiert; noch nie waren während der langen Geschichte des Menschengeschlechts die Vorräte an Nahrung so ausreichend und überschüssig; nie zuvor gab es so viel weltumfassende Transportkapazität: Weltweit vernetzt, könnten wir im Nu handlungsfähig sein. Und doch bleiben wir untätig wider besseres Wissen, horten preistreibend die überschüssige Nahrung, transportieren weltweit Waffen und deren menschliches Zubehör, überlassen uns der Willkür der einzig verbliebenen Weltmacht und sehen zu, wie sich unsere magersüchtige Hoffnung von einem WTO-Gipfeltreffen zum nächsten vertagt.

Vor einem Vierteljahrhundert haben uns Politiker wie Willy Brandt bewiesen, auf welch tätige Weise Konfrontationen entspannt, Konflikte vorausschauend erkannt werden können. Mein Versuch, ihn – wenn auch nur spekulativ – in guter Gesellschaft zu Tisch zu bitten und mit einem Linsengericht zu verköstigen, hat, so hoffe ich, deutlich werden lassen, wo unsere Hoffnung begraben liegt, weshalb wir sie freischaufeln müssen, und daß das Verlangen der armen Völker nach Gerechtigkeit von dieser Welt ist, denn eine andere haben wir nicht.

Auf Holzboden

Rede anläßlich des 75. Geburtstages von Armin Sandig

Wer in Hamburg für die Künste eintritt, gar einer »Freien Akademie« kunstgesättigte Spielräume schaffen will, muß ein geübter Fechter auf Holzböden sein, denn den stellt die Hansestadt Hamburg kostenlos zur Verfügung: den sprichwörtlichen Holzboden. Zum Glück aber weiß die Freie Akademie einen Mann an ihrer Spitze, der Armin mit Vornamen heißt. Zwar ist er kein Cheruskerfürst, noch wollen wir die wechselnden Bürgermeister der Stadt mit Varus und dessen Legionen gleichsetzen, aber eine stattliche Reihe dieser honorigen Amtsinhaber hat unser fechtender Armin überlebt; und auch den jüngst wiedergewählten mag einst mildes Vergessen verhüllen, wenn von unserem Fechtbruder und dessen Taten noch ruhmreich die Rede sein wird.

Nun ist das Wort »Fechtbruder« manchem anrüchig. Wörter wie »Schnorren, Betteln, Klinkenputzen« werden mit diesem Begriff aus der Kundensprache wachgerufen. Vertragen sich solche Tätigkeiten mit dem Nimbus einer Akademie? In Hamburg schon, notgedrungen. Ich wüßte keine andere Stadt, in der eines preußischen Königs herablassendes Wort, »Hungrige Vögel singen am besten«, so haushälterisch umgesetzt worden wäre. Verglichen mit den Mitteln, die in zähen Kämpfen dem besagten Holzboden abgetrotzt wurden, müßte die Akademie ein graues Kümmerdasein fristen. Dem ist aber nicht so. Die Akademie glänzt in allen Sparten der Künste. Honorarfrei tragen deren Mitglieder zum Ruhme einer Stadt bei, die einerseits knausert, doch andererseits von eventmäßig schillernden Seifenblasen träumt, die in der Regel platzen, bevor sie den Strohhalm verlassen.

Wie macht er das? Wie gelingt es ihm, der so zerbrechlich wirkt, und dessen Stimme immer zu leise anhebt, dennoch das nötige Kleingeld einzutreiben und wundersam aus einem Holzboden Funken zu schlagen? Ist unser Armin ein Finanzgenie oder gar jemand, der es versteht, dem alltäglichen Irrsinn des Börsenspiels Gewinn abzuzapfen? Nichts dergleichen. Er ist ein

Künstler, ein begnadeter Maler, der sozusagen im Schatten seiner Fechtbrudertätigkeiten listig gerettete Zeit aufgespart hat, in der er vor der Staffelei steht und seine Visionen, Alpträume, all das, was ihn ausmacht und umtreibt, ins Bild setzt. Bewundernswert!

Und nun wird unser Armin 75. Wir wollen es nicht glauben. Er aber schaut sich insgeheim nach einem Nachfolger um. Aber den gibt es nicht. Keiner könnte wie er so ausdauernd auf Holzböden fechten. Wenn nicht die Verwalter, Vermieter oder gar Besitzer dieser historisch getränkten Fechtbühne ihm danken mögen, wir, die Mitglieder seines Sparvereins jubeln ihm zu, selbstverständlich honorarfrei, denn die Hamburger Akademie wird auch »die Freie« genannt.

Dem Macher sei Dank gesagt

Rede zur Feier des 60. Geburtstages von Gerhard Schröder

Bei jedem Wetter Wahlkampf in Niedersachsen, so auch im Kreis Lüchow-Dannenberg. Jemand, der Ministerpräsident werden wollte, hatte eingeladen: ins Freie, und bei Regen ins Bierzelt. Künstler und ähnlich unsichere Kantonisten waren von weither gekommen. Sie wollten helfen, behilflich werden irgendwie und redeten nun freudig erregt durcheinander. Doch einer, Horst Janssen, der Meister der Stichelkunst, sprach, weil betrunken, zur Sache: »Helfen? Na klar doch! Doch vor allem müssen wir quengeln, immerzu quengeln, von früh bis spät quengeln.«

Jahre später saß jemand, der nun Kanzler war, in meiner Werkstatt. Rotwein hatte er mitgebracht. Und ich quengelte ihm die Ohren voll. Klagte dies ein und das. War immerfort teilweise unzufrieden. Von Bebel bis Brandt betete ich ihm leid- und lustvolle Geschichte vor. Und er hörte zu. Ein guter Zuhörer. Ein geübtes Ohr. Doch erst, als ich auf die Literatur kam und ihm vorjammerte, wie unübersehbar in Greifswald das Geburtshaus des Schriftstellers Wolfgang Koeppen zerfalle, ein Schandfleck sei, Zeugnis der Barbarei, sprach mein Gast und Zuhörer: »Koeppen! Ganz wichtiger Autor für mich. Hat ›Das Treibhaus‹ geschrieben. Hat uns Bonn von innen gezeigt. Da muß man was machen. Da mach ich was ...«

Und er machte, der Macher. Neunhunderttausend gute alte D-Mark halfen, Koeppens marodes Geburtshaus in ein ansehnliches und mittlerweile belebtes Literaturhaus zu verwandeln. Es war wie in der Märchenstunde. Ein Wunsch wurde erfüllt. Dem Macher sei Dank gesagt. – Ich aber hörte nicht auf zu quengeln.

Autor und Übersetzer

Laudatio auf László Darvasi und Heinrich Eisterer

Sie kennen ihn. Dürers Kupferstich hat ihn überliefert: den heiligen Hieronymus im Gehäus. Mit Schreibgerät sitzt er über Bücher gebeugt. Er ist der Schutzheilige aller Übersetzer. Er hat gegen Ende des vierten Jahrhunderts die Bibel aus dem Griechischen und Hebräischen ins Lateinische übersetzt. Im zwölften und dreizehnten Jahrhundert, zur Zeit der Maurenherrschaft auf der Iberischen Halbinsel, waren es moslemische und jüdische Gelehrte, die in der Übersetzerschule von Toledo die griechischen Klassiker, etwa Aristoteles und Euklid, ins Lateinische brachten. Unser literaturfähiges Deutsch verdanken wir einem Übersetzer, der uns, wie nebenbei, auch noch den Protestantismus beschert hat: Bibeldeutsch gleich Lutherdeutsch.

Was wären wir ohne Übersetzer? Nichts wüßten wir voneinander. Dumm säßen wir im hauseigenen Muspott. Goethes Verständnis von Weltliteratur wäre ohne die Leistung der Übersetzer ein leerer Begriff. Gefangen in babylonischer Sprachwirrnis wären wir nur Wiederkäuer unserer eigenen Geschichte.

Ich liebe die Übersetzer und gehe mit ihnen freundschaftlich um. Sie sind meine gründlichsten Leser. Sie kommen mir auf die Schliche. Kürzlich war ich in Straelen, dem Haus der Übersetzer nahe der holländischen Grenze. Ein gutes Dutzend machte sich über einen relativ kurzen Text von mir her. Wie übersetzt man »Brausepulver«? Kein Problem für die Finnin, den Georgier. Aber in China kennt man kein Brausepulver. Wir gingen ins Detail.

Seit Mitte der siebziger Jahre treffe ich mich mit ihnen. Meinem Verlag – damals war es Luchterhand – hatte ich einen Vertrag abgetrotzt, der ihn und die ausländischen Lizenznehmer verpflichtete, ein einwöchiges Treffen des Autors mit den Übersetzern zu finanzieren. Damals ging es um den Roman »Der Butt«, und so ging es Buch nach Buch bis in die Gegenwart weiter. Ich lernte den skrupulösen Eifer der Übersetzer kennen, ihre oft allzu große Bescheidenheit. Wie ist mit Dialektpassagen umzugehen? Sprichwörter lassen sich nicht wörtlich übersetzen. Überhaupt stellte sich immer wieder die Frage nach dem Wortwörtlichen oder dem Sinngemäßen.

Über die Methode des Übersetzens ist zu jeder Zeit weidlich gestritten worden. Und dieser Streit hält an. Ist der Übersetzer ein bloßer Nachredner, ja, Sklave des Autors? Oder eignet ihm eigenständige literarische Ausdrucksqualität? Vielleicht gibt uns der Schutzpatron der Übersetzer, Sankt Hieronymus im Gehäus, einen immer noch gültigen Hinweis. In einem Brief schreibt er: »Ich gebe nicht nur zu, sondern bekenne es mit lauter Stimme, daß ich bei der Übersetzung der heiligen Schriften aus dem Griechischen, wo selbst die Wortstellung ein Mysterium ist, nicht Wort für Wort, sondern Sinn für Sinn ausgedrückt habe.«

Und mit diesem Brückenschlag sind wir bei den Preisträgern des heutigen Tages.

László Darvasi hat einen real-phantastischen, episch ausufernden Roman »Die Legende von den Tränengauklern« geschrieben, metapherngeladen, wortmächtig; und gleichfalls der Wörter mächtig hat Heinrich Eisterer diese, eine vergangene und doch gegenwärtige Epoche beschwörende Bilderflut aus dem Ungarischen in die deutsche Sprache übertragen, dergestalt sinnträchtig, daß man glaubt, es habe ihm der Schutzpatron der Übersetzer, Sankt Hieronymus, beigestanden.

Dieser Roman entführt uns ins sechzehnte, siebzehnte Jahrhundert, und doch spiegeln sich in dieser Zeitspanne die Kriegsgreuel des zwanzigsten. Keine Hauptperson trägt diesen Roman, es sei denn, der unablässig tätige Tod. Herrschende Türken und Habsburger, aufständische Ungarn und Tataren, leidende Juden und Zigeuner bevölkern das dreigeteilte Ungarn. Zwischen der Walachei und Moldawien, wo alles wiederholt geschieht, an den Ufern der Theiß und der Donau, in Belgrad, Buda, Szeged, Siebenbürgen und Venedig ereignet sich dieser Roman. Und allerorts sind die Tränengaukler, die Blut, Honig, schwarze Steine, Eis und Spiegelsplitter weinen, allgegenwärtig. – Doch dieser Roman läßt sich nicht nacherzählen; er will gelesen werden, so gelten denn meine Glückwünsche abschließend László Darvasi und Heinrich Eisterer, dem Autor und seinem Übersetzer.

Wir Urheber!

Rede anläßlich des Symposiums »Ein Korb für Künstler«

Wer seine Rede unter der Überschrift »Wir Urheber!« beginnt, könnte versucht sein, fortwährend und mit Brustton im Plural zu sprechen. Das dem Begriff »Urheber« nachgestellte Ausrufezeichen spricht für betontes Selbstbewußtsein all derer, die Berufen nachgehen, in denen urhebend Einzigartiges geschaffen wird. Doch scheint es andererseits an selbstbewußtem Eigensinn zu fehlen, sonst müßte diese Rede hier heute nicht gehalten werden. Es gäbe keinen Anlaß für das Bemühen, mit einer öffentlichen Veranstaltung die Rechte der Urheber zu schützen, zu ergänzen oder diese Rechte zu fordern, wo sie gänzlich fehlen, und lautstark den Gesetzgeber, also das Parlament, aufzufordern, zuallererst über den gesellschaftlichen Stellenwert aller kreativ tätigen Künstler nachzudenken, bevor sie sich – so hoffen wir – zugunsten der Urheber mit dem Referentenentwurf zum zweiten Gesetz des Urheberrechts in der Informationsgesellschaft befassen.

Fragen sind zu stellen: Was bliebe vom oft berufenen, nunmehr gesamtdeutsch verwalteten »kulturellen Erbe«, hätte es nicht von Anbeginn Urheber gegeben? Und auf wessen Werk wollte Europas kulturelle Einheit in Vielfalt fußen, wenn nicht auf dem, das während Jahrhunderten und bis in die Gegenwart von Künstlern aller Musenbereiche geschaffen wurde? Zudem aus Interesse der Wortkünstler gefragt: Wie leer stünde ein noch so qualifiziert von Lektoren, Herstellern, Vertriebsleitern und nicht zuletzt dem Verleger belebtes Verlagsgebäude, gäbe es als Urheber die Autoren nicht, die dem Verlag, je nach Geschick der Mitarbeiter und Güte der Bücher, zu schwarzen oder roten Zahlen verhelfen? Welch dürftiges Programm müßten die großmächtigen Rundfunk- und Fernsehanstalten produzieren, senden und ausstrahlen, wären sie nicht zur Stelle, die Urheber spiel- und darstellbarer Texte, die Autoren unterhaltsam aufklärender Features, Hör- und Fernsehspiele, zudem jene Schriftsteller, deren Bücher dieser oder jener Nachahmung des »Literarischen Quartetts« als Futter für ein Plauderstündchen oder als Reißwolfware dienen. Kopfleer und geistig verarmt wären Private und Öffentliche. Als Lückenbüßer müßten weitere Quizmaster rekrutiert, Sportereignisse aus dem Hut gezaubert und Talkshowrunden zusammengetrommelt werden. Die Tendenz in diese Richtung ist bereits erkennbar.

Und auch den Parlamentariern würde Grundlegendes fehlen, gäbe es die Urheber nicht. Mit wessen Hilfe wollten sie die Mißstände im deutschen Bildungswesen beheben, wenn nicht mit den Büchern all jener Autoren, deren Werke – laut PISA-Studie – als »nicht mehr relevant« den Schülern seit geraumer Zeit vorenthalten wurden? Leseschwäche und zunehmender Analphabetismus sind Folgen dieser pädagogisch verbrämten Barbarei. Überdies seien die Parlamentarier gefragt: Mit wessen Zitaten könnten sie honorarfrei ihre Sonn- und Alltagsreden schmükken, gäbe es keine Autoren, deren Werke sich dergestalt billig plündern ließen?

Die Antworten liegen auf der Hand. Wie Kirchen ohne betende Kundschaft stünden die Verlagshäuser leer, billig zu kaufen oder zu mieten. Da wären die Rundfunkanstalten besser dran. Leicht ließen sich die ohnehin wenig Sendezeit beanspruchenden Literatursendungen durch überdehntes Gequassel und zwischengeschaltete Musikhäppchen ersetzen. Auch die Parlamentarier müßten nicht Mangel leiden: Die Zitate aus den Werken toter Dichter, die ihre Reden schönen, werden weiterhin von Referenten geliefert.

Und doch wären wir arm dran ohne Urheber. Sie stellen sich, uns und die Welt in Frage. Sie sind uns Stachel im Fleisch, irritierend, belebend. Sie erschüttern und unterhalten uns mit Lügengeschichten, die die Wahrheit jedes Mal anders erzählen. Sie sitzen auf der Bank der Spötter; ohne sie gäbe es kein Höllengelächter. Sie tanzen auf dem Seil und sind dabei oft weder unfall- noch altersversichert. Sie schreiben Theaterstücke, Hör- und Fernsehspiele, Filmdrehbücher, ohne die wir auf den Leerlauf des Regietheaters und auf die Ichbefindlichkeiten jener Regisseure angewiesen wären, die den Autor als Urheber verunstalten, ihn unkenntlich machen und sich erfrechen, ihn zu verthalheimern; so wird, um nur ein Beispiel zu nennen, aus der leidenden Kreatur Woyzeck ein Bluthund, dessen Gewalttaten die Gesellschaft zum Opfer macht. Zur Ohnmacht verurteilt, kann sich Büchner solcher dem Zeitgeist folgsamen Geniestreiche nicht erwehren.

Hier sei gesagt: Der literarische Urheber ist jemand, der gleich einem Schwamm von früh an Erlebtes, schmerzende wie lindernde Erfahrungen, heile und zerstörte Landschaften, die Geselligkeit haltbarer und zerbrochener Freundschaft, des Lebens Widersprüche aufsaugt und all das, Tat und Untat, Schulden und Schuld bilanziert, wiederkäut, in Hohl- und Zerrspiegeln vervielfältigt, sich schließlich zum Archiv eigener und kollektiver Erinnerung macht. Nur er ist in der Lage, all das in ein episch verästeltes Bild zu zwängen, das unverwechselbar ist, weil einzig der Hybris seiner Eigenständigkeit verpflichtet. Er ist durch nichts zu ersetzen. In ihrer Vielzahl spiegeln die literarischen Urheber, gleich, ob sie sich auf ein Einzelschicksal, eine Familiengeschichte oder auf die Verfolgung einer Minderheit konzentrieren, die Stärken und Schwächen menschlicher Übereinkünfte, mögen sie Schule, Ehe, Kirchgemeinde, Gewerkschaft, Konzern oder Staat heißen. Mit minimalem Aufwand – Stift und Papier – geben sie uns in Teilstücken das Mosaik einer Welt wieder, das Mal um Mal zerbricht, um wiederum fehlerhaft zusammengesetzt zu werden. Wo auch immer triumphal angekündigt der Mantel der Geschichte vorgibt zu rauschen, sie trennen dessen Nähte auf und finden die Laus im Pelz. Ohne die Urheber in allen Sparten der Künste und Wissenschaften wüßten wir nichts von uns. Ihnen, wenn schon nicht mit Dankbarkeit, dann doch mit Respekt zu begegnen, sie als die primär gestaltende Kraft anzuerkennen, sollte selbstverständlich sein.

Doch wohin wir blicken, überall, wo der Kunstbetrieb sich anmaßt, den Ton anzugeben, hat sich das Sekundäre vor das Primäre gestellt. Wir leben aus zweiter Hand. Weniger wird die Literatur, dieser dissonant gemischte Chor aus Urheberstimmen hörbar und also für den einzelnen zum Leseerlebnis, vielmehr ist es das Gewisper bis Gekreische jener Literaturkritik, die vorlaut sich selbst als das Primäre begreift. Richterlich maßgebend will sie sein. Sie kanonisiert. Sie verfügt, was »in« ist, was »out« zu sein hat. Der Autor und sein Werk sind ihr verfügbares

Material und oft nur Spiegelfläche für narzißhafte Selbstdarstellung.

Ähnliches sagte ich vorhin vom Theater. Die Dramen, Komödien, Tragödien werden, sobald das Regietheater Hand anlegt, fragmentiert oder – bei gleichzeitiger Verkürzung – durch aberwitzige Einschiebsel in die Länge gezogen und zugunsten eines von wechselnden Moden gesättigten Unsinns um ihren Sinn gebracht. Was nach des toten oder noch lebenden Autors Willen laut oder nur gehaucht das Ohr des Zuschauers finden sollte, muß – wie aus Prinzip – vernuschelt oder mittels Geschrei erwürgt werden. Das sei »authentisch«, wird beteuert, weil es dem allgemeinen Gebrabbel entspreche. Lebend oder tot: Entsetzt und gedemütigt verläßt der Autor als Urheber das Theater durch den Notausgang.

Hier, in Berlin, wo sich die Großstadt gerne als Provinzposse aufspielt, erlebten wir kürzlich den Abgang eines Autors. Bevor Christoph Hein noch Gelegenheit hatte, aus seiner urheberisch gewitzten Erfahrung eines der Schauspielhäuser dieser Stadt zu beleben, machte ihn eine Meute gleichgestimmter Kritiker schlagkräftig, dabei nicht mit Tiefschlägen sparend, fertig, um ihm hinterher, nach seinem Abgang, im Kommentarton von Boxveranstaltungen zu attestieren: Es fehle ihm an Stehvermögen. So viel zum Theater und zur Vorherrschaft des Sekundären.

Zudem ließe sich im Bereich der Bildenden Kunst eine vergleichbare Praxis nachweisen. Dort sind es die Ausstellungsmacher, die sich in den Vordergrund inszenieren. Die Werke der Maler und Bildhauer werden sprichwörtlich in den Schatten gestellt.

Doch soll mein Lamento nicht fortgesetzt werden. Vielmehr geht es darum, den Urheber von alldem zu befreien, was sonst noch seine Bedeutung zu verschleiern, seinen gesellschaftlichen Wert zu mindern versucht. Er, in der Regel wenig bemittelt, gibt anderen Lohn und Brot. Neben alldem, was er als sein Eigentum der Öffentlichkeit anvertraut, ist er Arbeitgeber für jene, die sein Manuskript zum Buch machen und vermarkten, die seine Lithographien und Radierungen in Auflagen drucken, auf daß sie über Kunstgalerien in den Handel kommen, und für alle, die seine Theaterstücke, Hör- und Fernsehspiele mit Hilfe von Schauspielern, Kostümbildnerinnen, Bühnenarbeitern, Kameramännern, Scriptgirls und Tonmeistern inszenieren und ausstrahlen, auf daß sie ihr Publikum finden. Buchhändler, reisende Verlagsvertreter, die Verwaltungen der Sendeanstalten und nicht zuletzt die Produzenten und Verkäufer von Rundfunk-, Fernseh-, Kopiergeräten und Computern, sie alle zehren von Originalen, die jeweils einen Urheber haben. Wenn, beispielhaft, der Ladenpreis eines Buches verglichen wird mit den Herstellungs- und Vertriebskosten, entdecken wir, wer alles zu Recht am Buch verdient, wobei der Autor mit durchschnittlich zehn Prozent Honorar vom Endpreis eher bescheiden abgefunden wird.

Stellen wir uns, bitte, eine junge Schriftstellerin vor, die zwei Jahre intensive Arbeit an einem Manuskript in mehreren Fassungen hinter sich hat. Nun ist ihr Roman fertig und findet einen Verleger. Das Buch wird mit 3000 Exemplaren in erster Auflage gedruckt und verkauft sich gut. Also wagt der Verleger eine zweite Auflage in gleicher Höhe, von der aber nur noch 1500 Stück weggehen. Nach Ablauf eines Jahres reagiert der Buchhandel, weil der Roman in schnellebiger Zeit nicht mehr geht, mit Remittenden, so daß am Ende 4.135 verkaufte Bücher abgerechnet werden. Da der Ladenpreis des Romans 19,80 Euro beträgt, werden der Autorin insgesamt rund 8200,– Euro überwiesen.

Ein magerer Erlös nach zwei Jahren Arbeit. Dennoch spricht der Verleger von einem kleinen Erfolg. Immerhin hat er mehr als die Deckungsauflage verkauft. Er ermuntert seine Autorin, noch einen Roman zu schreiben. Aber bevor sie sich abermals über ein Manuskript von Romanlänge beugen kann, wird sie von Stadt zu Stadt reisen müssen, um gegen ein einigermaßen respektables Honorar vor manchmal zahlreichem, oft nur spärlich erschienenem Publikum aus ihrem vor Jahresfrist veröffentlichten Roman zu lesen. Beim Frühstück im Hotel redet sie sich ein, derlei gerne zu tun, wenngleich sie lieber zu Haus Kurzgeschichten schreiben würde, die sich aber, sagt der Verleger, schlechter als Romane verkaufen.

Was ich schildere, ist der Normalfall, Urhebers Alltag, und ließe sich in viele Sparten übertragen. Überall dort, wo Künstler mit Talent, ihrer einzigen Grundlage, in einer vom Markt bestimmten Gesellschaft haushalten müssen, geht es in der Regel knapp zu. Nun mag manch einer sagen: Was soll das. Was redet der Grass da. Dem geht es doch bestens. Hohe Auflagen, dicke Preise, wird im Ausland sogar mehr als im Inland gelesen. Finanziert Stiftungen. Was jammert er da!

Nun, ich habe meine Anfänge nicht vergessen. Ich weiß, unter welchen Bedingungen viele meiner jungen und mit mir älter und alt gewordenen Kollegen arbeiten. Mir ist bis ins Verschwiegene bekannt, wie erniedrigend arm etliche Schriftsteller existieren müssen, die in den siebziger Jahren relativ erfolgreich waren, doch dann, weil zunehmend nur noch das Neue zählte, in Vergessenheit geraten sind. Zwar ist mir bewußt, daß sich die Vertragsbedingungen für Schriftsteller im Verlauf von Jahrzehnten verbessert haben – unermüdlich waren der Schriftstellerverband und die Verwertungsgesellschaft Wort tätig –, doch welcher Macht gegenüber mußten sie sich behaupten, um zu Teilerfolgen, etwa dem Normvertrag für Autoren zu kommen.

Man erinnere sich. Als es vor drei Jahren um das neue Urheberrecht in Gesetzesform ging, hielt der sekundäre Bereich mit geballter finanzieller Potenz dagegen. Vom Börsenverein des deutschen Buchhandels über die Zeitungsverleger bis zu den Chefetagen der Sendeanstalten wurde mit ganzseitigen Anzeigen demonstriert, wer in dieser Sache das Sagen hat. Als geeichte Lobbyisten riefen am Hungertuch nagende Verleger und erbarmungswürdig abhängige Quotenfetischisten, nur noch Verlustzahlen reihende Pressemogule, und wer sonst noch im Mediendschungel die Zähne zeigt, das Ende ihrer von habgierigen Autoren – sprich Urhebern – bedrohten Wohltätigkeit aus. Man hätte aus Mitleid für sie zur bundesweiten Kollekte aufrufen mögen.

Wir Urheber kommen in der Öffentlichkeit nur mit Hilfe einer chronisch schmalbrüstigen Lobby zu Wort. Doch hatten wir immerhin die damalige Justizministerin auf unserer Seite; leider mußte sie gehen, weil sie zum falschen Zeitpunkt Richtiges über die Gefahr des drohenden Irak-Krieges gesagt hatte. Das neue Urheberrecht wurde Gesetz und brachte, wenngleich behindert durch machtvoll erzwungene Kompromisse, einige Verbesserungen zugunsten der Autoren auf den Weg, zum Beispiel für die stets zu kurz kommenden Übersetzer, die aus der Sicht dankbarer Schriftsteller gleichfalls Urheber sind. Allerdings sind diese Verbesserungen für Übersetzer bisher von kaum einem Verlag verwirklicht worden.

Und nun soll das Urhebervertragsrecht novelliert, man darf befürchten, verschlimmbessert werden. Dabei unterstelle ich gute Absicht. Jedenfalls läßt die griffige Parole »Kopien brauchen Originale«, die das Justizministerium ins Internet gestellt hat, die Vermutung zu, es herrsche dort vernünftige Einsicht vor. Doch sobald der Referentenentwurf im Detail überprüft wird, sind es wieder einmal die Künstler, deren Rechte als Urheber beschnitten oder nach ihrem Tod eliminiert werden sollen. Verkehrswidrig fährt der Reformzug, das oben zitierte Signal mißachtend, in falsche Richtung. Kann es sein, daß die Bundesregierung eine erneute Kampagne der Verleger mit Großanzeigen fürchtet und bereits jetzt vor der Macht der Lobby kapituliert? Das wäre hierzulande nichts Neues. Allgemein ist zu beobachten, wie in allen Bereichen der Politik das geballte Interesse der Lobbyisten den Gesetzgeber, also das Parlament, aushebelt oder gelegentlich erpreßt. Nicht herbeigeredete Gefahren gefährden die Demokratie, vielmehr ist es ein realer Entmachtungsprozeß, der die vielberufene »demokratische Grundordnung« zur bloßen Worthülse verkommen läßt.

Da wir Urheber die Macht der Lobby oft genug zu spüren bekommen haben, fußt die hier ausgesprochene Warnung auf Erfahrung. Doch da im Verlauf dieser Veranstaltung die gravierenden Fragwürdigkeiten des Referentenentwurfs gewiß zur Sprache kommen werden, will ich weiterhin allgemein, also im Plural sprechen: Wir Urheber sind gebrannte Kinder. Die Schriftsteller unter uns erinnern sich, wie schamlos dem großen Anstifter erzählender Prosa im deutschen Sprachraum mittels Raubdruck der Gewinn geschmälert wurde. Der pikareske Roman »Der abentheuerliche Simplicissimus teutsch« machte nicht den Autor Grimmelshausen, sondern Parasiten reich, die in Umlauf setzten, was nicht eigen war. Raubdrucke gab es bis ins 19. Jahrhundert. Erst Goethe und Schiller haben es beispielhaft verstanden, ihre Werke als Urheber leidlich zu schützen. Und heute? Mit Hilfe neuer Medien feiert die Raubdruckpraxis des 17. Jahrhunderts ungeahndet Wiederbelebung. Mit Kleingedrucktem und Knebelverträgen werden Urheberrechte beschnitten und um ihre Wirkung gebracht. Hinzu kommt, daß unter dem Diktat der Globalisierung durch Verlagsaufkäufe einige Großkonzerne entstanden sind, die mit den eingeheimsten Autoren umgehen, als seien Urheber »Tote Seelen«, über die man wie zur Zeit der Leibeigenschaft verfügen könne. Ein abgehobenes Management gefällt sich in feudalen Attitüden.

Erlauben Sie mir, daß ich, um anschaulich werden zu können, einen Absatz lang vom Reden im Plural Distanz nehme und mit einem Beispiel aus eigener Erfahrung aufwarte:

Zu Beginn der sechziger Jahre, als ich ein junger Autor war, betreute der legendäre Verleger Kurt Wolff meinen ersten Roman »Die Blechtrommel« in amerikanischer Übersetzung. Er tat das erfolgreich für den Verlag Pantheon. Unerfahren und vertrauensvoll übergab ich die Rechte auf unbegrenzte Zeit dem genannten Verlag, der bald darauf an Random House verkauft wurde. Kaum war »The Tin Drum« in Amerika erschienen, wurde Kurt Wolff nach dort üblicher Praxis »gefeuert«. Selbstverständlich ging ich mit ihm und mit meinen weiteren Büchern zu dem Verlag Harcourt Brace. Nach dem Tod des großen Verlegers im Jahr 1963 betreute dessen Witwe, Helen Wolff, während Jahrzehnten die Übersetzungen. Ihr wiederholter Versuch, die »Blechtrommel«-Rechte zu erwerben, scheiterte. Dann wurde Random House an Bertelsmann verkauft. Der frischgebackene Riese liebte es, unter wechselnder Konzernführung seine Macht zu demonstrieren. Das sollte wie Schicksal hingenommen werden. Wohl deshalb sah Bertelsmann keinen Anlaß, die miteingekauften Autoren, also auch mich, zu begrüßen, und sei es mit einem Postkärtchen nur. Wir wurden wie lebloses Zubehör angesehen und behandelt. Doch da nun mal Bücher ihr Eigenleben haben, verlangte mein Roman, »Die Blechtrommel«, nachdem er während annähernd fünfzig Jahren Leser gefunden hatte, nach einer neuen, Fehler und Auslassungen korrigierenden Übersetzung. Und da ich seit Mitte der siebziger Jahre bei meinem deutschen Verlag vertraglich die Zusammenkunft der Übersetzer mit dem Autor als vom Verlag zu finanzierendes Arbeitstreffen durchgesetzt hatte, bereitet mein Lektor, Helmut

Frielinghaus, ein solches Treffen für den Sommer dieses Jahres vor, und zwar am Ort des Romangeschehens in Gdansk/Danzig. Die Bereitschaft der französischen, spanischen, italienischen, holländischen, finnischen Verlage für eine Neuübersetzung war gesichert. Nur die Einwilligung von Random House/Bertelsmann fehlte. Also schrieb ich am 14. Juli des vergangenen Jahres dem Bertelsmann-Altverleger Reinhard Mohn einen ausführlichen Brief, in dem die Notwendigkeit einer Neuübersetzung des Romans begründet wurde. Als Alternative schlug ich die Übertragung der Buchrechte an den Verlag Harcourt vor, der bereit sei, die Arbeit eines Übersetzers zu honorieren. Um es kurz zu halten: Ich habe bis auf den heutigen Tag keine Antwort von Herrn Mohn oder von einem der wechselnden Herren an der Konzernspitze erhalten. Nun soll hier nicht lange der Hochmut in Chefetagen bejammert werden, zumal er allgemein üblich zu sein scheint und hingenommen wird wie einst das Gottesgnadentum der Fürsten; mir geht es in diesem Fall um den skandalösen Zustand der Rechtlosigkeit von Urhebern im Verhältnis zu den Aufkäufern ihrer künstlerischen Arbeit. Man kauft und verkauft uns, als existierten wir nicht. Als seien wir Unpersonen. Als wolle man nicht zur Kenntnis nehmen, daß wir Urheber einem Bertelsmann – oder wem auch immer – die Grundlage seines Bestehens zuliefern. Ohne uns gäbe es ihn und all die anderen nicht.

Vor dreieinhalb Jahrzehnten hat Heinrich Böll, anläßlich der Gründung des Schriftstellerverbandes, von seinen Mitautoren das »Ende der Bescheidenheit« gefordert. Wir haben Anlaß, diesen Ruf zu erneuern, und richten ihn an den Gesetzgeber, das Parlament der Bundesrepublik Deutschland. Gleichfalls rufen wir die Justizministerin auf, ihr erklärtes Vorhaben, das Urhebervertragsrecht zugunsten der Autoren zu verbessern, nicht am Einspruch einer Lobby scheitern zu lassen, die sich anmaßt, Recht zu setzen. Zudem raten wir Urheber unseren Rechteverwertern, nicht im Rüstzeug vorzeitlicher Raubritter auf den allerneuesten Medienrössern in die Zukunft traben zu wollen. Bedrängt uns nicht mit Großanzeigen und Potenzgehabe, nehmt uns vielmehr als Partner wahr. Zwar fehlt es uns an Macht, doch als Urheber werden wir das letzte Wort haben.

Freiheit nach Börsenmaß

Sechzig Jahre nach der bedingungslosen Kapitulation des Großdeutschen Reiches – so weit greift die Zeitspanne eines von Arbeit bestimmten Lebens mit Aussicht auf Rentenanspruch. So lange liegt zurück, was der Erinnerung, dem grobmaschigen Sieb, zu entfallen droht. Nachdem ich in der Lausitz inmitten chaotischer Rückzugskämpfe verwundet worden war, lag ich vor sechzig Jahren mit einer schnell verheilenden Fleischwunde am rechten Oberschenkel und einem bohnengroßen Granatsplitter in der linken Schulter in Marienbad, einer Lazarettstadt, die wenige Tage zuvor von amerikanischen Soldaten besetzt worden war, wie zeitgleich die benachbarte Stadt Karlsbad von sowjetischen Einheiten. In Marienbad erlebte ich den 8. Mai als siebzehnjähriger Dummkopf, der bis zum Schluß an den Endsieg geglaubt hatte. Also schlug mir nicht die Stunde der Befreiung; vielmehr beschlich mich das dumpfe Gefühl, nach totaler Niederlage ein Besiegter zu sein. Als befreit konnten sich allenfalls diejenigen sehen, die den Massenmord in den deutschen Konzentrationslagern überlebt hatten und in einem Zustand waren, der den Gebrauch von Freiheit sogleich wieder einschränkte.

Wenn sich also Mal um Mal der 8. Mai jährt und in wohlgesetzten Reden als Tag der Befreiung gefeiert wird, kann nur eine nachträgliche Einsicht gemeint sein, zumal wir Deutsche wenig bis nichts für unsere Befreiung getan haben. Während der ersten Nachkriegsjahre bestimmten Hunger und Kälte, die Not von Flüchtlingen, Vertriebenen und Ausgebombten den Alltag. In allen vier Besatzungszonen konnte der zunehmende Andrang von schließlich mehr als zwölf Millionen Deutschen, die aus Ost- und Westpreußen, Pommern, Schlesien, dem Sudetenland geflüchtet waren oder ausgewiesen wurden, nur durch Zwangseinweisung in beschränkten Wohnraum reguliert werden. Wenn immer wieder – und jeweils nach parteipolitischem Bedarf – die Frage gestellt wird: »Worauf dürfen wir Deutschen stolz sein?«, sollte zuallererst diese notgedrungene Leistung genannt werden. Kaum war Freiheit erlebbar, mußte Zwang ausgeübt werden: In beiden deutschen Staaten wurden dadurch dauerhafte Massenlager für Flüchtlinge und Vertriebene vermieden. So wurde die Gefahr nachwachsender Haßgefühle eingedämmt, desgleichen jenes Bedürfnis nach Rache, das sich bei anhaltendem Lagerleben vererbt und – wie die Gegenwart zeigt – Terror und Gegenterror zur Folge hat.

Mithin eine Leistung besonderer Art. Denn die Zwangseinweisung von Flüchtlingen und Vertriebenen mußte oft genug gegen den fremdenfeindlichen Widerstand seßhaft einheimischer Bevölkerung durchgesetzt werden; die Einsicht, daß alle Deutschen, nicht nur die Ausgebombten und nunmehr Heimatlosen, den Krieg verloren hatten, dämmerte nur zögerlich; so früh wurde hierzulande das bis heute virulente Verhalten gegenüber Ausländern im Umgang von Deutschen mit Deutschen eingeübt.

Schon damals gab es Wortführer der Befreiungsrhetorik. Als einzelne und in Gruppen traten sie auf. So viele selbsternannte Antifaschisten gaben plötzlich den Ton an, daß man sich fragen mochte: Wie hat sich Hitler gegen dergestalt starken Widerstand behaupten können? Fleckige Westen wurden im Schnellverfahren gewaschen, sogenannte »Persilscheine« ausgestellt. Aus der Werkstatt nachträglich tätiger Falschmünzer kamen weitere Wortprägungen in Umlauf. Die bedingungslose Kapitulation wandelte sich zum »Zusammenbruch«. Obgleich von der Wirtschaft über die Justiz und bis in die bald wieder den Lehrbetrieb aufnehmenden Schulen und Universitäten, später bis in den diplomatischen Dienst hinein – und wo nicht noch? – viele ehemalige Nationalsozialisten den angestammten Besitz wahrten, im Amt blieben, sich weiterhin am Katheder festhielten und bald in der Politik ihre Karriere fortsetzten, wurde die »Stunde Null« eingeläutet. Eine besonders infame Verfälschung von Tatsachen findet sich bis heute in Reden und Verlautbarungen, sobald die von Deutschen begangenen Verbrechen als »im Namen des Deutschen Volkes begangene Untaten« umschrieben werden. Zudem kündigte sich die zukünftige Teilung des restlichen Landes in zweierlei Sprachgebrauch an: In der sowjetisch besetzten Zone sollte es einzig und allein die Rote Armee gewesen sein, die Deutschland vom faschistischen Terror befreit hatte; in den westlichen Besatzungszonen kam ausschließlich den Amerikanern, Engländern und Franzosen der Ruhm zu, nicht nur Deutschland, sondern ganz Europa von der Naziherrschaft befreit zu haben.

Im alsbald beginnenden kalten Krieg sind dann auch folgerichtig die seit 1949 bestehenden deutschen Staaten dem einen, dem anderen Machtblock zugefallen, wobei sich die Regierungen beider Staatsgebilde als Musterschüler der jeweils dominierenden Macht zu beweisen strebten. Vierzig Jahre später ist es ironischerweise die Sowjetunion gewesen, die sich in Glasnost-Zeiten der ihr lästig werdenden DDR entledigte. Die nahezu bedingungslose Folgsamkeit der Bundesrepublik gegenüber den USA wurde zum erstenmal verweigert, als sich die rotgrüne Regierung entschloß, souverän von der uns vor sechzig Jahren geschenkten Freiheit Gebrauch zu machen, indem sie die Teilnahme deutscher Soldaten am Irak-Krieg verweigerte.

»Geschenkte Freiheit« heißt eine Rede, die ich am 8. Mai 1985 in der Berliner Akademie der Künste gehalten habe. Dazumal war das Land noch geteilt, also setzte ich beide Staaten in Vergleich, ihr Bedürfnis nach Abgrenzung, ihre unterschiedlichen Abhängigkeiten, ihren jeweils dogmatisch geprägten Materialismus, ihre Angst vor und ihre Sehnsucht nach Vereinigung. Die »geschenkte Freiheit« betraf nur den westdeutschen Staat, der östliche ging leer aus.

Zwanzig Jahre später sind angesichts des Zustandes der durch Anschluß größer gewordenen Bundesrepublik Fragen nach dem Gebrauch dieses Geschenks zu stellen. Sind wir mit der uns zugefallenen, nicht von uns erstrittenen Freiheit sorgfältig umgegangen? Haben die westdeutschen Bürger zugunsten der Bürger der ehemaligen DDR, die die Hauptlast des von allen Deutschen begonnenen und verlorenen Krieges hatten tragen müssen, in gerechtem Maß für Ausgleich gesorgt? Und weiter gefragt: Ist unsere parlamentarische Demokratie als Garant für freiheitliches Handeln noch souverän genug, um den anstehenden Problemen des einundzwanzigsten Jahrhunderts gegenüber handlungsfähig zu sein?

Fünfzehn Jahre nach der Unterzeichnung des Einheitsvertrages ist zu erkennen und nicht mehr zu verschweigen oder schönzureden, daß uns die Einheit Deutschlands, trotz erbrachter finanzieller Leistungen, in ihren Grundzügen mißraten ist. Und das von Anbeginn. Kleinliches Kalkül hinderte die damalige Regierung, einer im Grundgesetz vorsorglich verankerten Aufforderung zu folgen, also den Bürgern beider Staaten eine neue, in gesamtdeutschem Bemühen erarbeitete Verfassung vorzulegen. So kann es nicht verwundern, daß sich die Menschen in den bloß angeschlossenen Bundesländern als Deutsche zweiter Klasse erleben. Was den Besitz von Produktionsstätten, der Energieversorgung, der Zeitungen und Verlage betrifft, ist diese einst »volkseigene« Substanz des verschwundenen Staates unter gelegentlich krimineller Mitwirkung der Treuhandanstalt abgewickelt, schließlich enteignet worden. Der Anteil der Arbeitslosen ist doppelt so hoch wie in den westlichen Bundesländern. Westdeutsche Arroganz ließ keinen Respekt vor ostdeutschen Biographien aufkommen. Die vormals befürchtete Abwanderung der Bevölkerung – weshalb überstürzt und zu früh die D-Mark eingeführt wurde –, findet gegenwärtig und alltäglich statt: Ganze Landstriche, Dörfer und Städte entleeren sich. Nachdem die Treuhand ihr Schnäppchengeschäft gemacht hatte, verweigerten die westdeutsche Industrie und desgleichen die Banken notwendige Investitionen, Kredite und also das Schaffen von Arbeitsplätzen; lieber redet man gebetsmühlenhaft den deutschen Standort schlecht und bringt sein Schäflein im Ausland ins Trockene. Da helfen keine Hauruck-Reden. Angesichts dieser Schieflage kann nur, wenn überhaupt noch jemand, der Gesetzgeber, das Parlament helfen. Womit die Frage nach der Handlungsfähigkeit der parlamentarischen Demokratie abermals gestellt wird.

Nun, ich behaupte, daß unsere frei gewählten Abgeordneten nicht mehr frei sind in ihren Entschlüssen. Dabei ist nicht der übliche Fraktionszwang, für den es Gründe geben mag, entscheidend; vielmehr ist es der Ring von Lobbyisten aus vielerlei Interessen, der den Bundestag und dessen demokratisch legitimierte Abgeordnete einengt, beeinflußt, unter Druck setzt und sich bis in die Gestaltung und Texte der Gesetze Mitsprache erzwungen hat. Kleine und größere Gefälligkeiten helfen nach. Strafwürdige Machenschaften werden als Kavaliersdelikt abgetan. Niemand nimmt ernsthaft mehr Anstoß an einem mittlerweile ausgefeilten System, dessen Praxis sich aus wechselseitigen Begünstigungen speist.

Mithin entscheidet das Parlament nicht souverän. Es ist von den mächtigen Wirtschaftsverbänden, den Banken und Konzernen abhängig, die keiner demokratischen Kontrolle unterliegen. So macht sich der Gesetzgeber zum Gespött. So mißrät das Parlament zur Filiale der Börse. So unterwirft sich die Demokratie dem Diktat des global flüchtigen Kapitals. Wen wundert es, wenn sich mehr und mehr Bürger empört, angewidert, schließlich resigniert von solch offen zutage tretenden Machenschaften abwenden, den Wahlgang als bloße Farce werten und auf ihr Wahlrecht verzichten? Vonnöten wäre der demokratische Wille, den Bundestag vor dem Andrang der Lobbyisten durch eine Bannmeile zu schützen. Doch sind unsere Parlamentarier noch frei genug für einen Entschluß, der radikaldemokratischen Zwang ausüben müßte?

Wiederum stellt sich die Frage: Was ist aus der uns vor sechzig Jahren geschenkten Freiheit geworden, zahlt sie sich nur noch als Börsengewinn aus? Unser höchstes Verfassungsgut schützt nicht mit Vorrang die bürgerlichen Rechte, es ist vielmehr zu Niedrigpreisen verschleudert worden, auf daß es, dem neoliberalen Zeitgeist genehm, vor allem der sich »frei« nennenden Marktwirtschaft dienlich wird. Doch dieser zum Fetisch gewordene Schummelbegriff verdeckt nur mühsam das asoziale Verhalten der Banken, Industrieverbände und Börsenspekulanten. Wir alle sind Zeugen, wenn weltweit Kapital vernichtet wird, wenn sogenannte feindliche und freundliche Übernahmen tausende Arbeitsplätze vernichten, wenn die bloße Ankündigung von Rationalisierungsmaßnahmen als Entlassung von Arbeitern und Angestellten die Kurse steigen läßt und dies reflexhaft als hinzunehmender Preis für »das Leben in Freiheit« gewertet wird.

Die Folgen dieser als Globalisierung verkleideten Entwicklung treten deutlich zutage, sind an Statistiken abzulesen. Mit der seit Jahren konstant hohen Zahl von Arbeitslosen, die nun bei fünf Millionen liegt, und der gleichfalls konstanten Weigerung der

Unternehmer, trotz nachweislich hoher Renditen, besonders im Exportbereich, neue Arbeitsplätze zu schaffen, hat sich die Hoffnung auf Vollbeschäftigung verflüchtigt. Ältere Arbeitnehmer, die durchaus noch leistungsfähig wären, werden in die Frührente abgeschoben. Jungen Menschen bleibt der gelernte Einstieg ins Arbeitsleben verwehrt. Schlimmer noch: Bei gleichzeitigem Gejammer über drohende Vergreisung und papageienhaft wiederholten Forderungen, mehr für Jugend und Bildung zu tun, leistet sich die Bundesrepublik – das immer noch reiche Land – einen Zuwachs von beschämendem Ausmaß, »Kinderarmut« genannt.

All das wird mittlerweile, als sei es gottgewollt, hingenommen, begleitet allenfalls von landesüblicher Nörgelei. Fragen nach der Verantwortung geraten schnurstracks auf den zentral liegenden Verschiebebahnhof. Dort werden sie mal auf dieses, mal auf jenes Abstellgleis rangiert. Doch die Zukunft von mehr als einer Million Kindern, die in verarmten Familien aufwachsen, bleibt weiterhin verhängt. Wer auf diesen Mißstand und auf weitere ins soziale Abseits gedrängte Menschen hinweist, wird von alerten Jungjournalisten günstigstenfalls als »Sozialromantiker« verspottet, in der Regel jedoch als »Gutmensch« diffamiert. Fragen nach den Gründen für die wachsende Kluft zwischen arm und reich werden als »Neiddebatte« abgetan. Das Verlangen nach Gerechtigkeit wird als Utopie verlacht. Der Begriff »Solidarität« findet sich nur noch in der Rubrik »Fremdwörter«.

Hier die Ackermänner und Esser – dort die Namenlosen, denen die Suppenküche Zuflucht bietet. Hier die coolen Besserverdienenden – dort die statistisch erfaßten Sozialfälle. Bei aller Beschwörung einer gewiß erstrebenswerten Zivilgesellschaft formiert sich in der Bundesrepublik Deutschland die längst überwunden geglaubte Klassengesellschaft. Nicht mehr zu vermuten, festzustellen ist: Was als neoliberal plakatiert wird, erweist sich, genau besehen, als Rückgriff auf die menschenverachtende Praxis des Frühkapitalismus. Und die soziale Marktwirtschaft – einst ein Erfolgsmodell wirtschaftlichen und solidarischen Handelns – degenerierte zur freien Marktwirtschaft, der die verfassungsgemäße Sozialverpflichtung des Eigentums lästig und das Streben nach Rendite sakrosankt ist.

Als uns vor sechzig Jahren Freiheit geschenkt wurde, und die Geschlagenen anfangs nicht wußten, wie ihnen geschah, machten sie nach und nach von diesem Geschenk Gebrauch. Sie lernten Demokratie und bewiesen sich dabei – weil sie nun mal unabänderlich Deutsche waren – als Musterschüler. Von heute aus gesehen scheint, was nach erteilten Lektionen gebüffelt wurde, zumindest für ein befriedigendes Zeugnis zu reichen. Wir übten uns das Wechselspiel zwischen Regierung und Opposition ein, wobei sich allzulange Regierungsperioden letztlich als Durststrecken erwiesen haben. Die viel gerühmte und geschmähte 68er-Generation brachte anderen und schließlich auch sich Toleranz bei. Wir mußten erkennen, daß, was uns belastet, nicht zu verdrängen ist, von den Eltern auf die Kinder kommt und uns als deutsche Vergangenheit, wir mögen noch so weit reisen und exportieren, immer wieder einholt. Wiederholt brachten uns Neonazis in Verruf. Dennoch könnte man meinen, es habe sich hierzulande die Demokratie gefestigt. Drei Herausforderungen mußte sie standhalten, die vierte steht ihr bevor.

Nachdem in beiden deutschen Staaten die Trümmer ab- und beiseite geräumt waren, verlief der Wiederaufbau im Osten unter den Zwängen des stalinistischen Systems; im westlichen Staat jedoch unter günstigen Bedingungen. Was rückblickend »Wirtschaftswunder« genannt wird, war jedoch keiner Einzelleistung zu danken, wurde von vielen erarbeitet. Vertriebene und Flüchtlinge gehörten dazu, die, was ihren materiellen Besitz betraf, in der Tat bei Null anfangen mußten. Nicht zu vergessen der Anteil ausländischer Arbeiter, die anfangs höflich »Gastarbeiter« genannt wurden. Die Unternehmer der Aufbauphase investierten beispielhaft jede als Gewinn zu buchende Mark in neue Arbeitsplätze. Den Gewerkschaften und Unternehmern war offenbar der Verfall der Weimarer Republik bewußt, also zwangen sie einander Kompromisse ab und sorgten für sozialen Ausgleich. Über so viel Plackerei und Gewinnstreben drohte allerdings die Vergangenheit vergessen zu werden.

Erst in den sechziger Jahren wurden zuerst von Schriftstellern, dann von einer Jugendbewegung, die vereinfacht »Studentenprotest« hieß, Fragen nach alldem gestellt, was der älteren, der Kriegsgeneration nicht über die Lippen kommen wollte. Die

Protestbewegung strebte verbal die Revolution an, fand sich dann aber mit Reformen ab, für die sie, oft ungewollt, das Klima bereitet hatte; ohne sie hinge uns heute noch der Mief der Adenauerzeit an, ohne sie wäre die neue Deutschlandpolitik der sozialliberalen Koalition als schrittweise Annäherung der beiden Staaten nicht realisierbar gewesen.

Die dritte Herausforderung ergab sich, als die Mauer gefallen war und im größeren Ausmaß die Teilung Europas zumindest in machtpolitischer Hinsicht aufgehoben wurde. Vier Jahrzehnte lang existierten die beiden deutschen Staaten mehr gegen- als nebeneinander. Da es auf westlicher Seite an Bereitschaft fehlte, der östlichen Gleichberechtigung zuzugestehen, ist die Einheit des Landes bislang nur auf einem Papier zu finden, das allzu hastig und ohne Verständnis für die weitreichenden Folgen dieser Hast ausgehandelt wurde.

Seitdem stagniert das größer gewordene Land. Weder ist es der Regierung Kohl noch der Regierung Schröder gelungen, die anfangs gemachten Fehler auszugleichen. Spät, vielleicht zu spät erkennen wir, daß nicht Rechtsradikale den Staat bedrohen oder gar – wie uns die Verbotshuber glauben machen wollen – als Gefahr Nr. 1 anzusehen sind, vielmehr ist es die Ohnmacht der Politik, derzufolge sich die Bürger schutzlos dem Diktat der Ökonomie ausgesetzt sehen. Immer häufiger werden Arbeiter und Angestellte von Konzernen erpreßt. Nicht der Bundestag, sondern die Pharmaindustrie und die von ihr abhängigen Verbände der Ärzte und Apotheker entscheiden darüber, wem die Gesundheitsreform nützlich, aus ihrer Sicht gewinnbringend zu sein hat. Anstelle der Sozialverpflichtung des Eigentums gibt sich Profitmaximierung als Grundwert aus. Die frei gewählten Parlamentarier fügen sich dem landesinneren wie globalen Druck des Großkapitals. So richtet man zwar nicht den Staat – der hält viel aus –, wohl aber die Demokratie zugrunde.

Als vor sechzig Jahren das Großdeutsche Reich bedingungslos kapitulierte, wurde mit ihm ein Macht- und Terrorsystem zerschlagen, das nur zwölf Jahre lang europaweit Schrecken verbreitet hatte, doch bis heute einen Schatten wirft. Wir Deutsche haben uns dieser überlieferten Schande immer wieder gestellt und, wenn wir zögerlich waren, stellen müssen. Über Generationen hinweg ist die Erinnerung an das Leid, das wir anderen und uns zugefügt haben, wach gehalten worden. Oft haben wir uns dazu zwingen müssen. Im Vergleich mit anderen Völkern, die jeweils mit anders verschuldeter Schande leben – ich nenne Japan, die Türkei, die ehemaligen Kolonialmächte –, haben wir die Last unserer Vergangenheit nicht abgeschüttelt. Als permanente Herausforderung wird sie Teil unserer Geschichte bleiben. Daß wir der gegenwärtigen Gefahr eines neuen Totalitarismus, für den weltumfassend die zuletzt verbliebene Ideologie steht, gewachsen sein werden, ist nur zu hoffen.

Als selbstbewußte Demokraten sollten wir der Macht des Kapitals, für die der Mensch nur produzierendes und konsumierendes Material ist, souverän widerstehen. Wer die geschenkte Freiheit gleich einem Börsengewinn verrechnet, hat nicht begriffen, was uns Jahr nach Jahr der 8. Mai lehrt.

Der Knoten im Revolverlauf

Rede anläßlich der Enthüllung der gleichnamigen Plastik von Carl Frederik Reuterswärd

In jeder Epoche hat es Künstler gegeben, die als Antwort auf die jeweils vorherrschenden Krisen und Hoffnungen ein emblematisches Bild geschaffen haben. So Albrecht Dürer mit seinem Kupferstich »Melencolia I« zur Zeit des Humanismus. So Francisco Goya mit einem Blatt innerhalb der Caprichos-Radierungen mit der Unterschrift »Der Traum der Vernunft gebiert Ungeheuer« zur Zeit der Aufklärung.

In kleinem Format sitzt die personifizierte Vernunft als schlafender Mann an einem Tisch. Über ihm bildet fabelhaftes Nachtgetier in dämonischer Ballung den düsteren Traum ab. Ein vieldeutiges Bild, das bis heute Fragen aufwirft: Ist es die Vernunft, in deren Kopf die Ungeheuer ursprünglich sind? Oder bedrohen Ungeheuer die Vernunft, weil sie schläft?

So ist auch die von dem Künstler Carl Frederik Reuterswärd geschaffene und unseren gegenwärtigen Krisen und Hoffnungen gemäße Skulptur vieldeutig, wenngleich man meint, ihren Sinn mit einem Blick erfassen zu können.

Der Knoten im Revolverlauf. Das sieht doch ganz einfach aus. So macht man das, sagt der alte trickreiche Zauberer – Hokuspokus! –, und schon ist der Lauf der soeben noch bedrohlichen Waffe verknotet und ad absurdum geführt.

Ja, wäre es doch so einfach, sagt der Skeptiker, dann sähe die Welt anders, rundum friedfertig aus. In Wirklichkeit jedoch, so fährt er fort, uns zu belehren, ist der Lauf des Revolvers immer noch zielgenau auf jeden gerichtet, der keinen Revolver besitzt oder nur einen verknoteten. Darum kaufe er sich schnell beim nächstbesten Waffenhändler einen, dessen Lauf noch zielgenau gestreckt ist.

Also wäre die heute enthüllte Skulptur nur ein Traum? Nur der vieldeutige Wunsch eines Künstlers, der Gestalt gewann und nun hier vor dem Bundeskanzleramt bewundert, aber auch mit zynischem Beifall bedacht werden könnte, etwa von jenen Rüstungslobbyisten, die sich gerne im Spazierschritt und biedermännisch gekleidet zwischen Parlament und Regierungssitz ergehen?

Mißdeutungen und entsprechende Journalistenwitze sind im Dutzend zu haben. Demnächst druckfrische Kommentare aus spitzer Feder können leicht vorweggenommen werden, etwa: Gut gemeint, aber... Bißchen unhandlich für Polizisten... Die geeignete Waffe für Gutmenschen... und ähnliche Blödeleien.

Auch Vorschläge wie dieser sind zu erwarten: In verkleinerter Ausgabe könnte sich die um ihren Zweck gebrachte Waffe als Geschenk für den derzeitigen amerikanischen Präsidenten eignen, der sich ja gerne als Cowboy mit rauchendem Colt im Kampf gegen das Böse sieht.

Allen witzelnden Kommentaren zum Trotz will ich jedoch dem Künstler Carl Frederik Reuterswärd, der dieses Emblem gegen die Gewalt geschaffen hat, zurufen: Hier ist der richtige Ort für den verknoteten Revolver. Hier in Berlin vorm Kanzleramt, hier, in Nähe zum Parlament, hier, wo Ja und Nein von Gewicht sind, hier, wo über vieles, das der politische Alltag fordert, aber auch direkt und indirekt über Krieg und Frieden entschieden wird; ich wüßte keinen besseren Blickpunkt.

Von Deutschland gingen im letzten Jahrhundert zwei Weltkriege aus, deren Folgen bis in die Gegenwart spürbar sind. Die Bürger meines Landes und deren demokratische Abgeordnete haben daraus Lehren ziehen müssen. Und wohl deshalb hat die gegenwärtige Bundesregierung verantwortlich gehandelt, als sie Nein sagte zum immer noch andauernden Krieg im Irak. Gegen erheblichen Widerstand ist sie bei diesem Nein geblieben, als die US-Regierung versuchte, Verbündete – das hieß Kriegswillige – für eine militärische Machtdemonstration zu gewinnen, die das Völkerrecht mißachtete und die mit Lügen begründet wurde.

Dieses auf leidvoller Erfahrung fußende Nein ist mit dem Knoten im Lauf des Revolvers in die Tat umgesetzt. Täglich hören wir von den entsetzlichen Folgen des politischen Fehlverhaltens, vom Terror und Gegenterror des nichtendenwollenden Krieges. Also muß es beim Nein bleiben und muß der Knoten im Lauf des Revolvers noch fester gezurrt werden.

Er soll die Regierenden und uns alle auch in Zukunft ermahnen, denn an Herausforderungen vergleichbarer Art wird es nicht fehlen, fehlt es schon jetzt nicht. Die Zahl der Krisen nimmt zu, und die Bereitschaft, nach ihren Gründen zu fragen, schwindet dahin. Militärische Gewalt kann diese Krisen nicht bewältigen, wird sie eher – was der zunehmende Terrorismus lehrt – vergrößern und miteinander verzahnen. Zivile Vernunft ist gefragt. Ihr könnte der nun auf Dauer gesicherte Anblick des verknoteten Revolvers behilflich werden. Unabhängig von Wetter und Sonnenstand wird die heute enthüllte Skulptur ihren Schatten auf die Zukunft, aber auch auf die Vergangenheit werfen.

Das Jahr 2005 ist ein Jahr des Gedenkens. Vor sechzig Jahren kapitulierte das Großdeutsche Reich und hinterließ einen Trümmerhaufen. Seitdem mußten wir Deutsche mit der Verantwortung für Kriegsverbrechen und Völkermord leben; und zwar Generation nach Generation. Sich der Verantwortung zu stellen, fiel oft nicht leicht, war aber unausweichlich, denn immer, wenn wir meinten, es sei genug, holte uns unsere Vergangenheit ein. Deutschland gehört zu den wenigen Ländern, die bereit waren, die Last der Vergangenheit zu tragen.

Offenbar ist es so, daß dem Besiegten die totale Niederlage zum Vorteil werden kann, wenn er willens ist, aus anhaltend schmerzlicher Erfahrung eine Lehre zu ziehen. Den Siegern der Geschichte mangelt es manchmal an dieser Einsicht. So ist mir unverständlich, daß bis zum heutigen Tag kein Präsident der Vereinigten Staaten von Amerika die seit sechzig Jahren nicht schwindende Notwendigkeit erkannt hat, die atomare Vernichtung zweier japanischer Städte, mithin den Mord an hunderttausenden Zivilisten als Kriegsverbrechen einzugestehen.

Im Sinne des Knotens im Revolver ist und bleibt es wünschenswert, daß Präsident Bush endlich das sechzig Jahre lang anhaltende Schweigen beendet und sich im Namen der Vereinigten Staaten von Amerika bei den Hinterbliebenen der Opfer von Hiroshima und Nagasaki entschuldigt.

Am sechsten August und drei Tage später abermals wurde in beiden Städten, nein, weltweit der epochemachenden Barbarei gedacht, der vor sechzig Jahren ein Schreckensdatum gesetzt wurde. Seitdem steht die Büchse der Pandora offen. Seitdem sind die Mittel militärischer Gewalt und deren Wirkung ins

Unermeßliche gesteigert worden. Seitdem ist die Menschheit in die Lage versetzt, sich selbst zu vernichten. Seitdem nimmt die Zahl der nuklearen Waffen zu; so werden neuerdings im Auftrag des Pentagon welche entwickelt, die zynischerweise »kleine« Atombomben genannt werden.

Ich weiß: Der Revolver nimmt sich, gemessen am Atompilz, harmlos aus. Doch der Knoten im Lauf gilt für alle Waffen und also auch für jenes Waffensystem, das vor sechzig Jahren mit Kalkül den massenhaften Tod bezweckte und sich seitdem zur permanenten Bedrohung der Menschheit ausgewachsen hat.

Es ist an der Zeit, daß die heute Verantwortlichen des übermächtigen Imperiums, das einst die Öffnung der Pandorabüchse zuließ, nun die Größe aufbringen, sie im Interesse aller Völker auf friedfertige Weise wieder zu schließen.

Das alles sagt uns der Knoten im Lauf des Revolvers. Wie Dürers »Melencolia« und Goyas »Traum der Vernunft« ist er Sinnbild und Menetekel zugleich.

Was steht zur Wahl?

Wir leben in einer Zeit, die nicht mit Krisen geizt. Tatsächlich bedrohliche und nur herbeigeredete werden uns täglich vermittelt oder als zweckdienliche Angstmacher aufgetischt. Manchen Bürgern fällt es schwer, zwischen dem zu unterscheiden, was ernst zu nehmen ist, etwa die Nachricht, daß der ohnehin marktbeherrschende Springerkonzern sich nun auch noch mit dem Fernsehkanal Pro 7 und SAT 1 aus der Kirch-Konkursmasse bereichern will – was bedeutet, daß die Meinungsfreiheit weiterhin eingeschränkt wird –, und den Tatarenmeldungen eines begabten Demagogen, der meint, mit der Warnung vor einer Flut osteuropäischer – Zitat: – »Fremdarbeiter« Stimmen für eine Partei sammeln zu können, die sich »links« nennt, aber rechts im Trüben fischt.

Damit bin ich beim Thema, bei der vorgezogenen Bundestagswahl. Um es vorneweg zu sagen: So schwer dieses Wahlziel zu erreichen sein wird, ich plädiere dennoch für die Fortsetzung der rotgrünen Regierungsarbeit unter dem Bundeskanzler Gerhard Schröder und dem Außenminister Joseph Fischer. Beide haben den Mut zu schwierigen Reformen gehabt; beide haben angesichts wirklicher und nicht herbeigeredeter Krisen verantwortungsbewußtes Handeln bewiesen, so gegenwärtig, so in jüngerer Vergangenheit.

Erinnern wir uns: Vor vier Jahren erschütterte der Terroranschlag auf die Doppeltürme des New Yorker World Trade Center nicht nur Amerika, sondern auch uns. Der Bundeskanzler versprach damals den Vereinigten Staaten unumwundene Solidarität im Kampf gegen den Terrorismus. Aber er fügte vorbeugend hinzu, daß sich Deutschland dabei nicht auf Abenteuer einlassen werde.

Diese Warnung war allzu berechtigt. Wenig später wurde in den Worten des amerikanischen Präsidenten der Irak zum Schurkenstaat Nummer eins erklärt. Der vormalige Verbündete der USA, der Diktator Saddam Hussein, geriet ihm zur Inkarnation des Bösen. Mit der damals schon fadenscheinigen Begründung, im Irak werde die Produktion von Atomwaffen vorbereitet, wurde zu einem Krieg aufgerufen, der dann auf bekannt schreckliche Weise Zivilisten zu Opfern machte und bis heutzutage nicht beendet ist.

Mittlerweile wissen wir, daß damals die Regierung der Vereinigten Staaten ihre Verbündeten mit Lügen und verfälschten Dokumenten getäuscht hat; und einige Verbündete haben sich als Kriegswillige narren lassen. Die gegenwärtige deutsche Bundesregierung jedoch, deren Vorgängerin bekannt war für oft blindlings bewiesene Hörigkeit, hatte den Mut, dem Präsidenten der Großmacht zu widersprechen. Willy Brandt hätte das »Mut vor dem Freund« genannt. Doch die CDU/CSU gab sich entsetzt. Wie könne man derart waghalsig eine Großmacht verprellen und ungeniert von der Souveränität Gebrauch machen. Man dürfe die Teilnahme an diesem Krieg nicht verweigern.

Der Bundeskanzler und sein Außenminister ließen sich nicht beirren. Bis heute sind beide bei dieser verantwortungsbewußten Haltung geblieben, und zugleich haben sie sich als zuverlässig im Auftrag der Vereinten Nationen bewiesen.

Wenn vor drei Jahren – auch damals fand eine Bundestagswahl statt – das Duo Stoiber-Merkel die Wahl gewonnen hätte, wären Bundeswehrsoldaten mit allen Konsequenzen in einen Krieg verstrickt worden, den die Bevölkerung des Irak und jene »willigen« Verbündeten bis heute erleiden. Frau Merkel hat ihre politisch falsche Einschätzung dieser nach wie vor krisengesättigten Lage bis in diese Tage nicht einsehen und korrigieren wollen. Sie ins Bundeskanzleramt zu wählen, wäre fahrlässig; wir kämen bei einem uns oktroyierten Krieg zwischen »Gut und Böse« in Teufels Küche. Und wer sollte anstelle des Ministers Fischer schlimmstenfalls die Verantwortung für die Außenpolitik übernehmen? Etwa der mehrmals gerupfte Spaßvogel namens Westerwelle?

Und schon sind wir bei einer Partei, die sich, zugunsten der Besserverdienenden, dem Dogma des Neoliberalismus untergeordnet hat. Mit aberwitzigen Steuersenkungsplänen biedert sie sich gemeinsam mit der CDU dem Bundesverband der Industrie an.

Ich weiß, diesen Fehler haben auch andere gemacht. Deshalb will ich die zurückliegenden Fehleinschätzungen der Bundesregierung und damit des Kanzlers nicht kleinreden. Offenkundig tritt zutage, daß den Versprechungen der Arbeitgeberseite zu leichtgläubig und zu lange vertraut wurde. Erhebliche Senkungen beim Spitzensteuersatz haben nichts außer Forderungen nach weiteren Wohltaten zur Folge gehabt. Gewinne wurden eingesackt, aber nicht zur Schaffung neuer Arbeitsplätze investiert. Sich selbst erlaubten die Vorstände der Banken und der Großindustrie Gehälter und Abfindungen in hochstaplerischer Höhe. Gleichzeitig forderten sie den Arbeitern und Angestellten mit oft erpresserischen Methoden Lohnverzicht ab.

Man hatte ja die geballte Industrielobby und deren Sprachrohr, die stets vornehm tuende »Frankfurter Allgemeine Zeitung« und in vulgärer Ausgabe die Springerpresse auf seiner Seite. Mit permanent angedrohtem Verlust von Arbeitsplätzen konnte man die Gewerkschaften einschüchtern und sich die arbeitende Bevölkerung gefügig machen.

Die Sozialdemokraten und die Grünen haben diesem Druck zu oft nachgegeben; sie sagten, ihre Ohnmacht beteuernd, nachgeben müssen. Diese Entschuldigung jedoch ist der Demokratie abträglich. Wo kommen wir hin, wenn weiterhin außerparlamentarische Interessenverbände – etwa die mächtige Lobby der Pharmaindustrie – die Gesetzgebung beeinflussen und so die Unabhängigkeit der gewählten Volksvertreter in Frage stellen. So kam es dazu, daß die Lasten der notwendigen Reformen zu einseitig den Arbeitnehmern, den Arbeitslosen und den Rentnern aufgebürdet wurden.

Spät – man kann nur hoffen, nicht zu spät – hat die rotgrüne Regierung erkannt, daß die finanziellen Folgen der nicht mehr aufzuschiebenden Reformen auch und in gerechtem Maß von jenem Teil der Bürger getragen werden müssen, der durch hohes Einkommen und Reichtum begünstigt ist.

Ich gehöre zu dieser Einkommensschicht, die keinen Grund zur Klage hat. Seit meinem dreißigsten Lebensjahr, also während annähernd fünfzig Jahren habe ich durch die Veröffentlichung meiner Bücher im In- und Ausland und dank der Gunst der Leser gut verdient. Zu Recht habe ich über Jahrzehnte hinweg 53 Prozent Einkommenssteuer abführen müssen. Weder ich noch meine Familie haben deshalb Grund zum Jammern gehabt. Und selbst wenn das Abführen hoher Summen an den Fiskus kein besonderes Vergnügen ist, bin ich der Meinung, daß es bei den hohen Steuersätzen für Spitzenverdiener hätte bleiben sollen; aus Gründen der Gerechtigkeit, falls dieses altmodisch gewordene Wort noch von Gewicht ist.

Nun aber soll nach dem Willen der FDP der Höchststeuersatz auf 35 Prozent gesenkt werden. Und das soll Arm in Arm mit der CDU/CSU geschehen. Frau Merkels Wunderknabe jedoch, Professor Kirchhof, will die sozialen Ungerechtigkeiten der FDP noch übertrumpfen und mit der Zauberformel »25 Prozent für alle« sein Meisterstück in Sachen Neoliberalismus abliefern. Man kann nur hoffen, daß möglichst viele Bürger diesen Schwindel erkennen, bevor er regierungsamtlich wird. Mit ihm käme die geballte Ungerechtigkeit an die Macht.

Vielleicht fragen sich jetzt einige hier im Saal, warum sich ein Schriftsteller, zumal im fortgeschrittenen Alter, in den Wahlkampf einmischt. In den Feuilletons führender Zeitungen wird den Autoren ohnehin, besonders den jungen, geraten, ja die Finger von der Politik zu lassen. Die Politik sei, wie man ja wisse, von alters her ein schmutziges Geschäft und verderbe den Stil. Die Kunst solle sich gefälligst rein halten. Nun, dieses Lied ist mir seit Jahrzehnten bekannt.

Wer sich jedoch, wie ich es getan habe, Fragen stellt nach den Gründen für den Untergang der Weimarer Republik und die Machtergreifung der Nazis, der weiß, daß die Demokratie nur lebensfähig bleibt, wenn sich genügend viele Bürger schützend vor sie stellen. Das heißt, wenn sie bereit sind, sich einzumischen und die Politik nicht allein den Parteien und deren eingeübtem Schlagabtausch überlassen.

Also spreche ich als Schriftsteller und Bürger zugleich zu Ihnen. Das tue ich unverdrossen seit Mitte der sechziger Jahre. Die mir immer wieder notwendige Arbeit am Manuskript hat darunter nicht leiden müssen. Ich kann sogar versichern, daß solch demokratische Disziplin zwar gelegentlich anstrengend ist, aber zugleich Erfahrung vermittelt und den Redner beweglich hält. Nach einer Vielzahl mittelgroßer Niederlagen und nicht kleinerer Siege weiß ich, daß wir alle – Sie und ich – begünstigt sind, weil wir noch immer die Wahl haben.

Kein größeres Recht steht auf seiten der Demokratie als das durch nichts zu ersetzende freie Wahlrecht. Von ihm Gebrauch zu machen sollte uns selbstverständlich sein. Die deutsche Geschichte beweist es. Wie lange mußte gekämpft werden, bis das Wahlrecht den Bürgern zugestanden wurde. Auf wie schändliche Weise ging es verloren. Und von Anbeginn dieses Kampfes, dann über die Durststrecke der Bismarckschen Sozialistengesetze hinweg, waren es deutsche Sozialdemokraten, die dieses Grundrecht bis hin zum Wahlrecht für Frauen erstritten haben. Das nimmt mich für die Sozis ein.

Ich wünschte mir, daß sich unsere gegenwärtigen Sozialdemokraten der nun bald hundertfünfzig Jahre währenden Geschichte ihrer Partei bewußter wären. Das gäbe ihnen mehr Gewißheit von der Überlebensfähigkeit der sozialen Demokratie, gerade weil sie so oft unterdrückt oder totgesagt worden ist. Wer jemals des großen SPD-Vorsitzenden August Bebel Autobiographie »Aus meinem Leben« gelesen hat, der weiß, daß all das, was uns heute an sozialen Rechten selbstverständlich ist, mühsam erkämpft, den Konservativen und der Reaktion abgerungen werden mußte. Diese Rechte sind gegenwärtig gefährdet und zwar eindeutig von rechts.

Man erzähle uns nicht: Die großen Parteien seien alle gleich, geradezu austauschbar. Links und rechts gäbe es nicht mehr. Das ist zweckdienliches Gewäsch, geeignet, den Blick auf Unterschiede zu trüben.

Es sind Sozialdemokraten und Grüne, die den Kündigungsschutz für Arbeiter und Angestellte gegen die neoliberale Annullierungssucht der Christdemokraten und deren freidemokratischen Wurmfortsatz verteidigen.

Es sind die Sozialdemokraten, die seit Jahrzehnten für die Gesamtschule als Ganztagsschule eintreten und sie gegenwärtig mit einem Viermilliardenprogramm fördern; und es sind CDU und CSU, die diesen Weg zu mehr Bildungsgerechtigkeit aus ideologischen Gründen immer wieder zu verbarrikadieren versuchen.

Es sind die Grünen und mit ihr die bewundernswert tapfere Ministerin Renate Künast, die sich mit der Bauernlobby anlegt und sich erfolgreich für den Verbraucherschutz engagiert. Das tut sie gegen den vertrotzten Widerstand der CDU-hörigen Gegner des ökologischen Ausgleichs.

Es sind Grüne und Sozialdemokraten gemeinsam gewesen, die während sieben Jahren Regierungszeit, bei gleichzeitigem Atomausstieg, erfolgreiche Voraussetzungen für erneuerbare Energien geschaffen haben. Dadurch entstanden neue Arbeitsplätze. Und es ist abermals die CDU und ihre Klientel gewesen, die sich dagegen gestellt haben. Ihnen ist jeder ökologische Denkansatz fremd oder zuwider. Neue Atomanlagen haben sie im Kalkül.

Und es waren Sozialdemokraten und Grüne, die nach sechzehn Jahren Kohl-Regierung und entsprechendem Reformstau den Mut hatten, mit Reformen das Sozialgefüge der Bundesrepublik vor dem Kollaps zu bewahren. Sie haben sich Aufgaben gestellt, die unter der Blockade der Christdemokraten litten und die weiterhin von einer rotgrünen Regierung gestaltet werden müssen. Von wem sonst!

Denn es war nun mal so, daß die Wähler immer erst dann den Sozialdemokraten die Regierungsverantwortung anvertraut haben, wenn sich nichts mehr bewegte, wenn der Karren steckengeblieben war. Das erlebten wir, als Willy Brandt Bundeskanzler wurde und dann mit dem »Mut zu Reformen« und seiner Friedens- und Deutschlandpolitik der »kleinen Schritte« dazu beigetragen hat, daß es wieder zur staatlichen Einheit Deutschlands kommen konnte.

Und so übernahm Gerhard Schröder den Nachlaß der Kohl-Wirtschaft: nämlich die Folgen der überhastet vollzogenen Einheit, die schon damals hohe Arbeitslosigkeit; und die von Kohl und Blüm schöngeredeten Rentenprobleme.

Das sind nur einige Beispiele, die den erkennbaren Unterschied zwischen links und rechts deutlich machen. Es stimmt, die von Rotgrün begonnenen Reformen waren von Fehlern belastet und wurden zu Recht kritisiert, aber der Wille, aus Fehlern zu lernen, wurde erkennbar. Parallel zu diesen Bemühungen strengte die CDU sich an, Deutschland allgemein und besonders als Wirtschaftsstandort schlechtzureden. Im Bundesrat blockierten die Christdemokraten bis in diese Tage eine Vielzahl von Reformvorhaben, oft wider besseres Wissen. Ihr Verhalten als Oppositionsparteien nahm destruktive Ausmaße an. Einzig darin und im Dirigieren von Klagechören waren sie tüchtig!

Nein, unser Land darf nicht in Wehleidigkeit versumpfen und nicht abermals der Stagnation wie zu Kohls Zeiten verfallen. Im Gegenteil. Weiterhin ist Mut zu Veränderungen notwendig, auch zu solchen, die wehtun. Dabei wird es um ein zu veränderndes System der Renten gehen. Die von Rotgrün vorgeschlagene Volksversicherung ist ein immerhin zu erwägendes Modell. In einer Gesellschaft, die zu vergreisen droht, müssen neue Wege zur Alterssicherung gewagt werden, es sei denn, das Dauerversprechen »kinderfreundliche Familienpolitik« würde die Lust auf einen neuen Babyboom wachküssen.

Denn es ist nun mal so, daß wir Deutschen zu Zeiten des wirtschaftlichen Wohlstandes eine Vielzahl von Einfamilienhäusern gebaut haben, doch fehlt es an Kindern, die diese Häuser und gepflegten Vorgärten beleben, mithin an Kindern, die später einmal das Rentensystem sichern. Nun will ich hier nicht, weil selbst stolzer Patriarch einer vielköpfigen und immer umtriebiger werdenden Familie, zum bundesweiten und fröhlichen Kindermachen aufrufen oder zur Lektüre meiner zu Beginn der achtziger Jahre geschriebenen Reiseerzählung »Kopfgeburten oder Die Deutschen sterben aus« aufrufen; wenn aber das Kindermachen – aus welch egozentrischen Gründen auch immer – weiterhin ausbleibt, muß alternativ anerkannt werden, daß Deutschland ein Einwanderungsland ist und der Hilfe vieler neuer und junger Bürger bedarf.

Dank der rotgrünen Regierung haben durch Gesetz Hunderttausende unserer ausländischen Mitbürger die Möglichkeit freigestellt bekommen, sich als deutsche Staatsbürger zu verstehen. Sie sind ein Gewinn für unser Land und könnten, bei mehr Toleranz, mit der Vielzahl ihrer Kinder in weit größerem Maße sich und uns behilflich werden. Niemand sollte sie zwingen, ihre Kultur aufzugeben, denn auch sie ist Teil dieses Zugewinns an Farbe und Vielfalt. Und nur, wenn man ihre Kultur achtet, werden sie auch bereit sein, die deutsche Kultur und das Erlernen der deutschen Sprache als Bereicherung zu erkennen.

Deshalb gilt es, allen fremdenfeindlichen Demagogen, gleich, ob sie von rechts kommen oder sich als »Neulinke« tarnen, zu widersprechen. Der bayerische Ministerpräsident, bekannt für seine Haspelsätze, die nicht nur der deutschen Sprache wehtun, sondern auch das Toleranzgebot der Zivilgesellschaft verletzen, spricht immer dann klaren Text, wenn er ausländische Bürger, die bei uns Zuflucht gefunden haben, dazu benutzt, ein Schrekkensszenario zu bebildern. Kürzlich hat er sogar seine Phobie gegen Fremde erweitert und ostdeutschen Bundesbürgern das Recht abgesprochen, bei Wahlen zu entscheiden, wer Bundeskanzler wird. Sein Satz des Jahres – ich zitiere – »Wir haben leider nicht überall so kluge Bevölkerungsteile wie in Bayern« wird uns noch lange im Ohr nisten.

Eher wird umgekehrt ein Schuh daraus. Ich frage mich, wie lange noch werden sich die Bayern und Franken einen politischen Amokläufer wie Edmund Stoiber als Ministerpräsident leisten? Dieser Mann, der alle Ostdeutschen, sei es aus Dummheit, sei es mit Vorsatz beleidigt hat, sollte nicht mehr wählbar sein. Aber Frau Merkel als ehemalige Ostdeutsche schafft es offenbar nicht, zu verhindern, daß auf einen Schönbohm ein Stoiber und gleich danach ein schwäbischer Oettinger draufgesattelt wird.

Ihr Zögern und Zaudern mag Gründe haben, die uns verborgen sind. Dabei ist sie zäh, fleißig und gewiß lernfähig. So wird sie in Zukunft auch nicht mehr brutto und netto verwechseln. Doch geht sie in ihrem beflissenen Eifer manchmal zu weit. War es wirklich nötig, bei ihrem Antrittsbesuch in Washington wie eine Petzliese den Bundeskanzler beim amerikanischen Präsidenten anzuschwärzen und sich selbst anzubiedern?

Das tut man nicht, Frau Merkel! Sie mögen weitgehend die Ansichten des amerikanischen Präsidenten, was den Irak-Krieg betrifft, teilen, aber politische Differenzen von solcher Tragweite sollten hierzulande ausgetragen werden und nicht servil bei einem Schwätzchen mit dem transatlantischen Imperator. Auf solch unterwürfige Weise lächelt man sich nicht ins Bundeskanzleramt. Das Fernsehduell am letzten Sonntag hat bewiesen, daß man ernste Probleme nicht mit Hilfe einstudiert hochgezogener Mundwinkel verschwinden lassen kann.

Damit sind wir wiederum bei Gerhard Schröder und seinem Außenminister Joseph Fischer. Beide sind an ihrer Arbeit im Amt gewachsen. Beide sind fähig, Fehler zuzugeben und zu korrigieren. Beiden wird gelegentlich bloßes Machertum und Arroganz vorgeworfen. Nun, wenn des einen Tatkraft und des anderen Selbstbewußtsein, zudem beider furchtloser Umgang mit den Medien gemeint sind, ließe sich damit weiterhin leben. Denn ihrer selbstbewußten Entschlossenheit ist es zu verdanken, daß unseren Bundeswehrsoldaten die Teilnahme am völkerrechtswidrig geführten Irak-Krieg erspart wurde.

Ihr Handeln hat Deutschlands Ansehen im Ausland gefestigt. Selbst das geschichtsbedingt schwierige, weil immer wieder von falschen Tönen und latentem Mißtrauen gestörte Verhältnis zu Polen ist auf dem Weg, ein gutnachbarliches wie das zu Frankreich zu werden.

Der Kanzler und sein Außenminister. Wem im Lager der Opposition wäre, besonders in krisenhaften Situationen, an denen es nicht fehlen wird, so viel Ausdauer, Umsicht aus Erfahrung und Mut zum Handeln zuzutrauen? Etwa Frau Merkel und Herrn Westerwelle? Deshalb habe ich meine Rede unter die Überschrift »Was steht zur Wahl?« gestellt. Einige Beispiele sollen das deutlich machen.

Zehntausend Bundeswehrsoldaten befinden sich in Übereinstimmung mit UN-Mandaten im Ausland, um dort den Frieden zu sichern. Sie gehen schwierigen Aufgaben nach, die verantwortungsbewußte Führung verlangen. Kann sich jemand anstelle des Verteidigungsministers Struck den Herrn Schönbohm oder sonstwen vorstellen?

Und weiter gefragt: Soll für Frau Künast, die offenbar weder Tod noch Teufel fürchtet, wenn sie sich der geballten Wut der organisierten Landwirte stellt, wieder jemand, wie im sogenannten Kompetenzteam vorgesehen, nach altem Muster die Bauernlobby bedienen?

Und im weiteren Vergleich: Selbst der Innenminister Schily ist in einer rotgrünen Regierung kontrollierbarer, als es Herr Beckstein unter schwarzgelber Aufsicht wäre, zumal die Liberalen das Einknicken von früh an gelernt haben.

Meine Rede, »Was steht zur Wahl?«, muß ergänzt werden durch die Frage: Was steht bei der andauernden Vorherrschaft des Kapitals zur Wahl? Wie groß oder eher eng ist der Handlungsraum einer jeden frei gewählten Regierung unter solch unkontrollierter Vorherrschaft? Muß sie die Globalisierung als Diktat des Kapitals und wie ein unabwendbares Schicksal hinnehmen? Diese Fragen müssen gestellt werden, wenn, was zur Wahl steht, entschieden werden soll.

Und in diesem Sinn muß auch die Kapitalismusdebatte – mit oder ohne Heuschrecken – fortgesetzt werden. Franz Müntefering hat auf Mißstände kritisch hingewiesen, die ernsthaft niemand leugnen kann: Die Zerstörung von Unternehmen durch Hedgefonds, die nach Art der Freibeuter unter neoliberaler Flagge segeln, führt tagtäglich zur Vernichtung von Arbeitsplätzen.

Seit Ende der achtziger Jahre hat sich der mühsam zivilisierte Kapitalismus wieder jener Methoden bemächtigt, die einst dem Raubtierkapitalismus eigen waren, von dem man glauben wollte, er sei durch die soziale Marktwirtschaft überwunden. Und schlimmer noch: Was uns gegenwärtig die Börsen an Spekulationen und sogenannten »feindlichen Übernahmen« bieten, mißachtet die Marktgesetze, zerstört mutwillig Märkte, verhindert Investitionen, die zu mehr Beschäftigung führen könnten, steigert aber immer dann die Aktienwerte, wenn Entlassungen beschlossene Sache sind. So wird Kapital vernichtet. So werden Menschen mißachtet. So wird, wenn die Fürsprecher des kapitalistischen Systems nicht zur Einsicht kommen, die Selbstzerstörung der zuletzt noch herrschenden Ideologie unübersehbare Folgen haben.

So absurd es klingt: Wer den Kapitalismus vor dem Kollaps bewahren will, muß ihn wiederum zivilisieren, das heißt, ihn abermals zur gesellschaftlichen Verantwortung im Sinn einer sozialen Marktwirtschaft zwingen. Den mächtigen Industrie- und Wirtschaftsverbänden, den Banken und Energiekonzernen muß dieser Beitrag zum sozialen Frieden abgefordert werden; und sei es durch Gesetz.

Wem ist das zuzutrauen? Einer schwarzgelben Regierung kaum. Dann könnte man auch dem Bundesverband der deutschen Industrie die Regierungsverantwortung übertragen. Einer großen Koalition? Das bliebe fraglich und wäre kaum wünschenswert. Und was sich zur Zeit Neue Linke nennt, krankt immer noch an den Folgen des kommunistischen Staatskapitalismus und hat nur Forderungen, keine Lösungen zu bieten.

So bleibt noch die von einigen Medien vorschnell totgesagte oder totgewünschte rotgrüne Regierung. Von Gerhard Schröder und Joseph Fischer kann erwartet werden, daß sie diese Auseinandersetzung nicht scheuen; denn nur so können sie die begonnene Reformarbeit fortsetzen.

Ich stimme für die Rotgrünen, weil sie uns vor Krieg bewahrt, den Mut zu schwierigen und schmerzhaften Reformen bewiesen und weil wir weit und breit nicht Besseres haben.

Ich stimme für die Sozialdemokraten, weil sie auf seiten der sozial Schwachen stehen und uns vor dem Absturz in amerikanische Klassenverhältnisse zu schützen wissen.

Außerdem weiß ich aus Erfahrung, was es bedeutet, wenn Deutschland wieder eingeschwärzt werden sollte. Deshalb habe ich auf Zeit mein Manuskript auf dem Stehpult verlassen und mich als Bürger und Schriftsteller in den Wahlkampf gemischt. Wir sind bei Stimme. Nutzen wir sie!

Mein schwieriger Freund Paul Celan

Als junger, unbekannter und darum von der Kritik nahezu unbeleckter Autor wohnte ich ab Mitte der fünfziger Jahre in Paris, wo Seite nach Seite mein erster Roman entstand. Da mir das Geld für eine deutschsprachige Tageszeitung fehlte, leistete ich mir Woche nach Woche die »Zeit«, um auf dem laufenden zu bleiben; immerhin regierte in der Bundesrepublik ab Herbst 57 die CDU/CSU mit absoluter Mehrheit: Nichts lud zur Rückkehr ein. Außer den langen und wohlformulierten Artikeln interessierte mich das schizoid anmutende Gesamtkonzept dieser Wochenzeitung: Im politischen Teil liberal, im Feuilleton auf leichte Linkstendenz stolz, gefiel sie sich im Wirtschaftsteil als ungebrochen kapitalistisch. Ich nahm das hin, ohne recht zu begreifen, daß eine solch zielgenaue Bewußtseinsspaltung als Erfolgsrezept über Jahrzehnte hinweg erfolgreich sein könnte.

Einen ganz anderen Umgang mit der »Zeit« pflegte mein schwieriger Freund Paul Celan. Er litt an ihr. Eines Tages eilte Pauls Frau Giselle zu uns in die Avenue d'Italie und bat mich um Hilfe: Paul liege zutiefst getroffen darnieder. Wir fuhren quer durch Paris, und ich fand ihn in der Celanschen Wohnung in beschreibbarer Haltung vor: Er lag auf dem Canapé, trug auf dem Kopf eine Kompresse, ließ den rechten Arm vom Canapé hängen, hielt in der Hand die jüngste Ausgabe der »Zeit«, sah mich eintreten, hielt mir das Wochenblatt entgegen und hauchte mit wie ersterbender Stimme: »Lies das.«

Es handelte sich um einen Artikel, geschrieben von Paul Hühnerfeld, dazumal Feuilleton-Chef des Blattes. Zwar erinnere ich mich nicht mehr an den Wortlaut im einzelnen, doch ging es im Kern um einen infamen Plagiatsvorwurf, erhoben von Frau Claire Goll, der Witwe des Dichters Yvan Goll, zu Lasten von Paul Celan. Der Hühnerfeld-Artikel nahm offenbar so eindeutig Partei für die Position der anklägerischen Witwe, daß Paul Celan zutiefst betroffen sein mußte. Nur dank der Frechheit meiner jungen Jahre gelang es mir, die Hühnerfeldsche Parteilichkeit als »Geschreibsel« abzutun und den verletzlichen Freund Paul vorübergehend aufzumuntern.

Lange ist's her. Doch das Bild – er auf dem Canapé und die »Zeit« in ermatteter Hand – ist mir geblieben. Möge es die Herren und Damen, die gegenwärtig über Wohl und Wehe im Feuilleton bestimmen, daran erinnern, wie schutzlos Schriftsteller ihrer temporären Macht ausgesetzt sind und wie die Zeit auch über »Die Zeit« hinweggeht.

Schreiben in friedloser Welt

Rede zur Eröffnung des Kongresses des Internationalen P.E.N. in Berlin

Wer schreibt, weiß, daß der Zweifel dem Glauben Stolperdrähte spannen muß, auf daß uns keine Hoffnung beflügelt, der nichts außer Absturz gewiß wäre. Also sei anfangs vorwarnend gesagt: Das Motto des nunmehr in Berlin tagenden P.E.N.-Kongresses, »Schreiben in friedloser Welt«, könnte vermuten lassen oder gar die fromme Mär bestätigen wollen, es habe jemals friedliche Zeiten gegeben. Nein! Immer herrschte nahbei oder weitweg Krieg. Oft tarnte er sich als »Befriedung« oder »Normalisierung«, todbringend war er allemal. Auch fehlte es nicht an Heldengesängen oder nüchternen Beschreibungen gallischer oder sonstiger Kriege. Zu unserer Zeit unterhielten uns mit trickreich gesteigerter Spannung Filme auf Leinwänden und auf der Mattscheibe, die ihren Stoff aus unablässigem Kriegsgeschehen bezogen: abermals Heldenrollen zuhauf.

Europa, das sich im Verlauf der Jahrhunderte als ausdauernde Triebkraft des Krieges bewiesen hat, gönnte sich zwar, was allerdings nur den Kontinent betraf, gelegentlich Pausen, führte aber, sei es, um nicht aus der Übung zu kommen, sei es, um die Interessen seiner einzelnen und in der Regel verfeindeten Staaten zu wahren, weltweit Eroberungs- und Kolonialkriege. Mehr noch: Während der Kampfpausen haben eine Vielzahl bahnbrechender Erfindungen, selbst, wenn deren Erfinder durchaus friedfertig dem uralten Menschentraum, gleich Ikarus fliegen zu können, nur die notwendige Technik lieferten, mit Vorrang dem Krieg, dem modernen Krieg gedient. Wie denn auch von alters her kurzgebunden der Krieg zum Vater aller Dinge erklärt wurde.

Immer war Krieg. Und selbst die Friedensschlüsse bargen, gewollt wie ungewollt, die Keimzellen künftiger Kriege, gleich, ob Verträge im westfälischen Münster oder in Versailles ausgehandelt wurden. Zudem waren und sind die Vorbereitungen für das Führen von Kriegen nicht nur auf schnell veraltende Waffensysteme angewiesen; ein altes Mittel, durch steuerbaren Mangel Völker abhängig und gefügig zu machen, ist seit biblischen Zeiten bis in die globalisierte Gegenwart wirksam. Anläßlich seiner Antrittsrede bei den Vereinten Nationen wurde dieses Mittel von Willy Brandt beim Namen genannt. »Auch Hunger ist Krieg!« rief er vor über drei Jahrzehnten zur Zeit des kalten Krieges. Die Mortalitätsmuster und Hungerstatistiken bestätigen bis heute seinen Befund. Wer den Markt für Grundnahrungsmittel beherrscht und also mit den Preisen steuernd über Mangel und Überfluß verfügt, muß keinen herkömmlichen Krieg führen.

Wie aber verhielt es sich mit dem Schreiben während anhaltend friedloser Welt? Die Literaten, das heißt, all die Silbenstecher, Lautverschieber, Wörtermacher und Nachredner unterdrückter Schreie, die zwanghaft reimenden wie nicht reimenden Dichter, sie alle, die Männer und Frauen des bloßen Wortgeschehens, waren und blieben dabei, von Troja bis Bagdad: metrisch klagend, nüchtern berichtend, hier den Frieden beschwörend, dort süchtig nach Heldentum. Der wohlfeile Satz: »Wenn die Waffen sprechen, schweigen die Musen«, ist leicht zu widerlegen.

Um im Lande zu bleiben: Die Deutschen, die sich, in Ermangelung überseeischer Eroberungen, über dreißig Jahre hinweg einen Glaubensstreit als Bürgerkrieg leisteten und zu diesem Gemetzel ihre europäischen Nachbarn einluden, haben während mörderischer Zeit zwar das noch unsicher tastende Aufleben einer jungen Literatur kaum wahrgenommen, doch überliefert sind ihnen dennoch die im Jahr 1636 geschriebenen Gedichte des damals grad zwanzigjährigen Andreas Gryphius, so das Sonett

»Threnen des Vatterlandes

Wir sindt doch nuhmer gantz / ja mehr den gantz verheret!
Der frechen völcker schaar / die rasende posaun
Das vom blutt fette schwerdt / die donnernde Carthaun
Hatt aller schweis / vnd fleis / vnd vorraht auff gezehret.
Die türme stehn in glutt / die Kirch ist vmbgekehret.
Das Rahthaus ligt im graus / die starcken sind zerhawn.
Die Jungfrawn sindt geschändt / vnd wo wir hin nur schawn

Ist fewer / pest / vnd todt der hertz vndt geist durchfehret.
Hier durch die schantz vnd Stadt / rint allzeit frisches blutt.
Dreymall sindt schon sechs jahr als unser ströme flutt
Von so viel leichen schwer / sich langsam fortgedrungen.
Doch schweig ich noch von dem was ärger als der todt.
Was grimmer den die pest / vndt glutt vndt hungers noth
Das nun der Selen schatz / so vielen abgezwungen.«

Und Martin Opitz, der die jungen Poeten lehrte, mit Jamben und Trochäen umzugehen, also kunstfertig die Versfüße zu setzen, schrieb mit so ausführlich wie geballt barocker Wortgewalt sein schier endloses »TrostGedichte In Widerwertigkeit Deß Krieges«.

»Die grosse Sonne hat mit jhren schönen Pferden
Gemessen dreymal nun den weiten Kreiß der Erden
Seit daß der strenge Mars in vnser Deutschland kam
Und dieser schwere Krieg den ersten Anfang nahm...«

Ja, selbst weit weg von dem immerwährenden Schlachten und Plündern, im fernen Königsberg, wo sich die benachbarten Polen und Russen eine Kriegspause gönnten, vergaß Simon Dach nicht, in seiner Klage »über den endlichen Vntergang und ruinirung der Musicalischen Kürbs-Hütte« der Vernichtung der Stadt Magdeburg zu gedenken:

»Wo laß ich, Deutschland, dich? Du bist durch Beut vnd morden
Die dreissig Jahr her nun dein Hencker selbst geworden ...«

Und ist es nicht so, daß Simon Dach mit den hier zitierten zwei Verszeilen seinem Land ein bis ins zwanzigste Jahrhundert, bis hin zu zwei Weltkriegen, gültiges Zeugnis ausgestellt hat?

Die von mir genannten Barockdichter suchten in »friedloser Welt« nach Wörtern und Metaphern, geeignet, das unübersehbare Leid und die Verwüstung von Städten, Ländereien und Seelen zu benennen oder in Gleichnisse zu zwingen. Die Erde galt ihnen als Jammertal, denn was der Krieg verschonte, nahm die Pest.

Ein weiterer Autor, Hans Jakob Christoffel von Grimmelshausen, fand erst nach zeitlichem Abstand die Kraft, in Romanen wie »Der Abentheuerliche Simplicissimus« und »Die Landstörtzerin Courasche« das nachwirkende Entsetzen über das »Monstrum Krieg« als Erzählbares zu Papier zu bringen, wobei seine Helden nicht etwa als Zeugen von Schlacht zu Schlacht auftreten, sondern dem alltäglichen Greuel verwoben sind.

So haben auch die Kriege späterer Zeit erst im Nachhinein, also in den kurzen und längeren Pausen zwischen den Kriegen, ihren literarischen Niederschlag gefunden. Ob Tolstois »Krieg und Frieden«, Remarques »Im Westen nichts Neues«, Célines »Reise ans Ende der Nacht«, Kluges »Schlachtbeschreibung« oder Kurt Vonneguts »Slaughterhouse Five« – um nur wenige Autoren zu nennen, in deren Köpfen der Krieg nicht aufhören wollte –, jeweils mußte Zeit vergehen bis zum Wagnis des ersten Satzes.

Um im militärischen Sprachgebrauch zu bleiben: Wir Autoren sind Spätzünder. Selbst wenn wir meinen, der literarischen Avantgarde anzugehören, hinken wir dennoch dem Geschehen hinterdrein, freilich unermüdlich, denn was geschah und geschieht, sich mörderisch auslebt, entkommt uns nicht. Was die Historiker abzubuchen gewillt sind, bleibt uns gegenwärtig.

Wir Schriftsteller sind Leichenfledderer. Wir leben von Fundsachen, so auch von den rostigen Hinterlassenschaften des Krieges. Längst überbaute Schlachtfelder und Trümmerhalden suchen wir heim und finden den hinterlassenen Uniformknopf, die wundersam heilgebliebene Puppe aus Zelluloid. Reste wie diese erzählen uns vom zerfetzten Soldaten, vom verschütteten Kind.

So gern wir die Handlung in friedliche Gefilde, in hügelreich blauende Landschaften, in tief innerste Befindlichkeiten verlagern, dennoch kann uns der Krieg nicht aufhören. Selbst den meiner Generation nachgeborenen Autoren, denen während Zeiten der Aufrüstung und Erprobung von atomaren Erstschlägen Frieden durch wechselseitige Abschreckung verheißen wurde, blicken, sobald sie in geretteten Familienalben blättern, ernst und jungverheiratet das Foto des Urgroßvaters oder des Großvaters an: Der eine verblutete während der Materialschlacht um Verdun, der andere krepierte im Verlauf der Panzerschlacht von Kursk, und schon wollen sie erinnert, das heißt, belebt werden, und sei es auch nur auf Papier.

Auch jenen Autoren, denen der altbewährte Liebesschmerz zu Wörtern verhilft und denen das ewige Dreiecksspiel in Variationen erzählenswert bleibt – denn Leidenschaft, Hörigkeit, Bettgeflüster und Eifersucht, mit wie ohne Mord, geben allzeit was her –, sehen sich plötzlich während der Suche nach der entschwundenen Geliebten vor Löcher gestellt, die dieser oder jener Krieg hinterlassen hat, so daß sie nun stammeln müssen, weil der Vater der Geliebten bei Tisch nicht aufhören kann, längst verlorene Schlachten zu gewinnen. Und schon verläuft sich die Liebe nebensächlich, wird niedlich im Vergleich mit so viel gereihtem Verlust.

Läßt sich Kriegsgeschehen erzählen? Lauert nicht, sobald die Gefahr überstanden ist, die Anekdote und macht ihr Angebot? Wie liest sich eine Kampfhandlung, wenn sie dem Erzählstrang eines Überlebenden eingefädelt ist, der, weil notgedrungen auf sich bedacht, ständig Ich sagen muß und dabei seine löchrige Erinnerung bemüht? Ist das organisierte Chaos eines Krieges auch nur annähernd mit den Mitteln der Literatur zu spiegeln? Oder ist der erzählende Autor allenfalls in der Lage, jene Lükken aufzufüllen, die ihm der aufs Dokument abonnierte Historiker hinterließ? Was geschah zwischen den datierten Schlachten? Wie verlief Alltag hinter der Front? Wer ist mehr zu fürchten: der Feind oder die eigenen Feldgendarmen? Was findet sich in keiner Statistik?

Als vor zwanzig Jahren der 49. Kongreß des Internationalen P.E.N. in Hamburg stattfand, tagte diese Versammlung unter dem Thema »Zeitgeschichte im Spiegel internationaler Literatur«. Auch damals kam mir die Ehre zu, das Eröffnungsreferat zu halten. Es stand unter dem Titel »Der Schriftsteller als Zeitgenosse«. Im Verlauf meiner Rede führte ich als Beispiel literarisch zeitgenössischer Teilnahme den Spanischen Bürgerkrieg an. Denn wie kein anderes Ereignis schlug sich diese Einübung in den bald danach beginnenden Zweiten Weltkrieg in literarischen Zeugnissen nieder, teils während des Kampfes, teils danach.

Um nur einige Namen zu nennen: Neruda und Hemingway, Orwell und Malraux, Bernanos und Koestler, Kisch und Regler waren als Augenzeugen dabei. Ich zitierte aus Gustav Reglers Roman »Das Ohr des Malchus« und aus George Orwells »Mein Katalonien«. Denn beide Autoren machten in ihren Büchern den Verrat der Kommunisten an der spanischen Republik und den Terror der sowjetischen Geheimpolizei GPU zur Zeit Stalins offenkundig. Beide Autoren galten daraufhin im kommunistischen Lager als verfemt. Und das jahrzehntelang. Denn als vor zwanzig Jahren auf dem Hamburger P.E.N.-Kongreß von den Büchern dieser Autoren die Rede war, zog sich die Mauer noch hin, war Europa in Folge des kalten Krieges noch immer in Ost und West geteilt und standen die genannten Bücher im Osten noch immer unter Verbot.

Entsprechend heftig verlief die an meine Rede anschließende Diskussion. Immer noch verursachten die zeitgenössischen Zeugnisse aus Zeiten des Spanischen Bürgerkrieges jene die Ideologen verstörende Wirkung, die Orwell und Regler dazumal bezweckt hatten: Zugunsten der Wahrheit wollten sie aufklären um jeden Preis!

Warum dieser Rückblick? Das Motto jenes mittlerweile historisch anmutenden P.E.N.-Kongresses ist dem von heute benachbart. Auch in der gegenwärtig friedlosen Welt schreibt sich die Zeitgenossenschaft der Autoren fort. Machtpolitik und der Zynismus der Macht waren damals, sind heute bestimmend. Der einzige Unterschied ist der, das dazumal zwei Weltmächte atomar hochgerüstet gegeneinander standen und jeweils aus imperialem Selbstverständnis, das heißt skrupellos, ihre Kriege, sei es in Vietnam, sei es in Afghanistan, führten. Gegenwärtig sind wir – was sich nicht als Gewinn erwiesen hat – nur noch der Hybris einer einzigen Großmacht ausgeliefert, die auf der Suche nach einem neuen Feind fündig geworden ist. Den von ihr mitverschuldeten, weil – siehe Bin Laden – gezüchteten Terrorismus will sie mit Waffengewalt besiegen. Doch der von ihr gewollte und die Gesetze der zivilisierten Welt mißachtende Krieg fördert den Terror und kann nicht enden.

Damit ist nicht nur der gegenwärtig und seit drei Jahren andauernde Irak-Krieg gemeint. Abwechselnd und zugleich werden Diktaturen – und an Auswahl fehlt es nicht – Schurkenstaaten genannt, was in der Regel das fundamentalistische Machtgefüge in den großmäulig mit Militärschlägen bedrohten Ländern festigt. Gleich, ob der Iran, Nordkorea oder Syrien zu Mächten des Bösen ernannt werden, dümmer und deshalb gefährlicher kann Politik nicht sein. Sogar die Wiederholung eines Kriegsverbrechens, der Einsatz von Nuklearwaffen, wird angedroht. Doch alle Welt hört weg und gibt sich ohnmächtig. Allenfalls wird die Teilnahme an voraussehbar weiteren Kriegen verweigert. Beispielhaft sagten vor drei Jahren die französische, die deutsche Regierung Nein – und später schloß sich die spanische an, indem sie die Komplizenschaft mit der wie zwangsläufig kriminell handelnden Großmacht USA aufkündigte –, doch selbst angesichts aufgedeckter Lügen und der Schande offenkundiger Folterpraxis gibt sich weiterhin Englands Regierung taub und tut so, als könne und müsse des Britischen Empire Tradition, die gnadenlose Kolonialherrschaft fortgeschrieben werden, und das unter Federführung der Labour Party.

Solch unterwürfige Bündnistreue provozierte Widerworte: Im Dezember des letzten Jahres wurde in Stockholm die Nobelpreisrede Harold Pinters veröffentlicht. In seinem beispielhaft schnörkellosen Text sprach sich der Dramatiker zuerst als Schriftsteller, dann als englischer Staatsbürger aus. Als seine bittere, niemanden schonende, also unser aller Versagen und rücksichtsvolles Bemänteln offenlegende Rede vorlag, löste sie hierzulande bis ins Feuilleton der »Frankfurter Allgemeinen Zeitung« blindwütige Attacken aus. Ein Theaterkritiker namens Stadelmaier versuchte Pinter als Altlinken, dessen Bühnenstükke längst passé seien, lächerlich zu machen und abzutun. An der Offenlegung von Wahrheiten, die hinter Beschwichtigungen und einem Gespinst von Lügen versteckt waren, wurde Anstoß genommen. Jemand, ein Schriftsteller, einer von uns, hatte in friedloser Welt vom Recht der Anklage Gebrauch gemacht.

Ich zitiere aus Harold Pinters Rede:

»Nach dem Ende des Zweiten Weltkrieges unterstützten die Vereinigten Staaten von Amerika jede rechtsgerichtete Militärdiktatur auf der Welt, und in vielen Fällen brachten sie sie erst hervor. Ich verweise auf Indonesien, Griechenland, Uruguay, Brasilien, Paraguay, Haiti, die Türkei, die Philippinen, Guatemala, El Salvador und natürlich Chile. Die Schrecken, die Amerika Chile 1973 zufügte, können nie gesühnt und nie verziehen werden.

In diesen Ländern hat es Hunderttausende von Toten gegeben. Hat es sie wirklich gegeben? Und sind sie wirklich alle der US-Außenpolitik zuzuschreiben? Die Antwort lautet ja, es hat sie gegeben, und sie sind der amerikanischen Außenpolitik zuzuschreiben. Aber davon weiß man natürlich nichts.

Es ist nie passiert. Nichts ist jemals passiert. Sogar als es passierte, passierte es nicht. Es spielte keine Rolle. Es interessierte niemand. Die Verbrechen der Vereinigten Staaten waren systematisch, konstant, infam, unbarmherzig, aber nur sehr wenige Menschen haben wirklich darüber gesprochen. Das muß man Amerika lassen. Es hat weltweit eine ziemlich kühl operierende Machtmanipulation betrieben und sich dabei als Streiter für das universelle Gute gebärdet. Ein glänzender, sogar geistreicher, äußerst erfolgreicher Hypnoseakt.«

Im Verlauf seiner Rede stellte Harold Pinter die Frage: »Wie viele Menschen muß man töten, bis man die Bezeichnung verdient hat, ein Massenmörder und Kriegsverbrecher zu sein?« Diese Frage ist nicht leichthin als bloß rhetorisch abzutun, denn sie betrifft das langerprobte und heuchlerische Zählverhalten des Westens, den Bodycount. Zwar sind wir buchhalterisch bemüht, die Opfer von Terroranschlägen aufzulisten – und deren Zahl ist schrecklich genug –, aber niemand zählt die Leichen nach amerikanischen Bomben- und Raketenangriffen. Ob im zweiten oder dritten Golfkrieg – den ersten führte Saddam Hussein, unterstützt von den USA, gegen den Iran –: Grobe Schätzungen lassen Hunderttausende vermuten.

Gewiß ist von den bisher sorgfältig gezählten 2400 gefallenen amerikanischen Soldaten des gegenwärtigen Irak-Krieges jeder Soldat als ein Toter zuviel zu beklagen, doch kann diese Verlustliste nicht einen rechtswidrig begonnenen und verbrecherisch geführten Krieg im nachhinein begründen und gewiß nicht die übergroße Zahl der getöteten und verstümmelten Frauen und

Kinder aufwiegen, die aus westlicher Sicht mit der barbarischen Umschreibung »Kollateralschäden« banalisiert wird. So gibt es denn auch nach westlicher Wertung nicht nur Lebende, sondern auch Tote erster, zweiter und dritter Klassc; dabei sind sie alle Opfer des wechselseitigen Terrorismus.

Harold Pinter hat das Unrecht benannt. Beispielhaft hat er bewiesen, was »Schreiben in friedloser Zeit« bewirken kann. Wir Schriftsteller sind aufgerufen, nicht nur anders, das heißt jenseits aller Parteinahme, die Toten zu zählen, sondern auch aufgrund unserer besonderen Begabung den einzelnen Toten, gleich ob Freund oder Feind, Frau oder Kind aus der Masse der namenlos Verscharrten zu lösen, auf daß er kenntlich wird als Opfer eines Vorgangs, der Krieg heißt und viele Ursachen hat.

Wer hat ihn gewollt? Welche Lügen haben seinen Zweck verschleiert? Wem bringt er Gewinn? Welche Börsenwerte steigert der Krieg? Wer hat wem jene Waffen geliefert, die so viel Tod brachten? Und mehr noch als die richterliche Frage, wen trifft die Schuld, sollte uns kümmern, ab wann wir mitschuldig wurden.

Als wir nur halbherzig nein sagten? Als wir uns einreden ließen, das sei nicht unser Krieg? Als wir meinten, uns mit der Abwandlung eines Sprichwortes, »Wenn die Waffen sprechen, schweigen die Musen«, bei jenen lieb Kind zu machen, die schon immer der Meinung waren, der Dichter sollte sich dem vulgären Tagesgeschehen, also der schmutzigen Politik fern und die Kunst sauber halten? Als wir uns brav in Schweigen retteten? Ich spreche aus Erfahrung. Sechzehn zählte ich, als ich Soldat wurde. Mit siebzehn lernte ich das Fürchten. Und glaubte dennoch bis zum Schluß, als längst alles in Scherben gefallen war, an den Endsieg.

Seitdem will mir der Krieg selbst während Pausen, die Frieden heißen, nicht aufhören. Es ist wie ein Nachzittern oder vorwarnendes Beben. Es ist die wiederkehrende Krätze. Die seinen Wegspuren – ob auf dem Vormarsch, dem Rückzug – beiläufigen Verbrechen verjähren nicht. Ihn zu überleben war nur des Zufalls Laune zu verdanken. Seitdem nisten mir seine Geräusche im Ohr. Was immer ich schrieb, stets bestand der Krieg – und sei es auch nur in Nebensätzen – auf seinem Handlungsverlauf. Er verlacht Friedensschlüsse. Er vergleicht sich mit seinesgleichen, prahlt mit jeweils zum Einsatz gebrachtem Material, rechnet Tote mit Toten auf. Und uns Schriftstellern beweist er, daß Worte, sie mögen noch so treffend sein, ihn nicht aufhalten können. Auf Befragen zählt er sich zu den Menschenrechten. So erhaben setzt er sich fort. Doch gerät seine Erhabenheit immer dann ins Wanken, wenn Gelächter ihn bloßstellt. Wohl deshalb hat unser barocker Kollege Grimmelshausen seine während dreißig Jahre währender Kriegszeit gewachsene Einsicht dem Roman »Simplicissimus« als Motto vorangestellt:

»Es hat mir so wollen behagen
Mit Lachen die Wahrheit zu sagen.«

Denn lächerlich sind, so ernstgesichtig sie auftreten, des Krieges Fürsprecher. Wenn immer ihren Lügen Zugkraft mangelt, spannen sie Gott ins Geschirr. Ob Bush oder Blair, die Heuchelei ist ihnen ins Gesicht geschrieben. Jenen Priestern und Missionaren gleichen sie, die seit alters her Waffen segneten und mit der Bibel den Tod in ferne Länder trugen. Weil oft karikiert, sind sie zu Karikaturen ihrer selbst geworden. Also lachen wir sie aus. Vielleicht könnte, wie in Hans Christian Andersens Märchen, das schlußendlich den Kaiser nackt sein läßt, ein nichtendenwollendes Gelächter den einen, den anderen Popanz bloßstellen, auf daß sie mit ihren Schleppenträgern verschwinden.

Aber – so höre ich jetzt schon Bedenken – was nützt das. Sogleich wird ein weiterer Popanz samt Schleppenträgern so gottgewollt ölgesalbt mit Lügen den nächsten Krieg begründen. Das war schon immer so.

Ja. Schon immer hieß es nach jeweils dem letzten Krieg: Nie wieder! Schwüre wurden laut. Auf einem Holzschnitt meines Lehrers Otto Pankok zerbricht Christus plakativ das Gewehr. Wir versicherten einander, aus der Geschichte lernen zu wollen. Die Vereinten Nationen faßten friedensstiftende Beschlüsse, die unter der Fuchtel der großmächtigen Vetomächte nur auf Papier wirksam wurden. An mahnenden, der Sorge verpflichteten Wörtern hat es nie gefehlt. Friedensbewegungen entstanden, lösten sich auf, fanden abermals Zulauf, um sich abermals aufzulösen. Als »Gutmenschen« verhöhnt, resignierten viele. Nur dem Krieg ging der Atem nicht aus. Und wenn er verschnaufte, dann nur, um sich neue Feinde zu erfinden, um neue Waffensysteme zu entwickeln und auf den freien Markt zu bringen: noch weiter tragende, zielgenauere, urananggereicherte, solche, die weit flächendeckend und schonungslos todbringend sind.

So verging friedlose Zeit. Wir Schriftsteller waren immer dabei, ob schweigend oder protestierend. Geschrieben wurde allemal: dafür und dagegen. Wir wissen das aus wiederholter Erfahrung. Als der immer noch andauernde Irak-Krieg, wie von den USA gewollt, zu beginnen drohte und als er dann schmutzig tatsächlich und zugleich lupenrein im Fernsehen begann, erklärte auch ich mich öffentlich. Zu Beginn und am Ende eines Textes zitierte ich ein Gedicht, das der deutsche Dichter Matthias Claudius geschrieben hatte. Ohnmacht spricht aus seiner Klage. Ohnmacht, die wir uns eingestehen sollten, ohne deshalb zu schweigen. Wie Matthias Claudius nicht schwieg, sondern uns sein bis heute gültiges »Kriegslied« hinterließ:

»'s ist Krieg! 's ist Krieg! O Gottes Engel wehre,
Und rede Du darein!
's ist leider Krieg – und ich begehre
Nicht schuld daran zu sein!«

Ernst Toller

Rede anläßlich der Verleihung des Ernst-Toller-Preises

Unterwegs zwischen Stadt und Stadt und zurück in der Werkstatt, meiner Zuflucht, lese ich kurze Sätze, die entschlossen Anlauf nehmen, immer wieder den Sprung wagen – weit gedacht, hoch gefühlt – und dort, wo sie erden, Zweifel in wiederum kurzen Sätzen reihen. Ich lese Tollers »Eine Jugend in Deutschland«. Seine, meine? Entdecke ich Spuren von mir, während ich seinen folge? Ich sehe ihn, vom Glauben getragen, in den Ersten Weltkrieg ziehen, wie ich blindlings gläubig in den Zweiten Weltkrieg zog. Im Priesterwald, einem Abschnitt im Gemetzel der Westfront, sieht er die zerfetzten Leichen von Freund und Feind übereinander geschichtet, nicht mehr zu trennen, wie ich an der Ostfront die von Granatsplittern und gesplittertem Holz eines Jungwaldes aufgerissenen Leichen mir gleichaltriger Soldaten sah; so mörderisch lagert sich, während ich lese, die Zeit ab.

Aber auch der Ort seiner Geburt, Samotschin im Netzebruch, ist mir nicht fern. Als Jude wächst er zwischen Deutschen und Polen auf. Die Juden sehen sich als Deutsche und blicken gemeinsam mit ihnen auf die Polen herab. »Polacken« heißt das Schimpfwort, das dem Kind Ernst Toller geläufig ist, wie es mir geläufig wurde, wenngleich ich oder weil ich von Mutters Seite ein halber Kaschube war, der als Kind kein Pole sein wollte. Tollers nachhinkende Scham, meine nachhinkende Scham.

Als der Erste Weltkrieg endete, dessen Beginn der einundzwanzigjährige Toller noch als Befreiung von bürgerlichen Zwängen gefeiert hatte, worauf er sich freiwillig meldete, sehen wir ihn als geläuterten Pazifisten auf Sinn- und Wortsuche. Viele seiner Generation, so die expressionistischen Dichter Alfred Lichtenstein und Ernst Stadler, die Maler Franz Marc und August Macke, sind auf den Schlachtfeldern Frankreichs verreckt. Er sieht sich als zufällig Überlebenden, wie auch ich mich nach dem Ende des Zweiten Weltkrieges wie vom Zufall ausgespart sah. Der beginnende Frieden ist kaum wahrzunehmen. Hunger und Kälte herrschen vor. Die Überlebenden gleichen

Ruinen. Doch ab dann schwinden Gemeinsamkeiten, läuft die Spur auseinander. Während ich die totale Niederlage als bedingungslose Kapitulation Deutschlands erlebte, sieht er sich einem weiterhin intakten Staatsgefüge ausgeliefert und ist sogleich jener rechten Kumpanei konfrontiert, die entschlossen ist, die kaum ausgerufene und von Beginn an schwache Republik abzulehnen und zu bekämpfen. Er, der Pazifist mit Fronterfahrung, ist allzubald gezwungen, während der kurzen und wirren Zeit der bayerischen Räterepublik zu den Waffen zu greifen, mehr noch, als Kommandierender die Rückeroberung Dachaus zu befehlen, zu leiten. Und auch späterhin, in den Jahren der Emigration nach der Machtergreifung der Nationalsozialisten, sieht er sich genötigt, seine Haltung, die die eines Pazifisten aus Erfahrung des Krieges ist, zu relativieren.

Toller steht zu seinen Widersprüchen und Fehleinschätzungen der politischen und sozialen Wirklichkeit. Als 1933 bei Querido, dem Amsterdamer Verlag der deutschen Emigranten, »Eine Jugend in Deutschland« erscheint, schreibt er im Vorwort: »Hatten die Menschen gelernt aus Opfern und Leiden, aus Niederbruch und Verhängnis, aus dem Triumph des Gegners und der Verzweiflung des Volkes, hatten sie Sinn und Mahnung und Verpflichtung jener Zeiten begriffen?

Die Republikaner, die die Republik ihren Feinden auslieferten. Die Revolutionäre, die über Thesen und Parolen den Willen des Menschen und seine Entscheidung vergaßen.

Die Gewerkschaftsfunktionäre, die über gefüllten Kassen die wachsende Gewalt des Gegners nicht sahen, der sie mitsamt ihren Kassen fortfegen sollte.

Die Bürokraten, die den freien Mut, die Kühnheit, den Glauben erstickten.

Die Doktrinäre, die über spitzfindigen Fehden versäumten, dem Volk klare und große Ziele zu weisen.

Die Schriftsteller, die ein verstiegenes Bild des kämpfenden Arbeiters schufen, und verzagten, wenn sie dem wirklichen Arbeiter begegneten, mit seiner Schwäche und seiner Stärke, seiner Kleinheit und seiner Größe.

Die Realpolitiker, die taub waren für die Magie des Wortes, blind für die Macht der Idee, stumm vor der Kraft des Geistes.

Die Fetischisten der Ökonomie, die die moralischen Kräfte des Volkes und die großen Impulse der Menschen, die Sehnsucht nach Freiheit, nach Gerechtigkeit, nach Schönheit kleinbürgerliche Untugenden hießen.

Nein, in fünfzehn Jahren haben sie nichts gelernt, alles vergessen und nichts gelernt. Wieder haben sie versagt, wieder sind sie gestrandet, gestäupt und geschunden.

Sie haben das Volk vertröstet von Tag zu Tag, von Monat zu Monat, von Jahr zu Jahr, bis es, müde der Vertröstungen, Trost in der Trostlosigkeit suchte.

Die Barbarei triumphiert, Nationalismus und Rassenhaß und Staatsvergottung blenden die Augen, die Sinne, die Herzen.

Viele haben gewarnt, seit Jahren gewarnt. Daß unsere Stimmen verhallten, ist unsere Schuld, unsere größte Schuld.«

Ja, Toller hat vor allen anderen die Gefährdung der Weimarer Republik erkannt. Er sah die Folgen des Versailler Vertrages, dessen unversöhnliche Härte er ablehnte, voraus, bevor noch Hitlers Propaganda dieses Friedensdiktat als Sprengsatz nutzte. Er, der unabhängige Sozialist, hat früh die das Proletariat spaltenden Machenschaften der Kommunistischen Partei durchschaut, ihr fern aller Solidarität agierendes Doppelspiel während der kurzen Zeit der Bayerischen Räterepublik, ihre stalingläubige Dogmatik während der letzten Jahre der Weimarer Republik, die durch den Hitler-Stalin-Pakt, den Toller nicht mehr erlebte, verhängnisvoll bestätigt wurde.

Und früh hat er den nicht nur in Deutschland spürbaren Nationalismus und Rassenwahn erkannt. Er, ein überaus, weil in die Sprache des Landes verliebter deutscher Schriftsteller, bekennt in seinem uns auch fernerhin gültigen Buch »Eine Jugend in Deutschland«: »Die Worte ›Ich bin stolz, daß ich ein Deutscher bin‹, oder ›Ich bin stolz, daß ich ein Jude bin‹, klingen mir so töricht, wie wenn ein Mensch sagte, ›Ich bin stolz, daß ich braune Augen habe‹.

Soll ich dem Wahnwitz der Verfolger verfallen und statt des deutschen Dünkels den jüdischen annehmen? Stolz und Liebe sind nicht eines, und wenn mich einer fragte, wohin ich gehöre, ich würde antworten: Eine jüdische Mutter hat mich geboren,

Deutschland hat mich genährt, Europa mich gebildet, meine Heimat ist die Erde, die Welt mein Vaterland.«

Was ist von ihm geblieben? Gewiß dieses so schmucklose und doch facettenreiche Buch über seine jungen Jahre, aber auch die Theaterstücke »Masse Mensch«, »Hinkemann«, »Der Moloch«, geschrieben während fünf Jahren Gefängnishaft, sind in unserer von sozialen Spannungen und immerwährenden Kriegen gezeichneten Zeit gegenwärtig geblieben. Und auch das »Schwalbenbuch«, diese anrührenden Verse, geschrieben in enger Zelle. Dankbar für den mir verliehenen Ernst-Toller-Preis, den ich als Verpflichtung begreife, zitiere ich abschließend aus dem »Schwalbenbuch«, das in jenen Jahren, aus dem Gefängnis geschmuggelt, über Grenzen hinweg viele Leser fand:

»Am Morgen, wenn der Wächter kommt,
Schreck ich zusammen.
Entdeckt er das Nest,
Reißt ers mit harter Geberde zu Boden.

O im vorigen Sommer der Kriegszug
auf junges Getier!
Gegen Dachrinnen, Firste marschierte man Sturm.
Als ich zum Hof ging,
Ging ich über ein Schlachtfeld.

Hilflos kreisend die klagenden Mütter.

Paragraph X: Es widerspricht dem Strafvollzug,
Vögel zu dulden im Hause der Buße.

Menschen... Menschen.«

Oskar Negt

Nachwort

Bei jeder Wiederverwertung bereits veröffentlichter und im Medienzirkus vielfach traktierter Reden und Aufsätze stellt sich zwangsläufig die Frage: Was ist neu an der jetzt gebündelten und chronologisch geordneten Zusammenstellung dieser Arbeiten? Welche bisher wenig oder gar nicht bekannten Seiten erscheinen in neuem Licht und wecken Neugierde? Bei einem so breit angelegten und geradezu enzyklopädisch weitreichenden Werk wie dem von Günter Grass werden Antworten auf diese berechtigten Fragen nicht leicht sein. Aber es ist wohl auch eine Qualität seines überreichen künstlerischen Lebenswerks, daß dann doch Überraschungen und unerwartete Wendungen zutage treten. Der Grass zugeneigte Leser, die freundliche Leserin wird darüber verblüfft sein und solche Entdeckungen als Bereicherung empfinden. Andere werden, wie bei jeder Neuerscheinung des betreffenden Autors, mit Abneigung, sogar allergisch reagieren und mit Fleiß nach den Brüchen und Wundstellen suchen. Günter Grass, in seiner Doppelrolle als Bürger, Citoyen, und Künstler, Schriftsteller, Grafiker hat es schon immer mit beiden Konstellationen zu tun gehabt, mit einem Publikum, das ihm selbst in kritischer Distanz zugeneigt bleibt, und einer Öffentlichkeit, die jeden seiner Texte argwöhnisch beäugt und nach Ansätzen sucht, ihn zu diskreditieren.

Der vorliegende Band mit Reden, der einen Zeitraum vom 28. September 1997 bis zum 22. April 2007 umfaßt, wird sicher wiederum sehr verschiedene Reaktionen hervorrufen. Es sind zehn Jahre, in denen sich die Weltverhältnisse in spektakulärer und folgenreicher Weise umgewälzt haben; was einmal Krieg war, ist im Krieg gegen den Terrorismus nicht wiederzuerkennen; Deutschland, ab 1998 von einer rot-grünen Koalition regiert, beschreitet einen riskanten Weg der »Normalisierung« seiner Rolle im internationalen Staatengefüge. Parallel entwikkeln sich Abbau des Sozialstaates und Aufbau des Sicherheitsstaates. Die Krise der Arbeitsgesellschaft, das Auseinanderdriften von Arm und Reich, von Peripherie und Zentrum, all das ist in Grass' Reden gegenwärtig, bildet aber nicht ihren roten Faden. In dieser Bündelung von Texten besteht er vielmehr in der konzentrierten Aufmerksamkeit für den politischen Rang von Stiftungen, die mit ihren Preisverleihungen eine Öffentlichkeit ganz besonderer Art herstellen. Überwiegend sind hier Reden versammelt, die Leistungen anerkennen und Dank ausdrücken, in einem sehr weit gefaßten Sinne. Das ist eine Seite im Werk von Günter Grass, die in diesem stark biographisch getönten Zusammenhang so bisher nicht deutlich geworden ist; ich jedenfalls habe es in dieser Klarheit nicht gesehen.

Bevor ich jedoch auf einzelne Reden eingehe, denen ich in der Realitätsverarbeitung von Günter Grass ein besonderes politisches Gewicht zuspreche, muß ich an einem zweiten Punkt des Erstaunens und der Verblüffung ansetzen, der seit über einem Jahr die inhaltliche Auseinandersetzung mit Grass' Werk überschattet, auch wenn er inzwischen in seiner Bedeutung etwas abgegriffen ist. Ich meine jene Stelle in »Beim Häuten der Zwiebel«, welche die schamvolle und reumütig verspätete Offenlegung seiner Zugehörigkeit zur Waffen-SS-Division Frundsberg enthält. Es ist eine Frage der Aufrichtigkeit, diesen Punkt in einem Redenband, in dem Grass auch über seine Kriegserfahrungen berichtet, nicht stillschweigend zu übergehen. Denn die Tatsache, daß in keiner dieser Reden, auch nicht in denen, die offensichtlich während der Arbeit an der »Zwiebel« entstanden sind, ein Hinweis auf die überfällige lebensgeschichtliche Korrektur zu finden ist, wird sonst allein von seinen Gegnern bewertet und zum Argument gegen sein gesamtes Schaffen gewendet werden.

In einer der eindrucksvollsten Reden, der vor Gesamtschullehrern aus dem Jahr 1999, ist die zu einer verselbständigten Konstruktion verfestigte Lesart, die der Wahrheit nicht ganz fernsteht, noch völlig intakt. »Deutschidealistische Gebote, gepaart mit nationalsozialistischen Zielsetzungen sind einem Gedächtnis imprägniert, das noch heute Textfetzen von HJ-Liedern abrufbereit hält. Und Lehrergestalten hatten sich raumgreifend in meinen Träumen breitgemacht, bis ich sie niederschrieb und in Bücher sperrte, die nacheinander ›Die Blechtrommel‹,

›Katz und Maus‹, ›Hundejahre‹ hießen. … Als Fünfzehnjähriger, mit meinem Latein so oder so am Ende, lernte ich in der Funktion des K 6 vor allem das Bedienen der Zünderrichtmaschine bei einem 8,8-Flakgeschütz. Mein Lehrer hieß Krieg. Die Schule war aus.«

Zwei oder drei Jahre Geburtsabstand konnten über Tod und Leben entscheiden; mich selbst, 1934 geboren, also elf Jahre alt, als ich auf der Flucht mit zwei älteren Schwestern Richtung Berlin in der bereits eingeschlossenen Festung Königsberg eingemauert war, hatte man in eine Uniform gesteckt und einer Flakkompanie zugeteilt, die eigentlich nur die Küchendienste meiner Schwestern nutzen konnte, aber mit dem Knaben nichts anzufangen wußte. Ich habe kein Flakgeschütz bedient, aber erfahren, wie Dreizehn- und Vierzehnjährige besinnungslos in den Himmel schossen, weil sie an den Endsieg glaubten, und Angebote ausschlugen, mit letzten Schiffen noch aus Königsberg fortgebracht zu werden. Sie sind alle elend umgekommen. Grass war siebzehn, als er zur Waffen-SS kam, daran gemessen also ein erwachsener Mann. Wohl kaum aber urteilsfähiger als die Königsberger Flakschützen.

Warum Günter Grass seine mehr oder minder blinde Zwangseinweisung in die SS-Division Frundsberg unter der Deckkonstruktion des Flakhelfers so lange versteckte, mag letztlich sein Geheimnis bleiben. Vielleicht trifft es wirklich zu, daß die »nachwachsende Scham« nur aufgebrochen werden konnte durch die Mobilisierung des Symbolvorrats, der im »Häuten der Zwiebel« steckt. Diese biographische Selbstreflexion der Brechungen und der glücklichen Ausgänge im Leben des Günter Grass konnte auf dem Boden einer unfriedfertigen und gewalttätigen Geschichte in den subjektiven Maßverhältnissen kaum auf gerade Linien zurechtgebogen werden. Mit wachsender Annäherung an den Zwiebelkern nimmt der Tränenfluß zu. Es gehört zu den bizarrsten Kapiteln der »Blechtrommel« und ist doch für das Grasssche Werk charakteristisch, was im »Zwiebelkeller« geschieht. Die besondere Attraktivität dieses Zwiebelkellers besteht darin, daß sich in ihm Menschen einfinden, die durch bloßes Reden und Sichvergnügen ihre durch Panzerung geschützten Probleme nicht loswerden. Nach einer von Musik begleiteten Einstimmung verteilt der Besitzer deshalb Zwiebeln und läßt sie häuten. »Man versuchte, ins Gespräch zu kommen, schaffte es aber nicht, redete, trotz fester Absicht, an den eigentlichen Problemen vorbei, hätte sich gerne einmal Luft gemacht, hatte vor, mal richtig auszupacken, wollte frisch von der Leber, wie einem ums Herz ist, aus voller Lunge, den Kopf aus dem Spiel lassen, die blutige Wahrheit, den nackten Menschen zeigen – konnte aber nicht. Hier und da deutet sich in Umrissen eine verpfuschte Karriere an, eine zerstörte Ehe.« So half das Häuten der Zwiebel, die »runde menschliche Träne« fließen zu lassen: »Da wurde geweint. Da wurde endlich wieder einmal geweint. Anständig geweint, hemmungslos geweint, freiweg geweint.« Es ist eine merkwürdige Veranstaltung in diesem Zwiebelkeller, in dem das gemeinschaftliche Weinen geübt wird, weil das private nicht ausreicht. Auf ihrer Studentenbude hatten zwei versucht, das, was sie im Zwiebelkeller erfahren hatten, nachzuahmen, »aber es war nicht dasselbe wie im Zwiebelkeller. Man brauchte Zuhörer. Es weinte sich in Gesellschaft viel leichter. Zu einem echten Gemeinschaftsgefühl konnte man kommen, wenn links und rechts und oben auf der Galerie die Kommilitonen von dieser und jener Fakultät, selbst die Studenten der Kunstakademie und die Pennäler zu Tränen kamen.«

Könnte es sein, daß Grass mit seinem Bekenntnis zu einem Tatbestand, der lebensgeschichtlich ja nichts Spektakuläres an sich hat und einem Siebzehnjährigen verziehen worden wäre, warten wollte, bis durch diese Zwiebelhäutung auch Tränen fließen, die eigenen ebenso wie die kollektiven? Indem Grass sich und die, die ihn verehren und bewundern, in den Zwiebelkeller führt, kann er sich öffnen und den Charakterpanzer sprengen. Die Erklärungen für das lange Schweigen können nicht mehr von ihm ausgehen; zu viele Ausreden sind möglich. So schreibt er in »Beim Häuten der Zwiebel« in, wie ich meine, glaubwürdiger Aufrichtigkeit: »Und doch habe ich mich über Jahrzehnte hinweg geweigert, mir das Wort und den Doppelbuchstaben einzugestehen. Was ich mit dem dummen Stolz meiner jungen Jahre hingenommen hatte, wollte ich mir nach dem Krieg aus nachwachsender Scham verschweigen. Doch die Last blieb, und niemand konnte sie erleichtern. … Selbst wenn mir tätige Mitschuld auszureden war, blieb ein bis heute nicht abgetragener Rest, der allzu geläufig Mitverantwortung genannt wird. Damit zu leben ist für die restlichen Jahre gewiß.«

Mehr kann man nicht verlangen; der unabgetragene Rest bleibt bei Günter Grass. Als sich die Nachricht von der Waffen-SS-Zugehörigkeit, von der »Frankfurter Allgemeinen Zeitung« präzise darauf konzentriert, verbreitete, gab es unter Freunden und Anhängern allgemeine Betroffenheit. »Beim Häuten der Zwiebel« war ja noch nicht erschienen, der genaue Wortlaut nicht nachzulesen. Es gab heftige Reaktionen, auch hämische Freude darüber, daß diesem »Oberlehrer der Nation«, wie Grass zuweilen bezeichnet wurde, endlich der Strick gedreht werden konnte. Es gab aber auch kritisch-zugewandte Briefe an Grass. Für diese Art der Reaktion ist vielleicht das charakteristisch, was die Sozialpsychologin und Psychotherapeutin Christine Morgenroth, aus dem Blickwinkel einer anderen Generation, auszudrücken versuchte in einem privaten Brief vom 13. August 2006. Sie schreibt:

»Lieber Günter Grass,
ich will meine gestrige Verblüffung nicht verhehlen, als ich in den Nachrichten von der Mitgliedschaft in der Waffen-SS hörte und gestern Ihr Interview in der FAZ las – nein, schrie ich innerlich für einen Moment auf, er doch nicht! Und alle meine Sechziger-und-Siebziger-Jahre-Idealisierungen schossen mir gleichzeitig durch den Kopf, Bewunderung für den Künstler Grass, dessen Bücher mir (und meiner Generation) sehr viel bedeutet haben, und die Bewunderung für den Menschen, der als politischer Intellektueller immer auch Stellung bezog und sichtbar, hörbar wurde! Für einen Moment schien mir das fraglich zu werden.

Der Moment, so möchte ich betonen, blieb kurz. Ich spreche jetzt nicht als Psychotherapeutin, die mit den Nachwirkungen der Kriegsereignisse therapeutisch zu tun hat (auch in der 3. Generation wirken sie noch!), und auch nicht als Sozialforscherin, die sich u.a. mit Fragen von Täterschaft und intergenerationalen Gefühlserbschaften forschend befaßt – nein, ich spreche hauptsächlich als 1952 geborene Tochter und Stieftochter zweier

Männer, die beide durch diesen Krieg geprägt wurden und die, aus verschiedenen Gründen, beide bis zu ihrem Tod nicht ein einziges Mal ein klärendes Wort der inhaltlichen Stellungnahme, der Aufklärung über eigene Motive, des Bedauerns gar über mögliche Schuld gefunden haben.

Ich empfinde nun Dankbarkeit darüber, daß es Ihnen jetzt möglich geworden ist, ein langes Schweigen zu überwinden. Ich darf mir nicht anmaßen, über Ihre Gefühle und Motive zu spekulieren; so kann ich nur über meine Reaktion sprechen. Und die besteht letztlich, nachdem der besagte kurze Moment denkend überwunden war, in einer großen Erleichterung über Ihre Offenheit. Damit bleiben Sie, als politischer Intellektueller, beispielhaft und machen deutlich, daß manche Prozesse eine ungewöhnlich lange Zeit benötigen, um innerlich zu reifen – aber auch, daß es für eine notwendige Mitteilung und Stellungnahme, und sei sie auch noch so heikel oder beschämend, niemals zu spät ist.

Sie stellen ein Korrektiv in die Öffentlichkeit, die gegenwärtig durch Schlußstrich-Debatten, neue Opferdiskurse und wissenschaftlich legitimierte Täterentlastung geprägt ist. Daß der öffentliche Schlußstrich noch lange nicht gezogen sein kann, dazu trägt Ihre korrigierende Mitteilung jetzt bei.

Seien Sie meiner freundschaftlichen Bewunderung versichert!«

Dem habe ich nichts hinzuzufügen. Ich habe mich an diesem Punkt der im öffentlichen Raum in Frage gestellten Glaubwürdigkeit so lange aufgehalten, weil meine eigene damalige Betroffenheit eben jene Blickverengung bewirkte, von der Christine Morgenroth spricht. Sie wäre vor allem denjenigen nützlich, die schon immer daran gearbeitet haben, dem ganzen Grassschen Werk den Boden der Glaubwürdigkeit zu entziehen. Jede der Reden, die im vorliegenden Band zusammengestellt sind, erhebt in je spezifischem Wahrheitssegment Einspruch gegen diese ideologische Frontstellung. Es sind authentische Ausdrucksformen des Künstlers und des Bürgers Günter Grass.

Ich habe anfangs gesagt, es handele sich bei diesen Reden überwiegend um Danksagungen, um Laudationes im buchstäblichen Sinne, die entweder mit Grass selbst zu tun haben und dem ehrenden Gedenken an seine Lehrmeister und all diejenigen, denen er viel zu verdanken hat; oder es sind Reden, in denen Grass Personen, Bevölkerungsgruppen oder Institutionen würdigt, die Preise empfangen haben oder Preise verdienen. Deshalb stellt sich mir zunächst die Frage: Um welche Art von Reden geht es hier? Aristoteles unterscheidet in seiner für die gesamte Geschichte der Redekunst prägenden »Rhetorik« drei Arten der Beredsamkeit, denen drei Arten von Zuhörern korrespondieren. »Der Zuhörer ist nun notwendig einer, der die Rede genießt, oder einer, der zu urteilen hat, und zwar zu urteilen über das, was geschehen ist oder geschehen soll. Zum Beispiel ist ein Mitglied der Volksversammlung jemand, der über Künftiges zu urteilen hat; wer aber über Geschehenes zu urteilen hat, ist ein Richter; wer schließlich über das rhetorische Vermögen zu urteilen hat, ist jemand, der die Rede genießt. Hieraus ergeben sich notwendig drei Gattungen der Rede: die beratende (genos symbouleutikon), die gerichtliche (genos dikanikon) und die Lobrede (genos epideiktikon).« Es ist unstrittig, daß die Grass-Reden der vergangenen zehn Jahre der Kategorie der Lobrede zuzuordnen sind. Die Rhetorik als Wissensform, die sehr eng mit der Politik und der Ethik verknüpft ist, hat es mit menschlichen Handlungen, mit Charakteren, Vorzügen und Affekten zu tun; die Lobrede speziell mit Lob und Tadel.

Günter Grass hat immer die öffentlichen Räume aufgesucht, um im lebendigen Kontakt mit dem Publikum auch jene Redeform zu probieren, die Aristoteles als die beratschlagende bezeichnet, in der über Krieg und Frieden entschieden wird und die ihm zufolge die eigentliche politische Rede ist. In dieser Rede geht es um die Überzeugungskraft, darum, das an den Dingen Glaubhafte öffentlich zu machen. Aristoteles sagt: »Die Rhetorik stellt das Vermögen dar, bei jedem Gegenstand das möglicherweise Glaubenerweckende zu erkennen ... Die Theorie der Beredsamkeit ... scheint sozusagen in der Lage zu sein, das Glaubenerweckende an jedem vorgegebenen Gegenstand zu untersuchen. Darum behaupten wir auch von ihr, daß sie kein eigenes, auf eine bestimmte Gattung von Gegenständen beschränktes Gebiet theoretischer Anweisungen besitzt.«

Es ist charakteristisch für das Werk von Günter Grass, daß der schreibende vom redenden Schriftsteller überhaupt nicht zu trennen ist. Und es mag Neid und Ärgernis erregen, wenn ein vielfältig begabter und die Grenzen der Fachgebiete lustvoll und kreativ überschreitender Schriftsteller mit der Anmaßung auftritt, Glaubwürdigkeit auch für sein politisches Urteilsvermögen zu beanspruchen.

Was zeichnet diese Lobreden aus? Die substantiellen Reden, in denen politische Themen angesprochen und die Rolle des Schriftstellers in einer friedlosen Welt thematisiert wird, sind organisiert um Stiftungen und um Organisationen gruppiert, die mit öffentlichen Preisverleihungen verknüpft sind. Der Autor tritt als Redner für andere und in eigener Sache auf. Insofern passen sich Gedenk- und Geburtstagsreden diesem Gedanken der institutionellen Befestigung preiswürdiger und dem Wohl des Gemeinwesens nützlicher Arbeit gut ein.

Schon die erste Rede schlägt den Grundton an, der in fast allen weiteren hörbar ist: die Sorge um zunehmende soziale Spaltungen und die damit zwangsläufig verknüpfte Ausgliederung aus dem gesellschaftlichen Lebenszusammenhang. Der kollektive Gedächtnisverlust ist für Günter Grass ein fruchtbarer Nährboden für die oft mit Fremdenfeindlichkeit versetzten Vorurteile, die wieder zu einer blutigen Alltagsrealität geworden sind. Grass ist seit vielen Jahren der einsame Rufer gewesen, wenn es im Gedenken an den Holocaust und die Massen geschundener Menschen darum ging, die Sinti und Roma nicht zu vergessen. Als ein Volk, das sich unwillig zeigte, bodenständig zu werden, waren die Zigeuner in Europa seit je diskriminiert. Die Lübecker Rede mit dem Titel »Wie ich zum Stifter wurde« bringt diese doppelte Ausgrenzung – aus dem kollektiven Gedächtnis ebenso wie aus dem gesellschaftlichen Lebenszusammenhang – zu Bewußtsein.

Mit Fug und Recht ist Günter Grass stolz darauf, daß er nicht nur zahlreiche Preise anderer Stiftungen und Organisationen empfangen hat, sondern es ihm aufgrund seines Einkommens als Schriftsteller möglich ist, selbst Preise aus eigenen Stiftungsgeldern vergeben zu lassen. Schon im ersten dieser Stiftungspreise, dem Alfred-Döblin-Preis, geht es gleichzeitig um Hilfe und

Dank, Dank für seinen literarischen Lehrmeister Alfred Döblin und Hilfe für Autorinnen und Autoren. Grass' Stiftungen haben alle einen sehr persönlichen Hintergrund und eine entsprechende Zwecksetzung. So ist der Daniel-Chodowiecki-Preis, benannt nach dem großen polnischen Frühaufklärer und vorzüglichen Grafiker, der Unterstützung heute arbeitender polnischer Grafiker gewidmet. Politisch ordnet sich dieser Preis ein in die seit den ersten schriftstellerischen Versuchen des Danziger Flüchtlings vervielfältigten Bedürfnisse, die den Polen, dem ganzen polnischen Volk von Deutschen geschlagenen Wunden zu heilen. Die zur Förderung der Kultur der Sinti und Roma eingerichtete Stiftung zugunsten des Romavolks vergibt einen Preis, der den Namen eines anderen Lehrers von Grass trägt, den des Zeichners und Meisters im Holzschnitt Otto Pankok; er hatte Grass an der Kunstakademie Düsseldorf unterrichtet, in dessen Atelier waren Zigeuner jeden Alters aus- und eingegangen.

Als Rastplätze der Reflexion, der Erinnerung und der Aufarbeitung brüchiger Stellen im deutschen Geschichtszusammenhang muß Günter Grass die Idee von Stiftungen schon sehr früh bewegt haben; so berichtet er in einer seiner Reden von einem dreißig Jahre zurückliegenden Gespräch mit Willy Brandt, der die Idee einer Nationalstiftung aufgriff und sie sogar in einer Regierungserklärung verankerte, »aber dann wußte er nicht, wohin damit. Im Kanzleramt war niemand zuständig. Also wurde das Innenministerium bemüht. Dort blieb liegen, was querlag. Schon nach zweitem und drittem Schritt verlief sich die Sache, reif für die Ablage. Ein Unding, hieß es, diese Nationalstiftung, allenfalls Futter für den Zank der Länder, bald vergessen.« Aber durch Aktenablage erledigen sich nur wenige Probleme in der Welt; Ernst Bloch hätte von unabgegoltenen Wahrheiten gesprochen, die, aus dem öffentlichen Verkehr gezogen, in einer unteren Wirklichkeitsschicht weiterarbeiten, bis sie eines Tages wieder ins grelle Licht der Öffentlichkeit treten und auf Realisierung drängen. Es ist dieses Vertrauen auf geschichtliche Reifungszeit, das Grass' Denken auszeichnet.

Das zentrale Symboltier seines Denkens ist die Schnecke; so sagt Grass in einer seiner Reden: »›Gut Ding braucht Weile‹ heißt eine Schneckenweisheit, die meinem Tun und Lassen eingeschrieben ist.« Und der lange Atem der Geschichte ist in seinem Werk allgegenwärtig; Grass drückt eine unbändige Freude darüber aus, daß er, der Willy Brandt vergeblich anzustiften versuchte, eine Nationalstiftung zu gründen, eine Rede in Halle halten darf, wo am 21. März 2002 eine Kulturstiftung des Bundes gegründet wurde.

Aber genug von Stiftungen und sie öffentlich einrahmenden Lobreden, auf die Preisträger und die Stifter. Die Prunkreden von Grass enthalten immer eingreifende politische Ratschläge, und sie erinnern mit einer gewissen Besessenheit an die Wundmale unserer Geschichte, von denen auch unsere individuellen Biographien nur selten verschont bleiben. Ein Schriftsteller ist jemand, der gegen die verstreichende Zeit schreibt, sagt Grass. Gerade deshalb ist die Geschichte als wachsendes Vorratslager vermeintlich erledigter Sachen so wichtig für ihn. Grass buddelt historische Personen, etwa den Lieblingscousin seiner Mutter, aus der geschichtlichen Geröllmasse, um ihnen und anderen, die in Vergessenheit geraten könnten, mit neuen Namen zu literarischer Gestalt zu verhelfen, damit sie unsterblich werden.

So ist der Begriff des Politischen in Erzähl-Figuren versinnlicht und häufig auch mit Charakteristika von Tieren verknüpft. Im Werk keines deutschen Schriftstellers treten so viele symbolträchtige Tiere auf, manchmal selbst dort, wie in »Katz und Maus«, wo es um diese Tiergestalten gar nicht geht. Es ist die Leidgeschichte von Tieren, die geprügelte Kreatur, die Grass' Erzählinteresse erregt, aber auch deren Lebensart und Bewegungsrhythmen. Deshalb ist es keineswegs ein bloßes Kuriosum, wenn er in seiner Dankrede für den Nobelpreis daran erinnert, daß er schon viele Jahre zuvor, nämlich im Roman »Die Rättin«, den Vorschlag gemacht hatte, der Laborratte den Nobelpreis zu verleihen, »stellvertretend für Millionen anderer Versuchstiere im Dienst der forschenden Wissenschaft«.

Tiere bevölkern vielfältig und raumgreifend das Werk von Grass: Unken, Fische, Ratten, Krebse, Hunde und andere; aber an der Spitze des Grassschen Politikverständnisses steht die Schnecke.

Vieles von dem, was in den Reden dieses Bandes anklingt, verweist auf das 1972 erschienene Buch »Aus dem Tagebuch einer Schnecke«. Wenn Max Weber dem Politiker die Aufgabe zuweist, harte Bretter zu bohren, mit Leidenschaft, mit Augenmaß und Verantwortung, dann würde im Politikverständnis von Günter Grass doch eine Dimension zu kurz kommen, nämlich die schwerfällige Bodenhaftung und die umwegige Bewegungsart, wie sie in seinem »Wappentier« zum Tragen kommt. Das Direkte und Eindeutige, auf das sich der Politiker stützen kann und das auf klare Ziel- und Zwecksetzungen geht, würde Grass für eine dogmatische Setzung halten, die des Zweifels und der Infragestellung bedarf. Grass bestätigt das sogar dort, wo er die politischen Probleme direkt anspricht und sich als Propagandist der SPD versteht, wie in der Rede für einen Regierungswechsel 1998 oder der Geburtstagsrede für Gerhard Schröder oder auch im Gespräch mit Reinhard Höppner und Hans-Jochen Tschiche; hier fehlt jene Überzeugungskraft, die er dort ausstrahlt, wo er als Schriftsteller und Künstler spricht. Darin steckt eben auch jenes Hindrechseln, das er am sozialdemokratischen Geist kritisiert. »Der Sozialismus, Kinder, begann mit Streit. Damals wie heute ging es um die klassische Frage: Reform oder Revolution? Wo ich hinkomme – ob nach Gladbeck, Stuttgart, Delmenhorst oder Gießen –, seit Bebel hat er sich frisch gehalten, der Streit der Schnecken, die springen wollen. Aber der Kleinmeister aus Köln hat alles gedrechselt. Vielleicht kommt daher jene allen Sozialdemokraten geläufige Wendung: ›Ach was! Das drechseln wir schon.‹ Bebel drechselte Nürnberg, Eisenach, Gotha und ab Erfurt (1891) mehrere Parteitage, deren Tagesordnung vom Revisionismusstreit bestimmt wurde.«

Schnecken können eben nicht springen, selbst wenn sie dazu imstande wären, über die Möglichkeit des Springens und der großen Sprünge zu streiten.

Günter Grass ist der literarische Philosoph der Sozialdemokratie, des sozialdemokratischen Weges in einem radikalen, das heißt die Wurzel des Übels antastenden Sinne. Deshalb war das Thema einigermaßen belanglos, ob er aus der SPD austritt oder ihr Mitglied bleibt; es war ein demonstrativer Akt des Protestes gegen die SPD-Beteiligung, als der verwundbarste Artikel des Grundgesetzes, Artikel 16, der politisch Verfolgten Asyl garantiert, abgeschafft wurde und damit ein Recht aus der Verfassung verschwand, das sich gleichsam brennpunktartig auf die geschichtliche Misere Deutschlands bezog: auf die Vertreibung und Flucht im Dritten Reich, auch die Vertreibung tausender Schriftsteller, Künstler, politischer Oppositioneller, denen in vielen anderen Ländern Asyl und Lebensrecht gewährt wurde. Niemand in der westlichen Welt hat in ähnlichem Umfang Asyl in Anspruch nehmen müssen wie die Deutschen, und das nicht erst in der Zeit des Nationalsozialismus. In der Rede für Yaşar Kemal werden die Vertreibung und das Menschenrecht auf Asyl auch in der inzwischen gegenläufigen Bewegung thematisiert und Deutschland in die Pflicht genommen. »Ich schäme mich meines zum bloßen Wirtschaftsstandort verkommenen Landes, dessen Regierung todbringenden Handel (mit der Türkei) zuläßt und zudem den verfolgten Kurden das Recht auf Asyl verweigert.«

Nichts im Grassschen Denken trägt Züge des Dogmatischen, des eigensinnigen Beharrens, es sei denn, er kommt auf im Grundgesetz verankerte Fundamentalrechte zu sprechen. Hier betätigte sich Grass, sonst eher reserviert gegenüber allem, was mit dem Nationalen zu tun hat, wie Jürgen Habermas als Verfassungspatriot.

Auch die zweite Beschädigung der Verfassung geht ihm bis in die jüngsten Reden hinein nicht aus dem Kopf; das ist sein ceterum censeo, das er seit fünfzehn Jahren wiederholt: Die deutsche Wiedervereinigung gründet sich auf einen Verfassungsbruch. In der Schieflage dieses vereinigten Deutschland und in der Herstellung und Befestigung ungleicher Lebensverhältnisse entdeckt Günter Grass immer wieder diesen Verfassungsbruch, der eine wirkliche politische Partizipation der einstigen DDR-Bevölkerung von Anfang an nicht zuließ. Auch Grass kann nicht mit Sicherheit sagen, ob die vom ganzen Volk »in freier Entscheidung beschlossene Verfassung« besser gewesen wäre als die, die im Grundgesetz befestigt wurde. Was Grass stört und was ihn beunruhigt, ist das Selbstverständliche und Umstandslose, womit auf Grundlage des Beitrittsartikels 23 die Geltungsdauer des Grundgesetzes einfach erweitert wird.

Die auf vielen Ebenen gebrochenen Versprechen der Wiedervereinigung, nicht zuletzt dort, wo die Treuhand mit zweifelhaften Methoden Kollektivbesitz an Private verschleudert – damit und mit dem wuchernden Zusammenwachsen der beiden Teile Deutschlands befassen sich verschiedene Reden von Günter Grass; darauf richtet sich keine geringere Intensität als auf die vielfachen Vertreibungen, auch die Vertreibung der Deutschen aus den verlorenen Ostgebieten nach 1945: »Zwar ist die Vertreibung der Deutschen erklärbar, doch haften ihr zugleich alle Erkennungszeichen einer ›ethnischen Säuberung‹ an.« Dies hält er fest in seiner Dankesrede für die Verleihung des Viadrina-Preises 2001, also eines Preises, der auf Versöhnung mit den Polen geht. Wir leben in einem Zeitalter der Vertreibungen; deshalb ist der menschliche Umgang mit den Fremden und dem Fremden eine unabdingbare kulturelle Integrationsleistung. Dabei spielt auch der Gesichtspunkt solidarischer Hilfe eine große Rolle, die etwas anderes ist als Nächstenliebe. Günter Grass hatte schon früh die einzigartige kollektive Leistung des deutschen Rumpfstaates, der nach dem Zweiten Weltkrieg zwölf Millionen Flüchtlinge integrierte, als Beispiel dafür angeführt, daß es auch bei der Wiedervereinigung (wie nach 1945 in Westdeutschland) eine Art Lastenausgleich geben müsse, und zwar in abgewogenen kleinen Schritten der Annäherung und jeweiligen Verarbeitung der gesonderten Gesellschaftssysteme.

Auch in diesem Zusammenhang reklamiert Grass jenes Tier, das sich in seiner Bewegungsart dem von Grass bewunderten und geradezu idealisierten Lehrer aus dem »Tagebuch einer Schnecke« anverwandelt hat, den er Dr. Zweifel nennt. »Zweifels Interesse galt der Fortbewegung der Schnecken.« Der Dr. Zweifel tritt dann auch wieder in einer der schönsten Reden von Grass auf, die den Titel »Der lernende Lehrer« trägt und vor den Teilnehmern eines Gesamtschulkongresses gehalten wurde. Er ist die Kunstfigur jenes Lehrers, der Hermann Ott hieß und mit Bemerkungen wie: »Wir haben allen Grund zu bezweifeln« oder: »Abermals besteht Anlaß für Zweifel« nicht sparte, so erinnert sich Grass. »Ich habe ihn nicht oder nur andeutungsweise erlebt. Dabei hätte ich Hermann Ott, genannt Zweifel, gerne zum Lehrer gehabt. Ersatzweise ist er mir aus Bruchstükken und Wünschen entstanden. Jemand, dem Erkenntnis nur aus langwieriger Erfahrung und geduldigem Anschauen erwuchs. Jemand, der mich in Zeiten dumpfer Gläubigkeit gelehrt hätte, aus Prinzip zu zweifeln.« Kann man daraus ableiten, daß Günter Grass zu jener Gruppe von Skeptikern gehört, die sich fortwährend über den Dingen bewegen, weil sie in den Dingen nie Fuß fassen? Kant nannte die Skeptiker »Nomaden der Vernunft, die jeden festen Anbau fürchten«. Zu ihnen kann man Grass nicht zählen, denn er weiß sehr wohl einzuschätzen, was frühe Verankerungen eines aufwachsenden Menschen in seiner Lebenswelt bedeuten und wie sehr der Verlust von Heimat, von Bodenständigkeit, von früher Vertrautheit in der Alltagswelt den späteren Lebenszusammenhang prägt.

Es ist eine eindrucksvolle Passage in der Laudatio auf Yaşar Kemal, wenn Grass von diesem Verhältnis, von dieser Spannung zwischen Heimatverlust als objektiver Erfahrung und den Traumphantasien für die Arbeit des Schriftstellers spricht. »Yaşar Kemal gehört zu jenen Schriftstellern, denen der durch Geburt zugefallene Flecken Erde Welt genug ist. Wie bei Faulkner, Aitmatow oder auch Joyce kreist alles Geschehen um den Ort früher Verletzung. Landschaften werden beschworen – es können auch Stadtlandschaften sein – und in ihnen Menschen, die, so verloren sie am Rande liegen und existieren mögen, jeweils den Mittelpunkt der Welt fixieren und bewohnen. Auch mir ist diese Besessenheit vertraut. Dieses Nichtloskommen von längst verlorenen Provinzen. Denn jede Satzperiode, die ich zu Papier brachte, wurzelte – sie mochte am Ende sonstwo hinführen – zwischen der Weichselniederung und den Hügeln der Kaschubei, in der Stadt Danzig und deren Vorort Langfuhr, an den Stränden der Ostsee. Dort liegen meine amerikanischen Südstaaten, dort habe ich mein Dublin verloren und weitet sich meine kirgisische Steppe, und dort liegt meine Çukurova.« (Die Çukurova ist die Heimat Kemals)

Er ist schon ein merkwürdiger Zweifler, dieser Günter Grass; er verachtet verabsolutierte Positionen und Werte, die ihm gefährlich erscheinen für die Substanz der Demokratie; aber verliebt ins Scheitern ist er auch nicht, im Gegenteil: Ein praktischer Optimismus ist das Belebende seines Werks, er ist allerdings mit vielen Einwänden und Barrieren behaftet, die das

Erreichen der Ziele brechen. Er schreibt gegen das Vergessen, und die das Schreiben begleitende Rede öffnet den Zugang zur Öffentlichkeit, selbst an seinem Stehpult, wenn er schreibend mitredet. »Bis ins fünfte Jahrzehnt meiner lustvoll ertragenen Schreibfron kaue ich zähfaserige Satzgefüge zu fügsamem Brei, brabbel in schöner Schreibeinsamkeit vor mich hin und lasse nur zu Papier kommen, was auch gesprochen seine wechselnde Tonlage gefunden, Halt und Echo bewiesen hat.« Auch in Zeiten, in denen über Modernisierungsschübe und große Sprünge diskutiert wird, beharrt er auf seinem Grundsatz: Der Fortschritt ist eine Schnecke.

So kann er, sehr wohl wissend, daß darin ein Widerspruch liegt, den Gesamtschulen ein Leistungsfach empfehlen, das Erlernen von Langsamkeit. Und darin ist eine wesentliche Gemütskraft enthalten, sich auf diesem Wege, der mit vielfachen Möglichkeiten des Scheiterns verknüpft ist, nicht entmutigen zu lassen. Als Mitte der achtziger Jahre Johano Strasser und Günter Grass in meine Wohnung kamen, um für »L '80«, die sozialdemokratische Literaturzeitschrift, ein Dreiergespräch aufzunehmen über Bloch und Camus, war ich aufs äußerste verblüfft, daß der mir bisher als politischer Optimist bekannte Günter Grass sich als großer Verehrer von Camus entpuppte und das Prinzip Hoffnung als einen trügerischen Wunsch abtat. Vor allem der Sisyphos-Mythos hatte es ihm angetan, dem Camus ja eine überraschende Wendung gibt, indem er behauptet, man müsse sich den steinewälzenden Sisyphos als einen glücklichen Menschen vorstellen können; denn den immer wieder zurückrollenden Stein nach oben zu bringen, erfülle seine Seele und sein ganzes Leben. Das Ende dieses Lebens wäre, den Stein kraftlos liegen zu lassen.

In den hier vorliegenden Reden feiert Sisyphos noch einmal Auferstehung, mit einem beschwörend-ironischen Appell: »Also flehe ich: Heiliger, von Camus' Gnaden nobelierter Sisyphos, bitte, sorge dafür, daß der Stein oben nicht liegen bleibt, daß wir ihn weiterhin wälzen dürfen, auf daß wir wie du glücklich mit unserem Stein sein können und die erzählte Geschichte von der Mühsal unserer Existenz kein Ende findet.« Das mag, wie hier in der Nobelpreisrede, schon ein Hinweis auf die mühselige Existenz des Schriftstellers sein, der sich nur selten politisch wirksames Gehör verschaffen kann.

Zum Schluß möchte ich deshalb aus jenem wunderbaren Buch zitieren, das das Ende des Dreißigjährigen Krieges zum Gegenstand hat und nicht nur die Zeitwirrnisse anzeigt, von denen die Schriftsteller betroffen sind, sondern auch deren oft vergebliche Mühen bezeichnet. Ich meine »Das Treffen in Telgte«, den großartigen literarischen Entwurf über den guten Willen von Intellektuellen und der oft tragischen Vernichtung ihrer Denkprodukte. In Telgte treffen sich Dichter, Verleger, Musiker, um Verantwortung zu übernehmen für den in Osnabrück und Münster seit vielen Jahren verhandelten Friedenspakt, dem sie ein eigenes Manifest beigeben wollen. Das Friedensmanifest wird trotz aller Reibereien unter den Intellektuellen abgeschlossen und versiegelt. Da bricht Feuer in dem Gasthof aus. Panisch fliehen die Intellektuellen. »Das Manifest! rief Rist. Wo ist? Wer hat? Dach stand mit leeren Händen. Zwischen den Gräten des Fischgerichtes war auf dem langen Tisch der Friedensaufruf der deutschen Poeten vergessen worden. Gegen jede Vernunft wollte Logau zurück in die Wirtsstube: Retten den Schrieb! Czepko mußte ihn halten. So blieb ungesagt, was doch nicht gehört worden wäre.«

Der Stein, den man schon ganz oben auf dem Berg glaubte, rollt wieder zurück. Werden die Dichter je wieder zusammenkommen, um unter veränderten Zeitbedingungen neue Friedensmanifeste zu verfassen? Günter Grass ist der Überzeugung, ja, so wird es sein. Ich vermute aber, auch er wird den insgeheimen Wunsch nicht aufgeben, daß der verdammte Stein eines Tages am Berg oben hängenbleibt oder noch besser: auf der anderen Seite ins Meer rollt. Ein bißchen Glück ist wohl doch mit der Hoffnung verknüpft, die Mühsal möge ein Ende haben.

Bibliographische Nachweise

Wie ich zum Stifter wurde. Rede anläßlich einer Feierstunde im Lübecker Bürgerschaftssaal am 28. September 1997. Erschienen in Günter Grass: *Ohne Stimme. Reden zugunsten des Volkes der Roma und Sinti,* Göttingen (Steidl) 2000, S. 7-24.

Laudatio auf Yaşar Kemal. Rede anläßlich der Verleihung des Friedenspreises des Deutschen Buchhandels an Yaşar Kemal in der Frankfurter Paulskirche am 19. Oktober 1997.

Rotgrüne Rede. Rede im Rahmen der Reihe »Im Gespräch« mit Ministerpräsident Reinhard Höppner und Hans-Jochen Tschiche in der Martin-Luther-Universität in Halle am 20. März 1998.

Zwischen den Stühlen. Rede anläßlich der Verleihung des Fritz-Bauer-Preises der Humanistischen Union im Lübecker Rathaus am 24. April 1998.

Brief an Christa Wolf anläßlich ihres 70. Geburtstages am 18. März 1999.

Der lernende Lehrer. Rede auf einem Gesamtschul-Kongreß in der Fritz-Karsen-Schule, Berlin, am 13. Mai 1999. Erschienen in: *Die Zeit,* 20. Mai 1999. Wieder abgedruckt in Günter Grass: *Für- und Widerworte,* Göttingen (Steidl) 1999, S. 7-35.

Literatur und Geschichte. Rede anläßlich der Verleihung des Prinz-von-Asturien-Preises in Oviedo am 22. Oktober 1999. Erschienen in Günter Grass: *Fortsetzung folgt… / Literatur und Geschichte,* Göttingen (Steidl) 1999, S. 51-62.

Fortsetzung folgt… Rede anläßlich der Verleihung des Nobelpreises für Literatur in Stockholm am 7. Dezember 1999. Erschienen in Günter Grass: *Fortsetzung folgt… / Literatur und Geschichte,* Göttingen (Steidl) 1999, S. 7-50.

Nie wieder schweigen. Rede zur Eröffnung der Tagung des Internationalen P.E.N. in Moskau am 25. Mai 2000.

Ich erinnere mich… Anläßlich der litauisch-deutsch-polnischen Gespräche über die Zukunft der Erinnerung in Vilnius am 2. Oktober 2000. Erschienen in Günter Grass / Czesław Miłosz / Wisława Szymborska / Tomas Venclova: *Die Zukunft der Erinnerung,* hg. von Martin Wälde, Göttingen (Steidl) 2001, S. 27-34.

Ohne Stimme. Rede vor dem Europarat in Straßburg am 11. Oktober 2000. Erschienen in Günter Grass: *Ohne Stimme. Reden zugunsten des Volkes der Roma und Sinti*, Göttingen (Steidl) 2000, S. 25-45.

Zukunftsmusik oder Der Mehlwurm spricht. Rede auf Einladung der Europäischen Investitionsbank in Bremen am 19. Oktober 2000. Erschienen in Günter Grass: *Ohne Stimme. Reden zugunsten des Volkes der Roma und Sinti*, Göttingen (Steidl) 2000, S. 46-95.

Lob der Vielseitigkeit. Laudatio auf Per Øhrgaard anläßlich der Verleihung des Henrik-Steffen-Preises der Alfred Toepfer Stiftung in Kiel am 11. Mai 2001.

Rede zur Verleihung des Alfred-Döblin-Preises in Berlin am 20. Mai 2001.

Über das Brückenschlagen. Rede anläßlich des Viadrina-Preises der Europa-Universität in Frankfurt an der Oder am 13. Juli 2001.

Parzivâl, der andere Simplex. Laudatio auf Adolf Muschg anläßlich der Verleihung des Grimmelshausen-Preises in Renchen am 20. Dezember 2001.

Nach dreißig Jahren. Rede anläßlich der Gründung der Kulturstiftung des Bundes in Halle am 21. März 2002 in den Franckeschen Stiftungen in Halle.

Laudatio auf Christa Wolf. Rede anläßlich der Verleihung des Deutschen Buchpreises des Börsenvereins des Deutschen Buchhandels in Leipzig am 22. März 2002.

Die Wiedervereinigung als andauernde Aufgabe. Rede anläßlich eines Symposiums über die Wiedervereinigung in Seoul, Korea, am 24. Mai 2002.

Zuletzt. Nachwort zu: *In einem reichen Land. Zeugnisse alltäglichen Leidens an der Gesellschaft*, hg. von Günter Grass, Daniela Dahn und Johano Strasser, Göttingen (Steidl) 2002, S. 629-631.

Das Haus in der Stadt der sieben Türme. Rede anläßlich des zehnten Todestages von Willy Brandt im Lübecker Theater am 7. Oktober 2002.

Zwischen den Kriegen. Exklusivbeitrag für die dpa vom 20. Januar 2003.

Rede anläßlich der Verleihung der Ehrendoktorwürde der Universität Lübeck im großen Hörsaal des Zentralklinikums am 7. Februar 2003.

Das Unrecht des Stärkeren. Erklärung zum Irak-Krieg, verbreitet über dpa am 21. März 2003.

Walter Höllerer nachgerufen. Gedicht, vorgetragen auf der Beerdigung von Walter Höllerer in Berlin am 27. Mai 2003.

Zu Tisch mit Legenden. Laudatio anläßlich der Verleihung des Willy-Brandt-Preises der Norwegisch-Deutschen Willy-Brandt-Stiftung an

Nils Morten Udgaard und Einhard Lorenz in der Lübecker »Gemeinnützigen« am 18. September 2003.

Auf Holzboden. Rede anläßlich des 75. Geburtstages von Armin Sandig, vorgetragen von Manfred Bissinger in Hamburg am 10. März 2004.

Dem Macher sei Dank gesagt. Rede zur Feier des 60. Geburtstages von Bundeskanzler Gerhard Schröder in Hannover am 16. April 2004.

Autor und Übersetzer. Laudatio auf László Darvasi und Heinrich Eisterer anläßlich der Verleihung des Literatur- & Übersetzerpreises der BHF-Bank-Stiftung im Alten Museum in Berlin am 18. Juni 2004.

Wir Urheber! Rede anläßlich des Symposiums »Ein Korb für Künstler« auf Einladung der VG Wort in Berlin am 17. Januar 2005.

Freiheit nach Börsenmaß. Erschienen in: *Die Zeit*, 4. Mai 2005, parallel abgedruckt in *Le Nouvel Observateur, El País, La Repubblica, Berlingske Tidende* und *The New York Times.* Wieder abgedruckt in Günter Grass: *Freiheit nach Börsenmaß / Geschenkte Freiheit. Zwei Reden zum 8. Mai 1945*, Göttingen (Steidl) 2005, S. 7-25.

Der Knoten im Revolverlauf. Rede anläßlich der Enthüllung der gleichnamigen Plastik von Carl Frederik Reuterswärd vor dem Bundeskanzleramt in Berlin am 22. August 2005.

Was steht zur Wahl? Wahlkampfrede, erstmals gehalten am 6. September 2005.

Mein schwieriger Freund Paul Celan. Erschienen unter dem Titel »Zoff mit Celan« in: *Die Zeit*, 16. Februar 2006, in der Sonderbeilage »60 Jahre DIE ZEIT«.

Schreiben in friedloser Welt. Rede zur Eröffnung des Kongresses des Internationalen P.E.N. in Berlin am 23. Mai 2006.

Ernst Toller. Rede anläßlich der Verleihung des Ernst-Toller-Preises in Neuburg an der Donau am 22. April 2007.

Inhalt